东北石油大学研究生教育教学改革研究项目(项目编号:JYCX_09_2020)

社会政策教程

周晓焱　王宇玲　张伟华　主　编

哈尔滨工程大学出版社
Harbin Engineering University Press

内容简介

本书系统地介绍了社会政策研究领域中基本概念和相关理论问题，详细地阐述了近现代意义上社会政策的起缘和发展过程，既有助于读者正确认识社会政策领域的主要理论问题，也有助于读者掌握社会政策的发展历史。本书对我国社会政策焦点专题的介绍与分析，可以使读者充分了解当前我国社会政策的发展程度，以及面临的种种挑战，进而对现实社会政策问题加以思考和研究。

本书可作为社会工作专业硕士教学教材，也适用于社会工作、劳动与社会保障等相关专业的本、专科教学，同时可供社会政策研究者和对社会政策感兴趣的社会人士参考使用。

图书在版编目(CIP)数据

社会政策教程/周晓焱，王宇玲，张伟华主编. —哈尔滨：哈尔滨工程大学出版社，2021.7
ISBN 978-7-5661-3194-2

Ⅰ. ①社… Ⅱ. ①周… ②王… ③张… Ⅲ. ①社会政策-中国-教材 Ⅳ. ①D601

中国版本图书馆 CIP 数据核字(2021)第 143095 号

社会政策教程
SHEHUI ZHENGCE JIAOCHENG

选题策划 雷 霞
责任编辑 李 暖
封面设计 李海波

出版发行 哈尔滨工程大学出版社
社　　址 哈尔滨市南岗区南通大街 145 号
邮政编码 150001
发行电话 0451-82519328
传　　真 0451-82519699
经　　销 新华书店
印　　刷 北京中石油彩色印刷有限责任公司
开　　本 787 mm×1 092 mm 1/16
印　　张 13
字　　数 335 千字
版　　次 2021 年 7 月第 1 版
印　　次 2021 年 7 月第 1 次印刷
定　　价 42.00 元
http://www.hrbeupress.com
E-mail:heupress@hrbeu.edu.cn

前　言

关于社会政策产生和演变的历史，人们可以追溯到英国伊丽莎白时代的《伊丽莎白济贫法》，甚至可以追溯到奴隶制时代和封建制时代政府的救灾和救济活动。人类进入工业文明时代以后，市场机制虽能给当代社会带来巨大的物质财富，但却难以满足社会中每个人的需要，也难以解决失业、贫困、社会分化和不平等等社会问题。同时，随着人们所面临的社会风险的增加、家庭保障能力的下降和人口的大量流动，个人和家庭应对社会风险的能力也在下降。因此，在人类进入工业文明时代以后，各国都相继通过不同形式和不同程度的政府干预，去弥补市场、家庭和个人能力的缺陷，以求更加公平地分配社会财富，进而解决各种社会问题。在这个过程中，社会政策的理论和实践得到极大的丰富和发展。

可以说，社会政策作为一门学科，其产生时间还是比较晚的。社会政策学科发源于政策科学，从 20 世纪 50 年代中期开始，经过近 70 年的发展，已经成为目前社会科学领域里发展最迅速、应用领域最广泛、社会效用最明显的学科之一。在我国，社会政策作为一个专门的政策门类来加以研究的时间还不长。由于经济体制和社会体制上的差异，我国在相当长的一个时期里并没有采用“社会政策”的概念。改革开放以后，西方的社会政策理论开始传入我国，并逐渐对我国政府和社会经济发展产生积极的影响，成为我国政界、学界关注的学术领域。进入 21 世纪以后，伴随着经济的高速发展，医疗改革、教育改革、人口发展、乡村振兴、弱势群体保护等社会问题日益突出，这些问题已成为政府和民众关注的焦点问题。由此，党和政府本着“发展为了人民、发展依靠人民、发展成果由人民共享”的理念，大刀阔斧地推动我国社会政策的创新与完善，使我国进入社会政策大发展的时期。

本书在编写过程中坚持理论阐述与案例分析相结合，在完整阐述社会政策基本理论和发展演变历史的前提下，尽可能吸收国内外社会政策的最新理论、观点、方法及内容，以专题的形式梳理了我国面临的社会焦点问题，并整理了我国政府在这几个领域内社会政策的演变过程。本书包括上下两篇：上篇主要介绍社会政策的基本问题、社会政策的发展历程、社会政策的一般过程及社会政策分析等内容；下篇为我国社会政策焦点专题，以专题的方式阐述了我国目前社会政策的主要领域，在应对人口老龄化、完善基本医疗卫生服务、反贫困、社会优抚、人口发展等领域所要面对的种种挑战，以及在这些领域内我国社会政策的演进过程。

本书主要针对社会工作专业硕士教学进行编写，但其适用对象较广泛，也适用于社会工作、劳动与社会保障等相关专业的本、专科教学，同时可供社会政策研究者和对社会政策感兴趣的社会人士参考使用。

本书由东北石油大学周晓焱、王宇玲、张伟华主编，具体分工如下：前言、第一章、第三章、第四章、第六章、第九章、第十章由周晓焱编写,合计字数19.7万字;第二章、第七章及参考文献由王宇玲编写,合计字数6.3万字;第五章、第八章由张伟华编写,合计字数7.5万字。全书由周晓焱审核定稿。

本书在编写的过程中参阅、借鉴、吸收了国内外许多有价值的文献,其中的研究成果为本书奠定了理论基础,但我们并没有对其一一注明,只列出了部分参考文献,敬请相关学者谅解并向他们深表谢意!

虽然编者尽量以严谨的态度编写书稿,但由于学识水平及时间有限,书中难免有错误、疏漏及偏颇之处,敬请读者赐教、指正。

编　者

2021年3月

目　录

上篇　社会政策理论

下篇　我国社会政策焦点专题

上篇　社会政策理论

随着我国社会主义市场经济体制的建立和完善，社会工作、社会保障在社会发展中的重要意义日益显现，社会政策及其研究也就成为一项具有重要实践意义和理论意义的新兴事业。与学习其他学科一样，对于社会政策的初学者而言，首先需要了解这个学科的基本原理和理论知识。本篇主要介绍了社会政策的基本问题、社会政策的发展历程、社会政策的一般过程及社会政策分析等内容。学习上篇可以使学生了解社会政策的基本概念和发展历史，以及社会政策学科的发展及主要理论；了解当代各国社会政策的结构、过程、环境、运行机制，以及影响社会政策决策和执行的各种因素；充分理解社会政策领域中的基础理论，初步掌握对社会政策分析的基本原理和方法；熟悉社会政策的主要领域和社会政策发展的未来趋势。

第一章　社会政策的基本问题

第一节　公共政策和社会政策的内涵

众所周知,社会政策属于政府公共政策体系中的一个重要组成部分。因此需要首先讨论什么是“政策”和“公共政策”,并在正确认识这两个概念的基础上,最后界定出“社会政策”这一概念的内涵与外延。

一、政策与公共政策

(一)“政策”一词的由来

在我国,政策现象几乎与原始部落联盟和奴隶制国家的产生同时出现,并随着生产力的发展而不断地体系化和规范化,其涉及的内容和领域不断扩大,但对政策概念的归纳总结则要晚得多。我国古代“政”和“策”两个字是分开使用的,“政”指的是政治、政事、政权;“策”主要是指谋略。现代汉语中“政策”一词来自明治维新后的日本,policy 一词由西方传到日本,日本人从汉字中选择了“政”与“策”联用,译为“政策”,用来指政府、政党在政治上所采取的方针、策略,以及执行对策。19 世纪末,梁启超在其《戊戌政变记》中提出“按中国之大患,在教育不兴,人才不足,皇上政策首注意学校教育之事,可谓得其本矣”,首次用了“政策”一词。至此,“政策”一词在我国政治生活中逐渐流行。

我国现代汉语对“政策”一词的解释中,最有代表性的是《辞海》对“政策”的定义:“政策”是指“国家、政党为实现一定历史时期的路线和任务而规定的行动准则”,其中包含了四层内容:(1)政策制定的主体是“国家和政党”,它可以是政府部门、各类政治组织或社会组织,也可以是国际性政治组织或社会组织,如联合国、欧洲联盟、国际劳工组织等,不同的政策主体制定的政策有不同的适用范围。(2)政策存在的基本形式是“行动准则(规范)”,它规定应当做什么或不应做什么;规定哪些行为受鼓励,哪些行为受限制;规定行为方式并指明方向。政策可以有效地调整各种社会关系,调动各方面积极性,促进社会发展。(3)政策的目的是“实现路线和任务”,路线、方针主要侧重于全局性、战略性和长期性的行动计划,是具体政策制定的依据。(4)政策的时效是“一定历史时期”,这说明任何政策都是针对特定时期内的特定问题而制定的,并随着社会问题的变化而变化。但从广义上看,政策除了包含规则体系的含义之外,还包含了政府和政党为实现其目标而制定的总体方针和具体行动的体系。

综上所述,政策就是指国家政权机关、政党组织和其他社会政治集团为了实现自己所代表的阶级、阶层的利益与意志，以权威形式标准化地规定在一定的历史时期内应该达到的奋斗目标、遵循的行动原则、完成的明确任务、实行的工作方式、采取的一般步骤和具体措施。

（二）“公共”与公共政策的内涵

1.“公共”的内涵

“公共”一词出自《史记·张释之冯唐列传》：“法者天子所与天下公共也。今法如此而更重之，是法不信于民也。”《现代汉语词典》对“公共”的释义是“属于社会的，公有公用的”。在当代社会中，我们可以清晰地看到所谓公共的领域就是由无数个私人领域相互重合而形成的，任何一个私人都无法完全起决定性作用的领域。在这个领域中，每一个私人都无法完全把握，就需要一个超越任何一个私人的公共权威来管理这个领域，也就意味着在这个领域中每一个私人都要让渡私人的权利，进而成就一个公共的概念。随着个人基本需求伴随经济社会的发展不断“水涨船高”，纯粹的私人行动领域正在相对缩小，而公共领域在逐步扩大，在这个领域中的个人和组织的行为规则就是我们所说的“政策”。

2.公共政策的内涵

研究者对公共政策的定义有很多种，比较有代表性的有威尔逊认为的“公共政策是具有立法权的政治家制定出来的由公共行政人员所执行的法律和法规”。但从公共政策的实践角度来看，威尔逊对公共政策制定的主体认识还比较局限，忽视了非政府社会组织和公民个人在政策制定中的地位，同时对公共政策的形式认识也比较局限，因为政策主体的多元化，使得政策形式并不严格地局限于法律法规这种最为规范的形式，如领导讲话、行政命令、政府文件等也是政策。

伊斯顿认为“公共政策是对全社会的价值作权威性分配”。这个定义一方面说明公共政策本身带有非常明确的价值判断和价值选择的属性，这个所谓的“价值”既包括物质化的价值，也包括意识形态的抽象选择。另一方面，对价值的权威性分配说明了公共政策是由政府等权威组织进行的，这些当然是正确的。但这种理解忽视了公共政策除分配之外的其他功能。

拉斯韦尔认为公共政策是“一种含有目标、价值和策略的大型计划”。这一定义强调了公共政策作为一个具有目标取向的行动体系的一面，但是却没有强调公共政策本身也应该是一个规则体系的现实。

安德森认为“政策是一个有目的的活动过程，而这些活动是由一个或一批行为者，为处理某一问题或有关事务而采取的；公共政策是由政府机关或政府官员制定的政策。”这个定义强调公共政策是一个过程，承认了政策是应对某一特定的社会问题而提出来的，并随着社会问题的变化而变化。但是，这个定义把公共政策的制定者局限为政府和相关的官员，也是具有很大局限性的。

综上所述，结合当今社会的公共政策现实，并结合以上几位学者的定义，我们可以看到公共政策的制定主体应该是具有权威性和强制性的，但在当今民主政治背景下，政府与社会组织、公民个人等多元化主体，都可以在政策决策的过程中发挥作用。同时，公共政策往往也是有明确意识形态基础和政策目标，针对某一具体的社会问题而展开进行的，结合具体目标群体的需求，通过制定规则、筹措政策资源，从而有效地实现对于各种公共服务资源的公平分配。因此，本书认为，所谓公共政策是指政府和其他社会公共权威组织为解决公共问题、达成公共目标、实现公共利益，而经由政治过程所选择和制定的行为准则和行动方案。

（三）公共政策的基本特征

1. 公共性是公共政策最基本的特征

所谓“公共性”，即指公共政策是公共权力机关为解决公共问题、实现公共利益而制定的政策，是面向社会公众、与社会中的公共事务有关的政策。这种公共性产生于公共权力机关，政府权力来源于人民的同意和授权，政府的合法性在于政府满足公众需求、实现公共利益的程度。因此，公共政策作为国家和政府意志的体现，必须以谋求公共利益为目的。

2. 权威性是公共政策的重要特征

公共政策的权威性是指公共政策对于政策执行者和政策对象具有强制性的约束力，它是由政府等公共权威组织通过法定程序来制定和批准的，并围绕政府的公共目标来制定具体的规则体系。同时，公共政策往往也是以政府或者政府授权的非政府组织为主体来执行，并由国家强制力来保证实施的行动体系。因此，不论是规则的合法性与合理性，还是政策行动的有效性，公共政策的执行都远远强于单纯的民间组织的行动。

3. 价值判断与价值选择性的统一

从公共政策制定和执行的过程来看，其具有很强的主观性，必然涉及对政策问题和政策对象的主观价值判断与价值选择。公共政策目标的确定、政策环境的认识、政策执行方法的选择等，均体现了政策制定主体的主观愿望、对各种政策行动的价值优先性做出的判断，以及基于这种认识的推理判断所要采取的行动。同时，公共政策决策中的价值选择既受到社会主流价值观左右，也受公共舆论和大众传媒的影响，这些都是公共政策的制定者和执行者进行价值判断与价值选择的必然影响因素。

4. 阶级性与社会性的统一

一方面，公共政策是统治阶级意志的体现，要符合统治阶级维护和巩固其统治的需要，反映统治阶级的根本利益和共同愿望，尤其是在调节不同阶级或阶层成员之间利益分配的过程中，从维护其执政的阶级基础的角度出发，往往会对不同阶级或阶层成员采取不同的策略，不同的策略甚至会引发新的矛盾和冲突。另一方面，虽然公共政策具有阶级性，但是从人类欲求角度出发，很多领域中的公共利益，尤其是在满足社会成员“人之所以为人”基本需求的方面，往往具有超越阶级或阶层的一致性，公共政策在具体措施和服务标准的选择上，也必须要符合社会公认的价值追求与价值标准，因此公共政策也必然具有社会性。

5. 规则体系与行动体系的统一

从规则体系的角度来看，公共政策往往是政府依据法定的职能分工和程序来制定的，其具体形式表现为符合规范的各种法律、法规、条例、规定等。从行动体系来看，公共政策要从文本变为具体的公共服务，就必然需要一个具体的实施过程，即如何组建政策执行组织、筹措政策资源、培养公共服务人员、明确服务流程和进行服务评估等具体的行为。由此可见，公共政策的确是一个规则体系与行动体系的总和。

综上所述，不同国家政府对公共事务的干预程度和具体政策内容存在较大的差异，但从各国的实际情况看，公共政策一般都可以概括为：政治政策、经济政策、文化政策、社会政策、军事政策和外交政策等几大类，以及其他一些特殊的政策。而且随着经济社会的发展，在公共政策的诸多组成部分之中，关注于民生的社会政策不论是在数量上，还是在覆盖面上都将占据更大的比例，越来越成为公共政策研究的焦点。

二、社会政策

（一）社会政策的含义

1873 年 10 月 13 日德国社会政策学会正式成立，标志着“社会政策”一词在德国首先出现了。该学会主张在资本主义体制下，吸收社会主义的部分思想，通过制度化的再分配政策来应对各种社会问题。德国政府后来接受了该学会的部分思想，建立了现代意义的社会保险政策体系，并被欧美主要国家相继仿效。在 20 世纪四五十年代，受到 1929—1933 年世界经济危机和第二次世界大战的影响，各国政府先后开始推动政府主导的社会政策改革。尤其是在英国，在《贝弗里奇报告》的基础上，社会安全和福利国家的理念迅速传播。赢得第二次世界大战后首次大选的英国工党，运用国家的力量推动各项社会政策以确保全体公民生活安全，进而在 1948 年宣布英国成为世界上第一个福利国家。由此，社会政策由最初缓和阶级矛盾的工具，向促进整个社会安全、稳定与公平正义的方向转变。尽管在 20 世纪七八十年代，经历了新自由主义经济学对福利国家社会政策模式的反思，但无法从根本上破除福利国家的意识形态和实践的基础，现阶段社会政策的核心内涵也未发生根本性的转变。

综上所述，所谓社会政策是指政府或其他社会公共权威组织在一定价值观的指导下，遵循法定的程序，动员、使用、分配与再分配各种社会资源，为了达到社会目标、解决社会问题、实现社会公平而采取的各种社会性行动，它也是规则体系和行动体系的总和。从这个含义中我们可以看到：

一是社会政策与其他类型的政策一样，政府是制定和执行社会政策最重要的主体，同时非政府的社会公共权威组织（如政党、非政府组织等）也可以在一定程度上影响政策的制定，甚至在某些情况下会起到决定性的作用。因此，在社会政策的制定和执行领域，更多地强调多元化主体的参与，在承认政府是最重要政策主体的前提下，往往强调非政府的社会政策主体作用的发挥。政府往往在提供统一标准的、普遍性和简单化的公共服务产品方面具有优势，但在面对满足民众日益个性化和多样化的社会福利需求方面往往力不从心，而非政府的社会服务组织在满足这些需求方面具有显著的优势。

二是社会政策和其他系列的政策一样，都是包含价值判断和价值选择的政策。社会政策的价值观更多的是代表和体现出社会整体性（至少是多数人）的利益诉求，其政策内容也必然符合主流的社会价值观。

三是社会政策强调对各种社会资源进行再分配，作为实现政策目标的手段。社会政策往往不是以促进整个社会物质财富的增加为目标，而是通过各种手段对社会财富进行再分配和三次分配，来满足全体社会成员（特别是处于弱势地位的社会成员）的基本需求。

四是社会政策往往是包含着某种社会性目标，并可应对某种社会问题、实现社会公平的政策。社会政策包括满足社会成员的基本需求、解决社会问题、保持整个社会稳定、提高社会生活质量等内容。所以,社会政策属于公共政策中的一个组成部分,主要包括国家和政府在社会救助、公共教育、公共医疗服务、公共住房、社会服务等方面实施的具体政策。

五是社会政策是政府进行的各种社会性行动的规则体系和指导体系。社会政策一方面是一个文本体系,在文本上比较系统地规范了具体社会政策的目的、意义、对象、执行主体、资源筹措方式和政策执行规则等内容。另一方面,社会政策还需要从文本转化为具体的社会服务,说明社会政策还必然存在一个执行的过程,因此社会政策往往也规定了政策执行的流程、执行主体和执行策略的选择等几个方面的具体内容。

(二)社会政策的实质

1. 社会政策是政府在社会福利事务领域中的干预行动

在漫长的农业文明时期,人们受制于经济社会发展的程度,基本需求从“质”和“量”两个方面来看都比较低,社会问题往往也是简单、重复出现的,这些基本需求依靠由血缘、亲缘和地缘关系组成的支持网络就可以满足,不需要政府和社会的干预。但是人类进入工业文明时代以后,一方面由于经济社会的发展人们的基本需求水涨船高,另一方面由于经济全球化、人口老龄化和人口流动的加快,传统的由血缘、亲缘和地缘关系组成的支持网络越来越难以支撑人们对于基本需求的满足,从而就越来越需要政府和社会的力量来干预。因此,在现代社会中政府可以根据现实中的社会需求,按照既定的意识形态理论和社会政策纲领来制定和实施社会政策,解决人们所面临的具体社会问题。

2. 社会政策是其他社会权威组织在社会福利事务领域中的干预行动

一方面,政府干预社会生活,并不意味着排斥非政府的力量,传统的由血缘、亲缘和地缘关系组成的支持网络依然可以在一定程度上发挥作用,政府干预社会福利事务是针对现有的经济制度与社会福利制度的不足而采取的行动。另一方面,政府在社会福利活动中,要尽可能地调动和协调非政府组织与社会民众参与到社会福利事务中来。超越传统支持网络的非政府社会组织,在资源筹措和社会服务能力方面也具有了越来越强大的实力,因此政府并不排斥非政府的社会组织在社会政策领域中的干预行动。尤其是广大发展中国家,由于政府在社会福利事务方面投入的公共资源有限,他们更愿意让传统的社会福利体制继续发挥作用,而政府更多地扮演组织、动员和协调的角色,只是在传统的社区或非政府组织出现功能性障碍时,政府再出台社会政策予以解决。

3. 社会政策本身也是一个政治行为和政治过程

一方面,社会政策体现了执政党的政治意志和政治愿景。执政党通过掌控政权的方式,成为社会政策过程中最为重要的主体和主导者,并在这个过程中把自己的政治理念和社会理想转化为政府的社会政策,进而完成自己对于理想社会的政治追求。另一方面,社会政策是不同利益集团之间政治博弈的结果。从社会政策的历史来看,社会政策本身就是阶级斗争和现代民主政治的产物。随着经济社会的发展,社会各阶层利益诉求的多元化、不同力量的分化组合,使得社会政策制定过程越来越体现出不同社会利益集团的博弈,通过法定的程序和方式,政府充当了不同利益集团博弈中的平衡者,只能通过制定相关的社会政策来协调不同利益集团之间的利益分配。

(三)社会政策的特征

社会政策在具有一般公共政策特征的基础上,还具有一些自身的特征,需要我们加以认识。

1. 社会政策是由一定的政治组织所制定和实施的政治措施

社会政策实际上就是一种体现社会利益关系的政治措施,社会政策往往是由国家和政党等政治组织制定和实施。政府和政党根据整个社会的实际需求和未来发展变化的趋势,不断制定和实施一定的社会政策,作为其实现对国家和社会领导的基本形式和手段。由于社会政策在解决社会现实问题方面具有适用性较广、针对性较强和相对比较灵活的特点,所以它成了当今世界各国在实现对内职能方面的重要手段。其他各种社会组织如工会、妇女组织、各种协会等为了实现某种利益诉求,积极参与到政府的社会政策制定和执行过程中;或者采取直接控制社会公共舆论、群体性行动等手段,直接影响社会政策的制定与执行。由此可见,社会政策之所以能够发挥巨大的作用,主要是依靠了政府、政党和各种政治性社会组织对公共权力的使用,凭借公共权力的强制性、权威性,使得个人和社会整体的需求得以满足。

2. 社会政策是政府为了满足人民群众的基本需要而提供各种社会服务的行动

社会政策是满足社会全体成员,尤其是弱势群体的基本需求和社会福利服务的政策。当今世界各国都已经形成了较为完善的社会政策体系,包含了社会保障政策、公共教育政策、公共医疗卫生政策、住房政策、劳动就业政策,以及为老年人、残疾人、儿童和贫困者等特殊困难群体提供的各种社会福利服务。政府通过一定的社会政策行动,在社会福利服务领域建立各项社会政策规则、调动必要的政策资源、建立社会服务组织体系,规范和促进社会福利服务事业的发展。

3. 社会政策具有鲜明的社会性目标和社会性价值

对社会性目标和社会性价值的设计与选择,也是社会政策最为鲜明的特征,这是由社会政策本身的内容和功能所决定的。社会政策的基本目标是满足社会成员的基本需要、解决社会问题、保持社会稳定和提高社会生活质量,因此政府的社会政策行动要通过更加公平地分配各种资源来满足大多数人的基本需要,以增强社会的整合和稳定、解决社会问题、提高社会生活质量,进而促进人的全面发展和社会进步等社会性目标设计。同时,社会政策体现了社会中的主流价值体系,能够代表社会中多数人利益的价值诉求,包含了诸如公平、正义、发展、稳定等社会性价值判断。

4. 社会政策是社会服务与社会管理相结合的政策体系

当代社会政策往往与政府的社会管理紧密地结合在一起,政府通过一定的社会政策行动力图达到实现社会管理的目标。社会政策通过再分配的手段,给予全体社会成员以平等的基本公共服务,尤其是满足社会弱势群体的基本需求,其实质就是对社会财富和机会的一种分配。众所周知,社会中的弱势群体正是社会中较为不稳定的社会群体,为了保障社会稳定就需要制定必要的社会政策,通过满足弱势群体需求、保障其生活,从而实现整个社会的平稳运行。同样,政府也可以通过剥夺某些社会群体享受的某项社会政策权利,即通过剥夺他们切身利益的方式加以惩罚,迫使其服从政府的社会管理。由此可见,社会政策是政府管理社会的有效手段。

5. 社会政策具有鲜明的福利性

社会政策往往是以政府为代表的社会公共权威组织，向全体社会成员无偿或低偿提供各种社会福利和社会服务，以满足全体社会成员的基本需要。政府向公民提供的这些服务之所以被称为“社会服务”，主要是由于在提供服务的过程中，政府使用公共资金，按照非等价交换的原则，以社会关照、社会补偿为基础，为全体社会成员（尤其是弱势群体）分配物质性财富和提供劳务性服务。从这一方面来看，社会政策明显不同于以促进经济发展为基本目标的经济政策，因此社会政策往往被称为“社会福利政策”。

6. 社会政策强调社会目标与经济目标相协调

社会政策的基本目标是满足人的基本需要、解决基本的民生问题和促进社会和谐，这一点是社会政策有别于经济政策的最大特点之一。但是社会政策的实施也不能不顾及经济发展，这是因为在社会总财富一定的情况下，社会政策消耗的政策资源必然会影响实现经济发展所需要投入的资源总量，这种“此消彼长”的关系就要求在制定社会政策时使社会政策目标和经济发展目标相协调，不能让社会政策成为阻碍经济发展的障碍。

（四）社会政策的功能

1. 社会政策的社会控制功能

社会控制是指社会控制人的不良行为和各种社会问题的发生及其危害的制度与机制。社会政策的社会控制功能，即指通过社会政策为民众提供社会保障和社会服务，对人们的行为起到约束或促进作用，从而实现对整个社会的有效管理。可以说，任何一项社会政策，尤其是给予民众利益的社会政策，往往是为了预防或者应对某一特定的社会问题，或者满足某些群体的福利需求而被制定出来的。因此，社会政策的对象对于社会政策的需求往往具有一定的“刚性”，出于其“趋利避害”的现实需求，也往往会配合政府主导的社会管理。通过对社会政策对象、内容、保障程度和前置性条件的调整；加强对社会政策执行过程的监督检查；对违反社会管理行为，加以剥夺或者降低社会政策享受资格和水平惩处等三种方式实现有效的社会控制是完全可行的。当然我们也必须要强调，正是社会政策的对象和其所应对的社会问题决定了社会政策要满足的需求和提供的保障多数都集中在人的基本需求的范畴中，所以社会政策的社会控制功能是有限的。而且这种社会控制还要和其他政策相配合，才能够发挥作用。否则，单纯地依靠社会政策实现社会控制，可能激化社会矛盾，带来更大的社会问题，甚至是不可收拾的局面。

2. 社会政策的社会导向功能

社会政策的社会导向功能是指通过社会政策的规范和施行，引导和改变各种社会资源在时间和空间上的配置，使社会经济和社会的走向正确，保证社会形成合理的秩序并顺利运行。因为，政府的社会目标在不同时期会有不同的侧重点，社会政策自然也要围绕政府的社会目标展开，即政府在满足社会整体利益的前提下，优先对某一领域或某些社会群体施加保护或者限制措施，使其明确自身“应该做什么”“不该做什么”，以此引导不同社会群体和个体的行为。如我国的人口政策、环保政策等，对我国经济的发展、人口的数量和质量、环境保护都直接起到了导向作用。同时，社会政策的导向功能包括正导向功能和负导向功能。正导向是政策对事物发展方向的正确引导，而那些违背事物发展规律、对事物发展方向起逆转作用的、被实践证明是错误的政策，才具有负导向功能。但我们应该清楚，任何一项社会政策都不可能符合所有社会群体的价值观且满足其福利需求。因此，即使那些基本正确的政策，也会产生负向引导作用。人们既要充分发挥政策的正导向功能，又要清醒地认识政策的负导向功能，更要主动地调整社会的利益关系，克服它们的消极影响，特别是要尽量避免那些错误政策所产生的负导向作用。

3. 社会政策的再分配功能

社会政策的再分配功能主要是由社会政策主体——政府（包含立法、司法、行政三权在内的广义政府）具有的参与社会财富再分配的职能所决定的。可以说，社会中每个社会群体与个体都希望在有限的社会财富中多获得一些利益，在市场经济条件下，不同社会主体自身能力和社会地位等方面的差异，必然导致其在社会财富的初次分配中存在较大的差异，这是市场经济“优胜劣汰”的必然结果。但是这种差异产生的后果，很有可能是导致部分社会群体初次分配的收入，不足以满足自身的需求，甚至是“人之所以为人”的基本需求。特别是由不合理的分配制度而导致的分配差异，必然会在社会财富初次分配以后产生矛盾，进而产生社会的不安与动乱。为减少这种冲突，就需要政府站在客观公正的立场上，运用社会政策，在“注重效率”的初次分配完成以后，以社会财富再分配的手段，满足不同社会群体对其基本需求的利益诉求。

政府通过对社会财富的再分配，在满足各种利益群体与个体需求的同时，也可以获得这些受益群体的政治支持，进而达到巩固统治基础的目的。此外，虽然很多人认为社会政策不以推动经济发展作为其直接的政策目标，但是通过社会政策对社会公平的实现，往往可以促进在岗劳动者的工作积极性；通过社会政策对社会保障水平和企业福利水平进行调整，也可以达到优化调整产业结构、促进经济良性发展的目的。

4. 社会政策的促进人与社会全面发展功能

实现人与社会的全面发展是马克思主义对发展问题的终极追求。在马克思主义者眼中，各种物质生产的目的就是要实现对于社会财富公平地分享，并为每个人的全面发展创造最好的基础和条件。在现实生活中，由于受到经济社会发展水平的客观限制，阻碍人与社会全面发展的因素还有很多。而社会政策的制定与执行，其目的就是在最大限度上推动人与社会的全面发展，避免人与社会的片面发展。人类社会是非常复杂的系统，而在特定的时间段，社会资源的总量又必然是有限的，这就需要我们合理使用有限的资源，去促进人与社会全面而非片面的发展。因此，一方面，政府通过社会政策调动政策资源、建立社会服务组织体系等方式，向全体社会成员，尤其是各类弱势群体提供社会救助、教育、医疗卫生、住房、就业等各种服务，从物质层面保障了人和社会的全面发展。另一方面，政府通过社会政策的施行，以其合理的政策设计与执行策略，有效地缓解社会矛盾，实现社会团结，为人和社会的全面发展创造了良好的集体主义社会氛围。

（五）社会政策的主要领域

1. 社会保障政策

社会保障政策是政府依据一定的社会价值观，通过政府的公共行动向全体社会成员提供基本生活保障的政策体系,包含了被认为是人的基本需求的全部领域,包括社会保险、社会救助等内容。其中社会保险是指为丧失劳动能力、暂时失去劳动岗位或因健康问题而产生损失的人口提供收入或补偿的一种制度。社会保险是最为重要和核心的社会保障政策领域,主要包括养老保险、医疗保险、失业保险、工伤保险、生育保险,其充分体现了国家、企业单位和个人在基本生活保障领域责权利的协调和统一,因此社会保险是一种积极事前预防性质的社会保障制度设计。而社会救助是指国家和社会对由于各种原因而陷入生存困境的公民,给予财物接济和生活扶助,以保障其最低生活需要的制度,其主要目的就是通过政府主导的社会救助行动,帮助这些陷入困境之中的社会成员摆脱困境,体现了浓厚的人道主义思想,是社会保障的"最后安全网",因此社会救助是一种消极事后补救性质的社会保障制度设计。可以说,各国的社会保障政策都是各国政府社会政策体系中最基本、最重要的组成部分之一,其政策覆盖面最为广泛,其使用的资源在政府的社会支出中所占的比例往往是最高的。

2. 基本医疗卫生服务政策

基本医疗卫生服务政策是指政府在配置医疗卫生资源,解决医疗卫生问题,预防疾病,以促进、保护或恢复健康等方面的一系列规定和行动的总称,其政策内容分为疾病预防和疾病治疗两大类。疾病预防类政策的重点是调整基本公共医疗服务,尤其是指在向社会提供预防性卫生服务方面采取的政策行动,如传染病防控、疫苗接种、常见病预防和科普等行动,这些基本医疗卫生服务往往会对全社会产生巨大的影响,甚至在极端情况下影响整个社会的生存,如2020年席卷全球的新冠疫情的应对,就在实践中让我们认识到这些公共服务的作用。也正是因为这些预防性公共医疗行动对社会的影响,政府不可能放弃对这些事务的管理,反而要在这些领域固定地投入资源,以维持这些服务的长期稳定运行。疾病治疗类政策的重点是为全体社会成员提供疾病的诊疗服务,通过规范公立和私立医疗机构的诊疗行为,推广先进医疗技术,筹措并实现全体社会成员(尤其是处于弱势地位的社会成员)对医疗资源的公平享有,并实现对病人接受医疗服务费用的降低或免除。

3. 公共住房政策

公共住房政策是指政府出面干预和解决住房问题的一系列规定和行动的总称,其核心是为社会成员提供公共住房或住房补贴的福利性政策。早在《贝弗里奇报告》中指出的"五大社会问题"中就包括由不良居住环境导致的"肮脏"问题。其后在西方福利国家构建的过程中,也就包括了针对贫困群体和低收入群体的公共住房制度设计。可以说,住房问题事关社会整体的长治久安,政府通过制定和实施公共住房政策,使全体社会成员(尤其是弱势群体)关于获得良好居住条件和居住环境等需求问题,能够得到比较公平的解决。公共住房政策往往包括房地产税政策、住房公积金/住房补助政策、公租(廉租)房政策,以及以货币工具为主的房地产市场调控政策四个部分。公共住房政策已经是现有社会政策体系中的重要组成部分。

4. 公共教育政策

公共教育政策是指由政府或其他组织,为实现一定的教育目标而兴办教育事业,向社会成员提供公共教育服务的政策。由于教育在人的发展和社会发展中的重要性,政府必然要在教育领域承担和履行最大的社会责任。因此,政府作为社会中最大的公共资源拥有者,必然要在教育领域,尤其是要在以义务教育、学前教育和职业教育为代表的基本教育服务领域投入大量的人力、物力和财政资源。这些教育领域的服务直接涉及全部或大部分社会成员,这些服务一方面可以帮助接受教育的社会成员,实现劳动能力的养成和人力资源的积累,以达到促进人的发展的目的。另一方面,通过政府资源的投入,实现不同区域教育资源的平衡,弥补家庭出身导致的教育不平等,可以实现不同社会地位的成员平等地享受基本教育服务,从而实现对贫困代际传递的破除,实现人的阶层流动。因此,政府制定的公共教育政策,在宏观和微观两个层面上的政策行动,可以有效地推动教育事业的平衡发展。

5. 劳动就业政策

劳动就业政策一般是指政府或其他组织为向劳动者提供就业机会、合理地分配就业机会、解决失业问题和保护劳动者权利而采取的各种行动的总和。人类进入工业文明以后,如何实现充分就业一直是困扰各国政府的一个难题。因此,各国政府都在不同程度地采取政策行动来干预劳动力市场,通过政府投资的职业介绍、职业教育培训等,达到促进不同阶层和不同能力的人可以成功实现就业的目的。同时,劳动就业政策的另一个目的,就是保护在劳动关系中处于弱势的普通劳动者,避免这些弱势群体在劳资冲突中的基本权利和工资福利等待遇受到损害。因此,需要政府在劳动就业领域也制定相应的政策,以对劳动者提供必要的保护。

6. 社会优抚政策体系

社会优抚政策是指国家和社会对有特殊贡献者及其家属提供褒扬和优惠性质的物质帮助,以保障其生活不低于当地一般生活水平的制度。现代国家的社会优抚政策大致可以分为三类:一是社会保险形式的优抚保障,将社会优抚纳入社会保险系列,对现役军人、退役军人、伤残军人、军人家属、烈士家属等投保各种社会保险。二是社会救助式的优抚保障,此方式是由政府对退役人员或对现役者的家属提供救济和帮助,可给予生活补助,如定期补助、临时性补助,可优惠得到发展生产的资金或贷款等。三是社会福利褒扬性的优抚保障,包括资金保障和服务保障。资金保障是由政府对死亡军人家属或伤残军人提供抚恤金,对退役军人发放复员费或安家费,或者减免税收、交通费、医疗费等。服务保障是指对优抚对象优先安排就业和就学,优先安排就业前的职业培训,对伤残军人则实行福利性收养。当然,以上多种保障措施往往是综合使用的。

除了上述社会政策领域,社会政策还包括其他一些政策行动领域。如有的国家将越轨行为者的“行为矫治”也划入社会政策领域。另外,有些研究者将人口社会政策、家庭补贴政策、社区治理与发展政策等都纳入社会政策的范畴。社会政策的理论研究和实践两个方面都是一个不断发展的领域,日后将有更多的政策行动被纳入“社会政策”的范畴中。

三、社会政策与其他相关概念的关系

(一)社会政策与社会福利

1. 社会福利的含义

“社会福利”一词在不同国家、不同理论研究领域和不同的语境中,其内涵和外延的差异很大。所谓社会福利,就是在公共资金的支持下向社会成员无偿或低偿提供物质或服务产品的制度和过程。这里有两个基本的含义:第一,社会福利是为社会成员直接提供物质和服务产品的过程;第二,福利性项目应该有公共资金的支持,并且能够无偿或低偿地提供给受益者。

2. 社会政策与社会福利的关系

一方面,在今天,世界各国的社会政策行动和社会福利活动往往具有一致性的一面。首先,社会政策行动和社会福利活动的主体往往都是政府或者各种社会组织,它们在规划计划、组织构建和资源筹措等方面发挥主导作用。其次,在社会政策行动和社会福利活动中往往有共同的服务目的和价值观原则。最后,二者提供的种种服务往往具有无偿或者低偿的性质。从这个角度看,许多国家和研究者使用的"社会政策"与"社会福利"概念所指的行动领域可能是一致的,以至于在很多文献中可以互换使用。

但是另一方面,社会政策行动和社会福利活动也有所不同。首先,二者概念表达问题的角度仍有很大的不同。社会福利概念侧重反映既有的社会福利制度(包括正式的和非正式的制度)及与其相关的实践操作模式;社会政策概念则主要反映政府或其他组织在社会福利方面所采取的各种行动,且这些行动带有较为明显的政治和意识形态的选择性。其次,在不同的国家这两个概念所包含的外延也并不相同。一些国家在使用社会政策概念时采用的是其广义,包含了教育政策等方面的内容,而使用社会福利概念时采用的是其狭义,因此导致二者的外延出现一定的差异。[①]

(二)社会政策与社会保护

1. 社会保护的含义

社会保护是指由政府或其他社会组织建立的各种保护性制度和措施,以避免或减弱某些社会群体在社会经济变迁(包括经济、政治、社会和文化等方面的制度和结构变化)过程中所受到的利益损害。社会保护分为预防性和治疗性两种。前者主要是通过各种手段来提高社会成员的就业能力和就业机会,以增强他们自身抵御不利条件的能力;而后者则主要是给社会中受到损害和被排斥的成员提供帮助。

2. 社会政策与社会保护的关系

其一,二者在内涵上存在较大的差别。社会保护主要指的就是如何为贫困人口、残疾人和孤寡老人等弱势群体,提供基于血缘和亲缘以外的保护,并主要侧重于这些弱势群体基本需求的满足。社会政策的对象是全体社会成员(弱势群体是其关注的重点对象),除了关注其基本需求的满足以外,还强调随着经济社会的发展,为这些服务对象提供更加个性化和发展性的服务。

其二,二者的工作领域和工作内容有趋同的一面。从最初的实践来看,社会保护的工作内容往往只是覆盖了社会政策工作内容的一小部分。但随着理论研究和实践的发展,社会保护的工作领域和工作内容不再局限于对弱势群体的基本需求和基本权利的保障,已从传统的社会保障领域扩展到了医疗卫生、教育、就业、住房等各个方面,在提高生活质量的同时,更强调平等权、发展权等较高层次的权利。

---

① 杨团主编《当代社会政策研究》,天津人民出版社,2006,第19页。

（三）社会政策与社会立法

1. 社会立法的含义

社会立法一般是指通过国家立法机构在公共性的社会事务方面制定相关法律的过程。社会立法的内容一般包括社会保障立法、社会福利服务立法、公共教育立法、公共卫生与健康保护立法、劳工保护立法，以及在老年人、儿童、残疾人和妇女等特殊群体权利保护和特殊福利待遇等方面的立法。简单来说，社会立法是制定社会政策的一种方式，是通过国家法律的方式来确立社会政策体系。

2. 社会政策与社会立法的关系

从社会政策与社会立法的联系来看，一方面，社会政策是社会立法的先导。面对层出不穷的社会问题，社会政策往往可以较为灵活快速地被制定出来，另一方面，社会政策与社会立法在本质上是一致的。二者都是建立在共同的意识形态、价值观和经济基础之上，这种本质上的一致性，决定了社会政策与社会立法相互融合。社会政策内容不能抵触现有的法律体系，社会政策也要在宪法和法律的范围内制定。同时，社会政策是实施法律法规的形式和手段，社会政策要推动、细化和保障法律法规的实施。

从社会政策与社会立法差异来看，从不同学科的角度来看，我们对于社会政策与社会立法的认识是不同的，二者的区别主要表现在以下几个方面。

一是，二者制定的主体范围不同。社会立法是由拥有立法权的机关依据法定的权限，遵循法定的程序制定的，其制定主体往往是中央和地方立法机关、具有行政立法权的中央和地方行政主管机关；社会政策是由政府和其他公共权威组织依据法定的权限，遵循法定的程序制定的，其制定主体既包括立法、行政和司法三权的广义政府，还包括国际组织、政党、非政府组织、利益集团和社会团体。

二是，二者权威性与稳定性不同。社会立法是以法律、法规、行政条例等形式表现出来的，不论其内容、体例，还是制定和执行等都有严格的法律规定。同时，正是因为通过社会立法形成的法律法规，不论是制定还是废止都需要具有严格的程序和时限要求，所以其实践具有较强的稳定性和持续性。与之相比，社会政策的表现形式比较灵活，不光可以以最为规范的法律法规形式表现出来，还可以通过决定、决议、纲领、宣言、通知、纪要等形式表现出来。社会政策因为其制定的程序和实现要求相对灵活，所以其制定和废止往往也转化得比较快，能够更快速地解决层出不穷的社会问题。

三是，二者实施的手段不同。社会立法过程形成的法律法规是以国家强制力为后盾保证实施的，非常依靠国家行政资源的投入。与之相比，社会政策的实施除了国家行政性资源的投入以外，还可以通过广泛动员社会力量和志愿服务的形式来加以实施。

四是，二者调整的范围不同。一般而言，社会政策对社会生活的调整，其范围要大于社会立法对社会生活的调整。通过社会立法形成的法律法规往往比较有限，它对人们权利、义务的规定往往较有原则性，在具体使用的时候还需要结合实际。与之相比，社会政策（尤其是基层政府制定的社会政策）往往有更加明确的执行性，能够较好地与民众多样化的需求相结合，并能够更加迅速地适应民众需求的变化。

总的来说，社会政策的内涵和外延要比社会立法的更加宽泛。同时，那些具有长期稳定需求和执行权威性需求的社会政策,往往会通过社会立法的程序转化为法律法规。

(四)社会政策与社会行政、社会工作

1. 社会行政、社会工作的含义

社会行政一般指政府或政府授权的社会服务组织,在其职权范围内代表国家在社会事务方面采取的各种行动的总和。社会行政就是社会政策执行的过程,一方面政府或政府授权的社会服务组织能够依照法定的程序提出社会政策实施细则,对宏观层面上的社会政策加以细化和可执行化。另一方面,政府或其授权的社会服务组织根据相关的法律法规、执行细则的规定,构建社会政策的执行机构、招募社会服务人员、规范不同部门之间的责权、筹措社会政策的资源等,这些都是社会行政的工作内容。

社会工作是以利他主义为指导,以科学的知识为基础,运用科学的方法进行助人服务的活动。可以说,社会工作作为以某种专业方法由政府、社会组织向有需要的人群(特别是贫弱人群)提供服务的活动,是向弱势群体传递社会福利的服务活动,是一种以帮助服务对象实现"助人自助"的专业活动。

2. 社会政策与社会行政、社会工作的关系

其一,社会行政、社会工作是在现有社会政策框架内进行的。社会政策明确了相关社会服务干预社会生活的必要性、合法性和合理性,也规定了社会行政、社会工作的主要工作领域和工作内容。因此,社会行政和社会工作的组织、体制、经费和社会工作者的职业实践在很大程度上都受到社会政策的影响。

其二,社会行政、社会工作是社会政策的执行过程。社会政策要从文本最终转化为具体的社会服务,必然需要社会行政、社会工作的执行过程。其间需要协调社会服务机构、社会工作者在具体社会服务中的行动,规范社会服务组织体系的构建、社会服务标准、社会服务价值观和职业伦理的内化等方面,这都需要有社会行政者和社会工作者在其中发挥作用。

其三,社会行政、社会工作能够验证社会政策的正确性。社会行政和社会工作是为受助对象提供社会服务的活动,它们的一端与社会政策相连,另一端则与服务对象互动。社会行政、社会工作的效果往往会成为推动社会政策完善的动力,因此离开了社会行政、社会工作的组织和行动体系,社会政策将难以有效实施和发展,同时也会失去完善与发展的动力。

综上所述,正是因为社会政策、社会行政、社会工作三者之间的关系,政府的社会政策实践往往被看作"宏观社会工作"的重要领域之一,并且在各国社会工作教育的课程体系中都包含了社会政策课程。

(五)社会政策与社会建设

1. 社会建设的含义

社会建设在中国共产党第十八次全国代表大会报告中被确立为"五位一体"的发展战略的重要内容之一。社会建设是在党的领导和政府的主导下,社会中各类组织和广大群众广泛参与,以保障和改善民生及加强和创新社会治理为目标的社会行动体系。社会建设的具体内容包括优化社会结构、创新社会体制、发展社会事业和加强社会服务等方面,其中发

展社会事业和加强社会服务是其中的核心内容。

2. 社会政策与社会建设的关系

其一,社会政策是实现社会建设的手段。由于社会政策与社会建设的行动范围有较高的一致性,因此从实质上讲,社会政策可以被看成社会建设和社会治理行动的政策体系,是政府在社会建设和社会治理行动领域制定和实施各种规则、计划、项目的行动。在创新社会治理行动中也需要通过各项社会政策去化解社会矛盾、调节社会利益、维持社会稳定,可见社会政策也是创新社会治理行动的重要组成部分,可以在其中发挥重要作用。

其二,社会政策与社会建设的侧重点不同。社会建设包括了保障和改善民生,以及加强和优化社会治理两大方面的任务,而社会政策的行动更加侧重保障和改善民生方面。从某种意义上说,社会政策就是政府为保障和改善民生而制定和实施的社会政策体系。

(六)社会政策与公共政策

1. 社会政策与公共政策的联系

从前文的叙述中,我们可以清晰地看到从一般的意义上看,社会政策是公共政策的一部分,公共政策的内涵和外延都大于社会政策。社会政策与公共政策都是人为的,有目的、有意识地设计的社会规则,二者往往都是各种社会力量博弈的结果。由于现代社会问题大多是维护社会公共利益的问题,就这个意义来说,社会政策和公共政策在现代有一种融合的趋势。这种融合体现在公共政策的决策和执行需要加入社会政策的成分、考虑社会政策的视角,否则政府就会失去其合法性。

2. 社会政策与公共政策的差异

其一,从政策目标来看,社会政策的目标是增进社会福利、促进社会和谐、实现社会的可持续发展,关注的重点是人的基本需求和个性化需求的满足。公共政策的目标是公共利益的实现和公共效率的提升,因此公共政策比较注重社会整体需求的满足。

其二,从政策的价值导向来看,社会政策出于对人的基本需求和个性化需求的满足,其制定具有问题导向、行动导向的特点,具有鲜明的价值选择性;公共政策出于对社会整体利益实现的需求,在制定的时候更加强调所坚持的价值中立的导向。

其三,从政策的主体和对象来看,社会政策主体较为广泛(如政府、企业、非政府且织等),公共政策的主体更多为政府。二者的对象比较一致,都是以全体社会公众为服务对象。

其四,从政策实现的手段来看,社会政策实现的手段比较多,往往包含如社会干预、法律法规、融合社会保障的经济政策、社会保险等硬性手段,还包括社会福利服务等在内的柔性手段;公共政策实现的手段则更多地偏重法律法规、行政指令、公共财政等硬性的手段。

第二节　社会政策的构成要素

政府的社会政策行动是在一定的政治、经济和社会制度框架中采取的制度化的行动,即通过特定的法制过程规定由特定的机构按照特定的方式调动所需要的资源,并为特定的对象提供特定的服务。当代各国社会政策的制定、实施和改革,以及对社会政策的理论研究都主要围绕着社会政策的主体、客体、资源和运行机制这几个方面展开。

一、社会政策主体

(一)社会政策主体的含义

社会政策主体是指直接或间接地参与社会政策全过程(制定、执行、评估、监督控制、调整、终结)的个人、团体组织。社会政策主体不仅参与和影响社会政策的制定,而且在社会政策的执行、评估、监控、调整和终结等环节都发挥着积极的能动作用,由于各国在政治体制、经济发展和文化传统等方面存在差异,社会政策主体的构成要素及其作用方式也有所不同。从定义中我们可以看到,社会政策的主体在社会政策行动中居于主导地位。

(二)社会政策主体的构成

虽然各国在政治体制、经济发展和文化传统等方面存在差异,使其社会政策主体的具体构成也有所不同,但基本上都认为社会政策的主体主要包括立法机关、行政机关、司法机关、政治党派、利益集团、大众传媒、智库组织和公民个人等。

1.官方决策者

官方决策者是指那些根据法定的权限,具有合法权威,在社会政策的制定和执行过程中能够起到影响甚至是决定性作用的人或组织。一般而言,官方决策者指的就是广义的政府,即立法机关、行政机关和司法机关,以及对这些机关产生影响的政党和其他政治性组织。

第一,立法机关。立法机关是政策主体最重要的构成因素之一,其主要职责当然是立法,即履行制定法律和政策这一政治任务。立法机关在西方主要指国会、议会,在我国则是指全国及地方各级人民代表大会及其常务委员会。不论哪个国家,立法机关通常能够在其职权范围内,独立地行使立法权,在社会政策制定上发挥着决定性作用,其制定的法律往往在社会政策体系中起到基础性作用。这些法律规范了社会政策包含的领域、保证项目的设立、保障覆盖面的宽窄、保障程度的高低等。同时,由于政治体制的不同,各国的立法机关在社会政策过程中所扮演的角色、所起的作用都不尽相同。欧美发达国家三权分立下的立法机关,其立法权与行政权、司法权是平等和相互制约的关系,在行政权扩张和司法权释法的现实面前,立法机关的社会立法往往受到较大的制约。在我国,全国人民代表大会及其常务委员会是最高权力机关,其制定的法律和政策具有最高效力,行政、司法机关制定的法规、政策不能与全国人民代表大会制定的法律、政策相抵触。一般而言,各级人民代表大会对其权限范围内的社会政策决策可以起到决定性作用。

第二,行政机关。行政机关是参与制定和执行社会政策的机关,它掌握着强大的行政机关和行政资源,随着行政权力的不断扩张,行政机关在政策制定过程中的地位和作用越来越突出。在社会政策的制定领域,行政机关因为直接管理社会公共事务,对民众的需求有直接的理解,所以行政机关往往积极地倡导在社会立法,并以行政命令的形式制定较低层级的社会政策,达到规避烦琐立法程序,快速应对突发的社会问题的目的。因此,各国政府往往在社会政策的制定领域是比较积极的。在社会政策的执行领域,行政机关的主体作用表现就更加明显了,社会政策从文本到具体社会服务的过程本身就是行政机关主导的,甚至是行政机关直接进行的。

第三，司法机关。司法机关在社会政策的制定和执行领域中主要起到司法监督和司法救济的作用，在社会政策制定中发挥着重要作用。一方面，司法机关依据现有的法律对立法机关和行政机关制定的社会政策进行司法审核，不论是对政策制定的程序、内容，还是对政策执行主体的资格、程序、方式方法和标准适用等方面，都有依据法律予以监督纠正的权限。另一方面，对于不同政策主体在政策制定和执行过程中的政策争议，政策主体和政策客体因为社会政策而产生的争议，都可以按照司法诉讼的形式来解决，尤其是通过司法救济行为维护政策客体的基本权益。

第四，政党。政党本身就是政治组织，是现代民主政治中最重要的参与者之一，对政策制定和执行的影响远远大于政府以外的其他参与者。政党政治是现代国家政治统治的基本途径，执政党（或者参政党）本身就是社会政策主体中的一种核心力量，社会政策在很大程度上可视为执政党的政策。在野党通过民主政治的过程和政府以外的群众性政治运动，往往也会在制定政策的政治博弈中起到相当大的作用，尤其是搞政党竞争制度的欧美国家，政党的社会政策纲领往往对选举影响巨大。因此，在欧美国家，不论是执政党还是在野党，总是力图提出与选民社会福利偏好最接近的社会政策进行主张。

第五，国家监察机关。国家监察机关是我国的社会政策主体中一个具有特色的存在。在2016年底开始的国家监察体制改革中，试点组建国家和各级地方监察委员会。2018年3月20日《中华人民共和国监察法》正式颁布，国家监察委员会正式成立了，作为一个独立的机构，它对各级行政机关、司法机关行使监督职责。这也就意味着，各级国家监察委员会对各级行政机关和司法机关可以行使监督权限。

2. 非官方参与者

非官方参与者包括各种利益集团、大众传媒、智库组织和公民个人等，他们作为官方以外的力量，往往通过政治性群众运动、游说活动、舆论宣传和学术研究等，对官方决策者施加影响或压力，从而影响社会政策制定和执行的过程。但他们往往无法直接对社会政策的制定和执行产生决定性影响，这是由他们自身的权力和地位所决定的，只能借助影响官方决策者来实现对社会政策过程的影响。

第一，利益集团。利益集团是由具有相同利益需求和利益倾向的个人所组成的松散的联盟。它们往往是因利而合，有时也会因利而分，其联盟的牢固性与其自身利益一致性和程序性的强弱联系在一起。从社会政策制定和执行的角度来看，一方面，利益集团的存在有助于整合本集团的共同利益和共同主张，使得政策的官方决策者可以清晰地了解到相关利益集团的需求，包括社会福利项目、社会福利水平等具体内容。另一方面，利益集团可以通过法律和规则范围内的集体行动，向官方决策者施加直接或间接的压力，可以使他们更加重视某些社会问题，或者修正社会政策以适应不同利益集团的需求。当然，利益集团的活动也是存在相当多消极影响的，如可能导致政策过程中的政治腐败；采取排他性策略漠视其他群体的利益；侵蚀、消解政治权威；加剧本已存在的不平等，并以制度化的方式使这种社会不平等固定下来。

第二，大众传媒。大众传媒主要是表达思想和意愿、传播各种信息的舆论工具，包括广播、电视、图书、报纸、网络自媒体等。它们对政策制定过程有着非常重要的影响，有“第四种权力”之称。大众传媒的作用主要体现在以下三个方面：首先，可以通过大众传媒来了解民众的需求及他们对有关问题和社会政策的态度，然后主动调整政策以满足更多民众的需求和更符合社会的公共利益；其次，也可以通过大众传媒解释和宣传政府的政策主张，使民众更多了解某项社会政策的意义，以促进政府与民众之间的沟通和相互了解；最后，政府有时也对各种媒体实行控制和施加影响，以使它能够更多地为政府所用，并抵消某些利益集团对某些媒体的操控。

第三，智库组织。智库组织是由专业人员组成的跨学科、跨领域的综合性政策研究组织，它的出现对于改善政策系统和环境、促进决策质量的提高有着积极的影响。[①] 智库组织是政策主体的一个十分独特而又非常重要的构成因素，被认为是现代政策决策链条中不可缺少的一环。在现代社会中，决策问题日益复杂，决策难度不断增大，决策的影响难以清楚界定，这也对社会政策决策的质量提出了越来越高的要求。现代科学决策离不开政策咨询，政策研究机构的崛起，代表了未来决策的发展趋势。

第四，公民个人。公民个人是社会政策主体中最为广泛的非官方政策主体，公民个人通过各种政治途径参与、影响或制约社会政策的制定与执行。公民参与政策过程的方式主要包括投票选举、全民公决、听证会等。在现代民主的政策过程中，政府不仅强调公民参与度，而且将其视为社会政策制定和执行的基石。

（三）社会政策主体的角色

1. 社会政策行动的责任者

社会政策主体首先是社会政策行动的责任者，即为满足民众的基本需要和解决社会问题承担责任的组织或个人。在当代社会政策行动体系中，主体的责任是指为推动和完成社会政策行动所负有的法定责任，其中包括总体上的责任和各个方面的责任，前者是为社会政策行动的总体规划和组织行动而负有的责任，后者是指在社会政策的各个环节上的责任，包括为社会政策行动提供各种资源和具体的服务。

2. 社会政策行动的组织者

社会政策行动是一种有组织的公共行动，它除了需要社会各个群体的参与之外，还需要由特定的机构来承担组织行动的任务。正是因为社会政策主体本身拥有公共权力、组织和人力资源的优势，因此组织者在制定政策、调动各种资源、协调各类组织的行动等方面需要承担主要的责任。

3. 社会政策资源的提供者

社会政策行动需要大量的资源支持，其中包括财政资源、人力资源和物质资源等。作为一项公共行动，社会政策的资源必然是来自政府的公共财政或社会慈善事业。在具体的社会政策行动过程中，各类社会政策主体以不同的方式向社会政策行动提供各种资源，这些资源的提供者也就在社会政策行动中直接或间接地成了社会政策主体的一部分。

4. 社会服务的直接提供者

社会政策行动中包含了大量的社会服务（如医疗卫生、教育、老人服务、青少年服务

---

① 张金马主编《公共政策分析：概念、过程、方法》，人民出版社，2004，第302－303页。

等),具体提供这些社会服务的部门和机构往往是政府职能部门、医院、学校、养老服务机构等,而这些机构本身就是社会政策主体。

(四)当代社会政策主体发展变化的新趋势

21世纪以来,欧美国家的"福利国家"模式改革和发展中国家社会政策体系现代化的稳步推进,使得全球在社会政策领域中出现一个共同的趋势,就是社会政策主体的多元化。目前,由于经济社会的发展,人们的基本需求也日益增长,而且这些需求也逐渐呈现出多层次、个性化的特点。所以,现代社会政策不论是制定还是执行,往往需要多元化的主体共同参与其中,具体的服务项目、服务形式、技术水平等都是多样的,都不是仅仅依靠政府提供和满足的。因此,在国内外的社会政策行动中,其参与的非政府的社会主体越来越多,主要包括以下几种:

(1)就业组织(雇主):包括各类企事业单位、机关团体、个体雇主,以本组织的雇员为服务对象,不同程度上(尤其在经济上)向其雇员提供各种福利性服务。

(2)商业性服务机构:包括各类企业和个体商业化服务者,通过市场交换方式为消费者提供商业化服务,其基本目标是获取利润。这类机构在为民众提供个性化、小众化和较高水平的专业化服务领域中将发挥不可替代的作用。同时,商业性服务机构的加入也是提高资源使用效率的必要需求。

(3)非政府组织(NGO)、非营利组织(NPO):以非营利原则为基础,向社会成员尤其是困难者提供福利性服务,它们可以在专业化和个性化的社会服务方面,提供高质量的社会服务。

(4)初级群体:包括家庭、亲属、朋友和邻里等,以初级关系为纽带,向其成员提供无偿的或互助的服务。他们是对传统社会福利和社会保障形式的继承,是对现代政府主导的社会政策行动的有效补充。

(5)志愿者组织:按照自愿奉献的原则建立的组织,他们向困难者提供无偿服务。他们可以大大增加社会服务人力资源的配置,并节约社会服务的成本。

(6)互助组织:包括各种正式建立的民间互助组织,其成员按照权利与义务对等和互惠互利原则相互帮助,或按照风险分担的原则为困难者提供帮助。

一般说来,多元化的社会政策行动参与者在社会福利事务中可以弥补政府的不足,尤其可以在具体社会服务方面发挥巨大的作用。政府在政策制定、资源筹措、行动组织等方面都具有强制性的权力和高效的行动力;多元化的其他社会政策行动的参与者以其灵活性、高效率和自由选择等特征,可以弥补政府在个性化服务方面的不足。因此,不同的社会政策主体之间应该形成分工与合作的关系,而不是此消彼长、相互对立的关系。

二、社会政策对象

(一)社会政策对象的含义

社会政策对象(也称社会政策客体)是指那些受社会政策规范、管制、调节和制约的社会成员,也是社会政策所要提供服务指向的人和群体。一般来说,社会政策的对象是比较广泛的,这是与社会政策本身的特点相一致的。社会政策本身既是对具体资源的分配,也是对人的某种权利的分配,而这种分配往往不是针对某个具体的人,而是针对某个群体甚至是全体社会公众。所以,如何确定社会政策对象还要结合具体的社会政策行动。

尽管社会政策对象的分类标准较多,但影响最大的是根据社会政策行动是否考虑服务对象、是否具有特殊的个人需求来划分的,将社会政策对象分为普遍性对象和选择性对象。普遍性对象是指在社会政策行动中不考虑个人需求的差异,享受面向全社会或某一群体中的所有成员的、无差异的公共产品或社会服务的人或群体,如普遍性社会保险、基本公共医疗服务、职业福利等往往就是无差别的。选择性对象则是指社会政策行动中享受某些具有个别化需求的、个性化产品或社会服务的人或群体,如社会救助服务、特殊教育服务、康复医疗服务、公共住房服务等,都是针对这些有特殊需求的对象而提供的。

(二)社会政策受益者与受损者分析

事实上,没有哪项具体的社会政策能够使所有的人都同等受益,受益不均乃至受到损害都会导致各个群体和个人围绕着社会政策行动而发生争议,甚至出现政治冲突。因此,在社会政策过程中,社会政策对象其实包含了社会政策受益者和受损者,这就涉及社会政策对象的选择机制问题,即如何选择和确定一项社会政策的对象。

1. 社会政策受益者分析

所谓社会政策受益者,一般是指从一项社会政策行动中获得好处的个人或群体。因此,在分析社会政策对象的时候,我们要正确回答到底"谁是受益者""谁是直接受益者""谁是间接受益者"等几个问题。

识别第一个问题较为复杂,社会政策受益者应该在一项社会政策行动中获得了明确的利益,并且这个利益要符合整个社会的主流价值观,可能是可以量化衡量的物质性受益,如养老金、救济金、补贴和服务等;也可能是难以量化的非物质性受益,如消除污名和标签、提高社会美誉度等。由此可见,正是因为对"什么是利益"认识上存在较大的主观性和多样性,在具体的社会政策行动中确定政策的受益者存在不少的困难。

识别第二、第三个问题较为简单一点,在社会政策行动中是直接受益者,还是间接受益者,通过社会政策行动本身就可以清楚地看到。社会政策直接受益者是指一项社会政策行动直接帮助的对象,如获得救助的贫困家庭、参加保险的劳动者等。社会政策间接受益者是指从一项社会政策行动中,除了直接受益者以外的、实际获得好处的其他个人和群体,因为社会政策行动本身就是一项经济活动,势必产生外溢效应。如社会政策行动中给予政策对象的资金支持和物质性援助,本身就是促进社会消费提升的市场行为,就必然会使得制造和销售这些产品的商家获利。

2. 社会政策受损者分析

所谓社会政策受损者,是指在社会政策行动中利益受到损害的个人或群体。因此,在分析社会政策对象的时候,我们要正确回答"谁是受损者""为什么会有人在社会政策行动中受损"的问题。

关于"谁是受损者"这个问题,回答起来较为复杂。一方面,"受损"既是一个绝对问题,也是一个相对问题。所谓"绝对",指的是在社会政策行动中既有自身利益受到直接损失的个人和群体,如生活中的高税负群体、社会转型中强弱转换的群体等。所谓"相对",指的是在社会政策行动中所获得利益相对较少的个人和群体,如在各种政策资源分配中获得份额较少的群体、由财产和社会地位导致的无意享受社会服务的群体等。

关于“为什么会有人在社会政策行动中受损”这个问题,回答起来更为复杂一些。首先,社会总财富和社会政策资源的有限性决定了有人必然要在社会政策行动中受到损害,如不同的社会福利税收制度和征收制度设计得不合理,具体社会政策资源分配制度设计的不合理等导致的利益受损。其次,在具体的社会政策设计中,政策制定者的价值观、偏好,使得在政策资源分配的时候,客观上会存在不均衡的情况,这种不均衡必然会产生人们在主观感受上的相对被剥夺感。最后,个人的价值观、道德观也影响了对于“是否利益受损”的主观判断,直接影响了个人对于“权利与义务”“责任与负担”“懒惰与勤劳”等价值的不同判断,对其在社会政策过程中利益得失的感觉也是不一样的。

综上所述,正是由于社会政策受益者和受损者,对自己受益或者利益受损这个事实有不同的看法,而且在政策博弈中总想增加自己的利益或者减少自己的损失,他们会以各种方式表达和反映他们的各种情绪,也就必然会对社会政策的决策和执行产生不可忽略的影响。

三、社会政策资源

(一)社会政策资源的基本含义

社会政策资源是指维持社会政策行动、实现社会政策目标所需要的各种条件,包括所有应用于政策执行活动的人力、物力、财力、信息、权威等。古人有云:“徒善不足以为政,徒法不足以自行”,社会政策资源的具备是社会政策得以有效实施并取得成效的必备条件。从社会政策资源的存在形式来看,大致上可分为物质性资源和非物质性资源两大类。所谓物质性资源是指直接投入资金,或者投入可以用资金衡量的资源,如资金、物资、技术、场地等。所谓非物质性资源是指不能直接用资金衡量的资源,如人力、信息、权威等。

(二)社会政策资源的筹集方式

筹措社会政策所需要的资源是社会政策行动中的一个重要环节,根据筹措社会政策资源主体的不同,分为政府筹集社会政策资源和民间筹集社会政策资源两种方式。

1. 政府筹集社会政策资源的方式

第一,税收。作为社会政策资源的最主要提供者,政府活动本身不是直接社会财富,政府在社会政策行动中使用的物质性资源主要是由税收实现的。税收是政府凭借公共权力,按照法律所规定的标准和程序,参与国民收入分配,强制取得财政收入的一种特定分配方式。从社会政策的研究视角来看,税收本身就是对社会财富初次分配中所存在的“效率至上”这一缺陷的弥补,通过税收,政府获得再分配所需要的资源,其本身是正义的。而且这种再分配本身依靠政府的权威和强制力,所以通过税收来筹集社会政策资源是目前最稳定可靠的途径。

第二,专项收费。政府的专项收费一般是针对专门性社会政策项目而进行的非税收性的社会政策资源筹措行为,如社会抚养费、教育附加费等。与政府的税收相比,一方面,专项收费具有临时性和专款专用的特点,再有就是专项收费比较灵活,便于基层政府根据当地的需求情况来设立。另一方面,某些社会服务项目的收费,尤其是向服务对象收费,更能够体现社会服务中社会服务对象“责权利”的对等关系,从而提高社会政策资源使用的效率。但其最明显的缺点是收费的权威性不足,项目设计随意性强且较为杂乱,不易管理,容易产生浪费和腐败的问题。

第三,社会保险费。社会保险费是指在社会保险基金的筹集过程当中,雇员和雇主按照规定的数额和期限向社会保险管理机构缴纳的费用,它是社会保险基金最主要的来源,也可以认为是社会保险的保险人(国家)为了承担法定的社会保险责任,而向被保险人(雇员和雇主)收缴的费用。在我国社会保险征缴体制的改革中,根据2019年修订的《社会保险费征缴暂行条例》第六条的规定,社会保险费的征收机构由省、自治区、直辖市人民政府规定,可以由税务机关征收,也可以由劳动保障行政部门按照国务院规定设立的社会保险经办机构征收。因此,社会保险费征收逐渐向税款征收转变,社会保险费最终将转化为社会保险税。

政府除了通过税收和专项收费筹集社会政策资源外,还通过发行国债、引进外资以及其他各种途径筹集资金,如2020年在应对新冠肺炎的过程中我国政府发行的抗疫特别国债,就是日益多样化的物质性资源筹集方式之一。同时,还以发动志愿服务和社会捐赠的方式,实现对部分物质性资源和人力资源的筹措。

2. 民间筹集社会政策资源的方式

各种社会组织和个人也可以在法律许可的范围内,以合理的方式筹集社会政策资源,以满足人们对社会政策资源的需求。民间筹集社会政策资源的方式主要包括以下几种。

第一,社会集资。社会集资是指在一个组织、社区或一定范围的人群中,通过参与者共同交纳资金的方式来兴办一些社会服务项目,以满足人们在某些方面的需要。如集资办教育、集资建住房,以及集资兴办其他的社会公共服务项目。社会集资的最大好处是贡献与利益挂钩,因此能够调动参与者的积极性,减少对政府的依赖。

第二,社会捐赠。社会捐赠是指公民个人或组织在自愿的原则上向社会公益事业提供捐助。社会捐赠是一种非常古老的社会事业筹资方式,其最大特点是自愿性。不管捐赠者出于何种动机,其结果都是帮助了社会中的弱势群体,并促进了社会公益事业的发展。当今世界各国都采取政策鼓励社会捐赠,并给予捐赠者相应的回报,如减免税费等。

第三,志愿者服务。志愿者服务是指人们在自愿的基础上利用其业余时间无偿地或低偿地为社会提供公益服务,包括个人性志愿者服务和有组织的志愿者服务。志愿者组织都是由志愿者所组成,不仅其组织的目标是非营利的,而且其成员在该组织中的工作也不是为了报酬。在当今世界各国,志愿者活跃在社会事业的各个领域,他们从各个方面向社会提供服务,体现了志愿者组织在当地的巨大作用。

第四,社会资本与社会网络。一般来说,个人拥有的社会资本量将深深地影响他在经济和社会活动中的能力。因此,弱势群体需要通过增加其社会资本,以增加弱势群体的社会资本的方式去推行一种更加积极的社会行动,帮助其建立更有效的社会网络。在具体的社会政策行动中,政府、社区和各类社会组织不仅应该帮助弱势群体构建社会网络,而且应该帮助他们有效地利用社会网络去提升自己的能力,达到“增能”的效果。

第五,国际援助。充分利用国际援助资金开展社会福利政策行动,是目前解决我国社会福利资金不足的一个有效途径。国际资金援助体现了国际人道主义和国际社会关照等原则以及全球人类发展的共同目标,主要包括国际组织的援助、外国政府的援助和国际民间组织及个人的援助。当今各发展中国家在社会政策行动中都积极争取并合理利用国际资金援助。当然,国际援助对小国社会政策发展的影响较大,但对大国的影响相对有限。在我国改革开放后的早期阶段,国际援助曾经对我国的社会政策起到了积极的促进作用,但后来,随着我国的经济发展和政府财力的增大,国际援助的作用就逐渐降低了。

(三)社会政策资源的使用方式

1. 政府财政的社会支出

政府财政的社会支出(也被称为社会保障支出、社会福利支出),一般是指政府在年度的财政预算中列出,并在社会保险、社会救助、社会优抚、义务教育、基本医疗服务等领域财政投入的总和,是执行社会政策的直接性投入。在当今世界各国的公共财政预算中,社会支出都是其中非常重要的组成部分,尤其是欧美发达国家的社会支出占公共财政预算的比例往往较大。以我国为例,2019 年,中央在财政决算中仅教育、社会保障和就业、卫生健康、住房保障、灾害防治及应急管理等的狭义社会支出就达到了 88 771.75 亿元,占当年财政总支出(238 858.37 亿元)的 37.17%。如果采取广义社会支出概念的话,社会支出占财政支出的比例会更大,因此我们也就理解了为何很多欧洲国家的社会支出会占到本国财政支出的 60% 以上。

2. 社会保险基金支出

社会保险基金是国家为举办社会保险事业而筹集的,用于支付劳动者因暂时或永久丧失劳动能力或劳动机会时所享受的保险金和津贴的资金。社会保险基金来源可以大致分为四个方面:参保人缴费、参保人单位缴费、财政补贴、投资收益。目前,世界各国社会保险的缴纳都是采取强制普遍性的原则,社保基金的运作方式根据不同的国情和传统,分别采取政府主导和商业化运作两大类方式,但从维护社会保险的底线安全出发,多数国家采取政府主导方式。尽管社会保险从其诞生,就受到诸多质疑。但社会保险制度经过长期运作,已经成为社会保障制度的基石之一,仅在 2019 年我国中央和地方社保基金就拨付了 6 937.11 亿元。社会保险基金支出本身就是政府社会政策支出的一部分,各项社会保险费用的使用,有效地保障了人们的生活,维护了社会的稳定。

3. 专项经费配套支出

专项经费配套支出,即在政府对某一社会政策项目提供经费资助的同时,接受资助的地区、部门、机构或个人也对该项目投入相应比例的资金。在多数国家,中央和地方政府在财权和事权上长期存在一个分权的问题,显而易见,不论是中央还是地方的社会政策项目,主要是由地方政府来具体执行。这也就意味着,地方政府在具体执行社会政策项目,接受中央或上级政府拨款的同时,还要在一定程度上使用自有资金来弥补中央和上级拨款的不足。

4. 国际援助支出

国际援助,即国际组织、外国政府、国际民间组织及个人的援助。在社会政策行动中,国际援助是国际社会政策体系的一个重要方面,它体现了国际人道主义和国际社会关照等原则，以及全球人类发展的共同目标。随着全球化的发展，为了应对全球化的社会问题，就需要打破民族、国家的界限，统合利用全球资源来应对这些问题就显得很有必要。近些年，在反贫困、实现性别平等、增进儿童福利、应对人口老龄化、推动环境保护等诸多的社会政策领域中，发达国家和发展中国家之间的资金支援等国际援助情况日益增加。

5. 民间投入

民间投入，即政府以外的各类社会组织及个人对社会政策行动的投入。随着进入社会福利领域主体的日益多元化，社会组织和个人在社会政策行动中投入资源的数量和方式也在发生很大的变化，其中既有以传统的社会捐赠、志愿服务等方式投入的，也有以商业化运作的方式投入的；既有通过各类基金会组织投入的，也有各类社会组织和个人投入的，还有以参加政府购买社会服务方式投入的。当今，民间投入已经成为社会政策资源投入的一个非常重要的组成部分，尤其是随着我国民间社会慈善力量的兴起，民族投入越来越成为不可或缺的资源。

6. 税费减免和补贴

税费减免和补贴是世界各国在社会政策行动中常用的投入方式之一，包括对从事社会福利事业活动或者存在特殊困难的个人和组织，加以税费减免或提供资金（服务）支持的行为。比如，对社会企业的税费减免；对低收入群体减免公用事业收费、提供取暖补贴；对再就业人员减免办理证照费用、职业培训支持等。这样的资源使用方式，既可以直接为部分群体改善生存条件，又可以减轻社会政策对象的负担，提高他们依靠自身能力改善生产生活条件的能力，较单纯的资金投入更有效力。

（四）社会政策资源的供应模式

在社会政策过程中，影响政策资源供应量的基本因素主要有社会福利需求和可调动的财政资源。但在不同的社会政策模式之中，不同国家的政府对这两个基本因素急迫性的认识是存在较大差异的，从而形成了社会政策行动中政策资源供应的两种不同模式。

1. 需求导向型社会政策资源供应模式

在需求导向型社会政策资源供应模式下，社会福利主管部门倾向于按照社会的实际需求来计划社会政策行动方案及其所需的财政支出，然后要求政府财政部门提供相应的经费。需求导向型社会政策资源供应模式的最大优点，在于能够最大限度满足全社会对社会福利的需求，但由于社会福利需求本身存在的“刚性增长”，容易导致政府财政支出和国债规模不断膨胀，会增加纳税人的负担影响中长期经济发展。

2. 预算约束型社会政策资源供应模式

在预算约束型社会政策资源供应模式下，政府财政部门事先在财政总支出的计划中给社会政策各个领域划分一定的数额，然后社会福利等部门只能在事先的预算总额内计划具体的行动及资金使用方案。这种模式虽然控制了政府社会支出的过度膨胀，但同时给一些国家带来了社会福利水平下降、贫困问题增多和社会事业发展缓慢的问题。

四、社会政策运行机制

（一）社会政策运行机制的基本含义

所谓社会政策的运行机制，是指社会政策行动各个环节运行的基本方式。从广义角度来讲,社会政策运行机制涵盖了社会政策行动所有阶段和环节的运行机制,包括社会政策主体的组织方式、受益者选择机制、资源筹集机制、社会服务传递机制等各个方面。在这个层面上看,社会政策的运行机制指的就是社会政策的整个运行过程,相关内容参见本节前三个问题。

从狭义角度来讲,社会政策运行机制一般是指社会服务的传递机制,即社会政策资源转化为一定的服务方式并传递给受益者的具体运行模式,也就是指政府如何组织具体社会服务以实现社会政策目标的问题。有效的运行机制可以让每个社会政策行动的参与者知道哪些是自己要做的、该怎么做以及哪些是不能做的;合理的运行机制可以兼顾社会政策行动公平与效率的目标,考虑如何用最小的成本去获取最大的社会行动效果;合理的运行机制还可以兼顾公共服务方式与个人自由选择。

(二)社会政策运行机制的具体模式

从狭义的社会服务传递机制的角度看,社会政策行动中涉及服务付费方、服务供给方和服务需求方关系协调的问题。因为我们可以看到,这三方在社会服务的传递机制中所处的地位是不平等的。在传统的社会政策行动中,相对于服务付费方、服务供给方,服务需求方往往是被忽视的,即使他们有什么要求,也往往被冠以“要饭还嫌馊”的歧视。但在今天的社会政策研究中,我们越来越重视社会政策对象——服务需求方的需求和满意度。因此,我们有必要分析社会服务传递机制的具体传递模式,分析它们的优缺点及它们适宜应用的环境。

1. 服务付费方与服务供给方合一的社会服务传递模式

在这种模式中,政府既是提供社会政策资源的付费方,又是直接经营社会服务机构、提供社会服务的服务供给方,所以在传统服务模式中政府可以发挥主导作用。在这一过程中,政府使用公共资金来建设各种社会服务机构,培训社会服务人员,使之平稳运行并承担提供社会服务供给主要责任,因此也被称为“政府养服务机构”的模式。目前,在社会救助、社会优抚、基本公共服务等领域基本还在坚持这一模式,能够“无偿”或“低偿”地向全体社会公众提供无差别的社会服务,充分体现了政府对于实现“底线公平”的追求。但这种模式也可能存在政策资源使用的低效率和政府公共开支的膨胀;由于缺乏竞争和监督,还可能存在服务质量低下的问题。同时,受到政府及其经营的社会服务机构能力的限制,这种模式在提供简单、规格一致、需求量大的社会服务方面是有效的,但对于服务需求方个性化和较高水平服务的需求则难以满足。

2. 服务付费方补贴服务供给方的社会服务传递模式

这种模式是政府主要承担服务付费者的角色,通过合同向现有的服务机构(包括非营利机构和商业性服务机构)提供补贴,以使这些社会服务机构承担某些具体的社会福利服务任务的模式。这也就是在我国广泛存在的“政府购买社会服务”,在养老服务、流动人口服务、社区建设等社会服务领域得到了广泛的运用。这种社会服务传递模式中,政府摆脱了具体服务的提供模式,专注于政策资源的筹措与使用,专注于制定服务的规则,专注于监督和评估服务的运行,这明显是一种进步。这种服务传递模式可以实现政府“平时少养人,战时多用人”的目标;也可以通过对专业社会服务机构的使用,提高对多样化社会服务需求的满足；通过必要的竞争和政府的监督评估，进而提高社会服务水平。但这种模式的缺点是服务需求方仍然无法做到对社会服务充分选择，并且难以参与到“政府购买社会服务”的过程中去，政府购买的往往是政府需要的服务。同时，对于某些专业化服务水平较高的社会服务，政府往往缺乏对其进行监督和评估的手段和方法，使得监督和评估形同虚设。

3. 服务付费方补贴服务需求方的社会服务传递模式

这种模式是指政府作为社会政策资源的拥有者，按照实际需要直接补贴给服务需求方（如个人或家庭），然后由接受了补贴的服务需求方到市场中去购买所需服务的模式。这种服务传递模式可以最大限度满足服务需求方对社会服务的选择性需求，它更加适用于社会服务供应主体比较多、竞争比较激烈的社会服务领域；或者是较为小众化的、专业化程度很高的社会服务领域。这种模式最大的优点是服务的需求方在获得福利性补贴的同时，也掌握着选择服务机构的权利，因此对他们自己来说兼顾了自由与福利，对服务机构来说则可以促进其提高服务水平和质量。但是这种模式存在补贴资源的滥用或不恰当使用的问题（尤其是现金补贴），如对儿童提供的营养午餐补贴以现金方式提供的话，会有变为家庭扶贫补助的风险；补贴服务需求方往往会使不同服务对象所享受到的社会服务，因为个人选择能力的差异而存在差异，这种差异有可能会导致新的不公平。此外，这种模式下政府要面对更多个人福利申请者，对申请者进行资格审查和动态管理仍然要消耗很多的人力和财力，相对于对服务机构的评估，对个人的评估往往更加复杂和困难。

（三）社会政策运行机制的改革

长期以来，社会福利理论认为，社会政策的公益性与市场行为的营利性是绝对对立的。但在20世纪八九十年代以后，随着福利国家模式的危机和第三条道路思想的提出，在社会政策行动中引入市场机制成为新的选择。

1. 在社会政策实践中引入市场机制的优点

对于政府来说，在社会福利服务中引入市场机制的好处，一是可以降低福利服务机构的财政负担，二是能够限制服务对象不合理的接受服务行为，并约束其过度的服务需要。这两个方面都会降低社会福利服务中的浪费和减少政府的社会支出。对社会服务机构来说，可以打破在福利性服务中的垄断，通过社会服务机构之间的横向竞争而提高机构和项目的运行效率和服务质量，使得政府按服务项目的数量和质量来拨款；加强对服务机构的业绩考核和评估，并在业绩考核和评估中强化效率和质量的指标。对社会服务对象来说，市场机制的引入可以扩大服务对象对服务机构的自由选择，并获得更加优质的服务；个人付费可以体现受益者的个人责任，约束其福利要求，并降低政府的财政负担。

我们在承认引入市场机制优点的同时，也要看到市场机制的引入可能在一定程度上对贫困群体产生较大负面影响，比如在残疾人康复训练、心理治疗等专业化程度较高的社会服务领域，个人付费可能会成为其获得优质服务的障碍；无偿的社会服务即使采取市场化运作的方式，也可能难以通过受益者选择和评估的方式，起到大幅提高其服务质量和服务效率的作用。

2. 我国社会政策运行机制的改革

在我国的计划经济时期，社会政策是按照“纯福利”的方式运行的，服务付费方和服务供方往往是合一的,加之计划经济过程中对经济核算问题的忽视,使得我国社会政策的运行机制较为保守。20 世纪 90 年代以来,随着计划经济向市场经济的过渡,城市单位体制和农村人民公社体制的解体,政府对全社会资源的掌控能力有所下降,政府可以投入社会政策行动的资源与日益增长的需求相比较为有限,政府对福利性社会服务机构实施直接管理的模式不再有效。因此政府逐渐转化其职能,从直接管理者的角色逐渐转化为间接管理者,越来越推崇以政府购买社会服务的形式,来推动社会服务机构按照市场化的方式运作,并最大限度兼顾资源使用的效率、质量和社会保护。

综上所述,引入市场机制是国际社会政策运行机制改革的一个趋势,它可以为社会服务机构发展提供动力,可以促进社会服务机构提高其服务的数量、质量和效率,并降低政府财政的负担。但是这种改革也是有一定负面影响的,这种改革会使社会服务机构更加关注市场对社会服务的需求和社会服务机构的生存问题,对市场需求小的服务和无法为社会服务付费的人会产生排斥和拒绝的情况,这和社会政策的基本目的是相对的。

第二章　社会政策的发展历程

第一节　欧美主要国家社会政策实践的历史发展

虽然在漫长的农业文明时期,欧洲国家不论是出于巩固统治基础、保障社会秩序等目的,还是基于其宗教信仰,都在社会救济等领域采取了一系列的行动,并以不同形式的成文法体现出来,但其都是零散的、不成体系的、“头痛医头、脚痛医脚”的回应。而具有近现代意义的制度化与体系化的社会政策,则是在工业文明时代到来以后才建立起来的。从全球范围来看,近现代意义上的社会政策体系最早诞生于欧洲。

一、20 世纪 30 年代以前社会政策在欧洲的初创时期

(一)1601 年的《伊丽莎白济贫法》

西方社会政策实践的发端最早可以追溯到 1601 年英国的《伊丽莎白济贫法》。尽管在此之前,为了应对战争、疾病、圈地运动等自然或人为原因所产生的流民、城市贫民、孤儿寡妇等问题,英国先后制定了多部济贫法,如 1536 年的《亨利八世济贫法》、1552 年《爱德华六世济贫法》、1555 年的《玛丽女王济贫法》,以国家行政命令、社会政策、地方财力和征集税款的方式,筹集资金、组织和提供不同类型的福利服务来满足贫困者的需要,但是这些济贫法的提出无法满足日益增加的求助需求。为了应对其面临的严重社会问题,在伊丽莎白一世于 1558 年 11 月 17 日加冕为英国女王以后,先后于 1572 年、1576 年、1597 年颁布多部济贫法令,并在这些法令的基础上,最终于 1601 年颁布具有划时代意义的《伊丽莎白济贫法》。1601 年《伊丽莎白济贫法》的主要内容包括:

第一,以教区为实施济贫法的基本单位,教区负责供养区内得不到亲属供养的无依贫民。教区所供养的贫民仅限于在该地区出生的或曾在该地区居住满三年的人。

第二,政府已有意识地对贫民做出区分。一般将贫民分为三类,一是健壮的贫民,必须做工自给。每个郡都要建立教养院,将那些有工作机会而不去工作的人送去进行强制劳动。二是无工作能力的老病残障者,分别以院内收容与院外救济两种方式救助,以院外救济为主。三是失依的儿童,分别以孤儿院收养、家庭补助、家庭寄养三种方式予以抚养。

第三,家庭应承担起救助其亲属的责任,凡能够从丈夫或妻子、父母或子女以及其他亲戚处获得帮助者皆不符合救济资格。这种做法虽然意味着政府已经开始着手为有需要的人提供福利服务以满足他们的需要,但当时这种形式是被迫的,从其主要目的来看,社会控制多于改善穷人的生活状况。

第四，建立了较为严密的济贫管理体系，形成了由市长和治安法官负责执行济贫税征收，教区主教负责执行具体济贫事务的管理体系。

第五，在一定程度上完善济贫税的征收制度。从1555年起按自愿原则征收济贫税，到了1572年确定改为按财产比例交纳，强制征收济贫税。从而实现济贫资金由“募”向“征”、由“自愿”向“强制”的转变，以税收的形式达到了保障济贫资金有效筹措的目的。

1601年的《伊丽莎白济贫法》颁布以后，英国的斯图亚特王朝于1662年通过《住所法》，提出了贫民须在其所出生的教区居住一定年限，才可以获得救济的规定，明确了现代社会救济制度还在坚持的“属地化管理”原则。1782年和1795年英国分别实行了《吉尔伯特法》与《斯皮纳姆兰法案》（也称“斯宾汉姆兰制”），放宽了对于失业者必须进入贫民习艺所的规定，提出对失业者及其家属给予院外补贴，并逐渐成为维持贫困工人生活的一项长期措施，使得英国的济贫制度日趋完善。

综上所述，1601年的《伊丽莎白济贫法》标志着立法者不再把“人陷入贫困”完全归于懒惰、厌恶劳动等个人原因，而是认识到其中包含一定的社会原因，因此有必要由政府出面为这些人提供必要的帮助。法令的重点逐渐转移到为失业者提供工作、对无劳动能力者继续实施救济上来，而非单纯地惩罚。

（二）1834年英国新济贫法

尽管英国1601年的《伊丽莎白济贫法》对后来欧洲各国的社会政策实践有深远的影响，但欧洲各国大规模的社会政策实践是在工业化的促进下，19世纪以后才发展起来的。在工业化过程的早期，英国等主要欧洲国家政府仍然奉行“不干预主义”，并没有立即通过社会政策的行动来解决社会问题。结果使各种社会问题越来越严重，社会矛盾日趋尖锐化，随着工业化的不断深入，传统的小农经济和家庭手工业日趋没落，所以欧洲国家的工人阶级面临的风险与此前存在很大的不同。一方面，随着工业化和城市化的发展，因为受到科技发展的限制，加之城市工人阶级缺乏对生产资料和家庭财富的掌握，劳动者因工伤、失业、生育、年老等原因而丧失劳动能力和劳动机会的可能性大大增加，工人阶级所面临的风险越来越大。另一方面，随着人口流动和大家族聚居的减少，传统的依靠血缘和亲缘而形成的家庭保障越来越弱化，越来越难以保障劳动者应对其所面临的风险。同时，政策研究者也越来越认识到，这些贫困和风险不再仅仅是个人造成的，更主要的是社会的原因，即社会制度的不合理，因此需要对现有的济贫法加以改进，专门解决这些问题。

在这种情况下，英国政府不得不投入大量的资源用于传统的济贫事业，但原有济贫事务管理体系还不够完善、管理人员责权利的不对等、济贫资金使用过多且较为混乱，以及由这些问题带来的其他道德问题，加之对任何形式的政府干预都持保留意见的传统自由主义者，随着力量的壮大逐渐在英国议会中取得了较大的优势，对于旧济贫法中属地化管理带来的限制人口流动、《斯皮纳姆兰法案》中的最低生活保障使工资具有刚性等问题进行了批判，使得英国政府越来越认为旧的济贫法已经无法适应形势的需要。于是，在1834年英国议会通过《济贫法（修正案）》，史称“新济贫法”。

新济贫法在内容上重新严格制定了18世纪80年代以来一直宽松的限制规定，如“劣等处置”和“济贫院检验”原则，无不表现出“惩戒性”的消极面。其中对规定除了老年、儿童、寡妇等少量人群以外的贫民，取消其居家的院外救济，改为受救济者必须要被收容在贫民习艺所中从事强制劳动，政府试图用恶劣的条件和高强度的劳动减少受救济的人口数量和济贫的支出。第一次全面以社会政策的方式规定接受救济的人应给予一种比独立的劳动者低的生活标准，这成为以后社会救济一直坚持的基本原则之一。同时，救济者接受救济相当于宣告自己一无所有，也就是被剥夺了选举权等政治权利，客观上体现了政府对贫民的政治“惩罚”。在管理上，新济贫法要求在中央设置三人委员会(1847 年改为济贫法部)，在地方各教区联合区组成济贫委员会；对中央和地方各级管理机构的权责和机构进行规定，并规定了相关管理人员的薪酬。

1834 年新济贫法体现了占统治地位的资产阶级的利益，济贫工作越来越关注其对经济发展的影响，政府越来越多地将济贫与经济发展结合起来考虑，因此救济方式、救济对象、管理方式等都发生了极大的变化，并以法律的形式明确了济贫活动中的政府责任和对于贫民的基本生活保障，因此新济贫法的正面作用也不能被否认。在新济贫法颁布以后各种社会问题不断凸显的同时，对于生活在社会底层的穷困者而言似乎并不可喜，工人阶级也掀起了反对新济贫法的浪潮，英国的宪章运动就是在这个背景下爆发的，欧洲的工人运动也逐渐进入了高潮。这些工人运动充分表明了无产阶级作为独立的政治力量登上了历史舞台，工人斗争越来越呈现出有组织的特点，也从另一个方面对欧洲主要国家的政府施加了压力，使得这些政府不得不重视这些问题的解决。

(三)以社会保险法为标志的现代社会政策体系的创建

在 19 世纪中期的第二次工业革命推动下，欧洲主要资本主义国家经济发展进入“快车道”，尤其是后起的资本主义强国——德国，它的经济发展逐渐超过了英、法等国。但是对于欧洲的工人阶级而言，经济发展并没有为其带来生活改善，反而在新的基础上加深了矛盾，工人阶级仍然面临劳动条件极其恶劣、房荒严重、工伤事故和职业病的威胁，因事故和疾病而丧失劳动能力的工人得不到任何生活保障。在欧洲三大工人运动的“催生”下，马克思主义诞生了。从此，工人阶级的斗争已经不再局限于经济斗争，在政治上提出了推翻资产阶级专政和建立社会主义制度的革命要求。为避免资本主义制度的彻底崩溃，欧洲各国政府不得不重视解决劳动者的各种问题，不得不在经济上开始对工人阶级妥协，逐渐从“不干预主义”转向在经济和社会事务方面发挥更大的作用，以国家的力量来解决这些问题。为了应付这种局面，以德国为代表的欧洲国家开始走上了建立制度化的社会保险的道路。

1. 德国社会保险立法

德国相继于 1883 年、1884 年和 1889 年颁布了《企业工人疾病保险法》《工伤事故保险法》《伤残和养老金保险法》等三部法律。1883 年的《企业工人疾病保险法》对工资劳动者实行强制疾病保险，费用由雇主和雇工分担，国家予以一定补贴。雇工在患病期间可以领取疾病津贴，但领取疾病津贴的最高时限不能超过 13 周。疾病保险基金开始时可以利用共济会或互助会等组织来管理，然后建立地方疾病保险协会和公共疾病保险协会共同进行管理。1884 年的《工伤事故保险法》推行费用全部由雇主承担的工伤保险制度。因工伤丧失劳动能力者前几周依照疾病保险办理，工伤事故津贴额为工资的 2/3，最高领取时限为 14 周，工伤致死者的家属也可以领取相当于死者工资的 20% 作为津贴。1889 年德国实施《伤残和养老金保险法》,在工业工人、农业工人、手工业者及公务员中建立养老保险制度,费用由国家、雇主及雇工三方分担,领取养老金的年龄为70岁。参加养老保险者必须工作满24年才能领取养老金,残疾者也必须工作满4年才可领取。养老保险由国家统一管理。德国三大社会保险法的制定和实施,对19世纪后期西方国家社会政策的全面发展产生了直接影响。

2. 英国社会保险立法

20世纪初的英国也建立起社会保险。1908年英国议会正式批准《养老金法案》,该法案规定年收入不超过31英镑10先令、年满70岁且成为英国公民达20年、居住在联合国的土地上的居民都有权利领取养老金;养老金发放标准为每周1~5先令,针对国家养老金的收费或转让及相关协议都是无效的,领取者也不能因领取养老金而被剥夺选举权、公民权及宪法保护的基本权益。

1911年英国颁布《国民保险法》,正式建立起失业保险和健康保险政策。该法令规定失业保险适用于建筑业、工程建造业、造船业、机械制造业、铸铁业和锯木业,申领失业保险津贴的条件为申请人在过去的5年中曾在该法所规定的上述行业中工作26周以上,申请人能够工作但未能得到合适的就业机会,自申请之日起一直失业;失业保险费由工人、雇主及国家共同承担,失业保险津贴标准为每周7先令,被保险人每缴纳5次失业保险费,方能享受一周的失业保险津贴,最高领取时限为12个月中不能超过15周。该法令还规定所有16岁以上被雇佣者必须参加健康保险,健康保险费用由雇主和雇工分担,国家每周为每名工人拨付2便士。健康保险津贴包括医疗、疗养、疾病、伤残与产妇津贴等。健康保险津贴标准为每名男工每周10先令、女工每周7先令6便士、残疾工人每周5先令。被保险人从其加入该项保险开始每年拖欠保费超过13周,则暂停其领取疾病及伤残津贴的权利;每年拖欠保费超过26周,则暂停其领取医疗、疗养及产妇津贴的权利;被保险人在申请疾病津贴时,如拖欠保费较少且不可能再拖欠下去,则只适当减少其津贴,每周所发放的津贴最低不少于5先令;被保险人如由于失业问题造成健康保险费的拖欠,应减少其拖欠额。

3. 法国社会保险立法

19世纪末20世纪初,法国社会保险以雇主提供的养老保险和工伤保险基金形式出现,但这种基金很不稳定。1886年法国对各项退休基金制度进行了重组和扩大;1890年法国规定在发生不正当解雇时,工人有权要求雇主给付他们已经供款的退休金。1894—1895年法国进一步要求矿业工人和雇主强制性分摊须缴给国家的退休基金,从而结束雇主对退休基金的支配,国家保证养老金的支付;雇主破产、企业关闭或转让时,由雇主或雇员缴纳的所有款项必须对雇主与雇员的利益继续有效。1910年法国终于通过《工人和农业劳动者养老金法》,规定养老金费用由雇主及雇工分担,国家给予补贴,要求年收入3 000法郎以下者必须参加,年收入在3 000~5 000法郎者自愿参加。

在工伤保险方面,1898年法国正式颁布《工伤保险法》,给工人提供由雇主承担费用的工伤赔偿。1905年规定工伤事故受害人有权利直接对雇主所委托的保险公司提起有关工伤保险补偿诉讼。法国的《工伤保险法》最初只适用于工业企业从业者,1899年扩大到农业工人,1906年扩大到商业领域从业人员,1914年又扩大到林业人员,此后,又在自愿基础上扩大到所有行业劳动者。

法国还开始建立公共援助政策。1889年法国确立了公共援助的一些基本原则,主要包括:公共援助应该成为自治机构的责任,公共援助应该由接受者当时正在居住的教区给予,仅向没有资源和不能劳动的个人提供的公共援助只是所有其他各种帮助手段的补充。在此原则的基础上,法国在1893年实行公费医疗制度,1904年实施儿童救济制度,1905年建立对患有疑难杂症老人的义务救济制度,1913年建立起孕妇的救济制度。

综上所述,社会保险的出现与以往的贫困立法有着根本不同,济贫法往往是临时性或长期性的救济措施,其标准在于满足"人之所以为人"的基本需求,其对民众需求(尤其是较高水平的需求)保障程度很低,甚至根本就不予保障。济贫法对贫民的保障往往不要求接受救济的人缴费,完全依靠政府投入或者社会慈善事业捐款,其资源的使用对被救济的对象而言往往带有歧视和侮辱的一面。但是,社会保险金的给付,并不以被保险人的经济状况为标准,而是根据缴费的情况,给予不同被保险人以大致相同的保障。而且领取保险金并非有失尊严的事,因为保险金来自平日所缴纳的保险费,从而有效地对抗了自由主义者的攻击。社会保险的建立,使得劳资矛盾得到了有效缓解,工人生活在短期和长期两个方面都得到了改善,使得欧洲资本主义国家的社会渐趋稳定。当然,社会保险制度的建立主要还是资产阶级出于自身的政治需要,但其试图通过国家直接干预和调节社会财富的再分配来缓和社会矛盾,还是具有一定进步意义的。

二、20世纪30年代至20世纪60年代社会政策的发展与成熟时期——福利国家模式的构建

(一)欧美福利国家模式形成的历史背景

"福利国家"一词首见于英国坎特伯雷大主教威廉·邓普1941年写的《公民与教徒》一书。[①] 简而言之,福利国家意味着与济贫法时代或简单的贫困救济相比,国家承担了更多的社会福利职能,除了包含国家承担社会福利的职能这层意思之外,还意味着进入垄断资本主义阶段的发达资本主义国家,开始有意识地主动修正了资本主义制度中的重大缺陷。但是这个修正是如何产生的呢?这就需要我们回顾一下,福利国家模式出现的历史背景。

第一,福利国家模式建立之前,欧美主要资本主义国家的社会福利停留在社会救助为主的层面上,且制度设计较为零散混乱。20世纪前后,世界性的经济危机越来越呈现出周期性爆发的特点,尤其是1929—1933年的世界性经济危机,使得世界主要资本主义国家都面临着严重的失业问题,城市中失业者及其家属亟需救助。但是传统的济贫制度难以满足越来越大的需求,根本不能解决这一问题。尽管在进入20世纪以后,欧美国家开始试图用社会保险来应对这种需求,但社会保险的发展往往是零散的,被认为难以覆盖全体社会成员。因此,用突破传统和常规的政策设计,构建全国性的、统一的、综合性的社会政策顶层设计已刻不容缓。

第二,第二次世界大战造成的巨大破坏促使了人们的社会福利需求大大增加。第二次世界大战是迄今人类历史上规模和破坏力最大的战争,面对战争给人类带来的巨大痛苦,

① 赵怡、段宇波:《社会保障与福利》,中国社会出版社,2019,第97页。

广大民众亟需政府为其提供必要的帮助,以恢复家园、休养生息,而且政府也认识到帮助民众的必要性。同时,在战争期间为了谋求全民动员,各国政府都在不同程度上干预社会生活,并以配给等方式来保障民众的基本生活,从而出现了"平等牛奶"等保障民众基本生活的战时政策,这也使得民众越来越认可政府在社会保障、社会福利领域的干预。

第三,第二次世界大战以后社会主义阵营的形成和社会主义意识形态的扩张,使得欧美国家工人阶级参与经济斗争和社会斗争的积极性大大增加。在这样的背景下,欧美国家的工人阶级政党也获得了参与政府决策的合法地位与权利,所以政府在制定社会政策时,也越来越多地考虑到工人阶级这个强大集团的利益。在这个背景下,欧美国家在第二次世界大战结束以后进入了一个社会政策大发展和大扩张的时期。

第四,在应对经济危机和战争的过程中,凯恩斯主义经济学论证了国家干预经济的必要性和合理性,为福利国家模式提供了知识基础和政治基础。在凯恩斯主义经济学兴起之前,古典自由主义经济学在欧美国家长期处于统治地位。古典自由主义经济学的代表人物亚当·斯密从其"一只看不见的手"的理论出发,反对政府对经济生活进行过多的干预,甚至被后人发挥认为"管理越少的政府就是越好的政府"。但是这种"自由放任"的不干预策略,在应对1929—1933年的世界性经济危机的时候失去了效果。凯恩斯主义从经济学的角度论证了国家干预经济的必要性和合理性,使人们认识到政府可以并且应当通过财政、货币政策和再分配政策来刺激需求和促进就业,从而为福利国家模式的建立提供关键性的经济学理论支持。

(二)《贝弗里奇报告》与欧洲福利国家社会政策模式的形成

由于长期关注社会保险和社会问题,威廉姆·贝弗里奇爵士在1941年受英国政府委托,出任社会保险和相关服务部际协调委员会主席,负责对现行的国家社会保险及相关服务进行调查,并就战后重建社会保障计划提出具体方案和建议。次年,威廉姆·贝弗里奇提交了题为《社会保险和相关服务》的报告(即著名的《贝弗里奇报告》),该报告分析了英国社会保障制度的现状和问题,对以往提供的各种福利进行了反思,并系统勾画了战后社会保障计划的宏伟蓝图。这个报告主张的社会福利可以被概括为"3U"思想:普惠性原则(universality),即所有公民不论其职业为何,都应被覆盖以预防社会风险;统一性原则(unity),即建立大一统的福利行政管理机构;均一性原则(uniformity),即每一个受益人根据其需要而不是收入状况获得资助。

《贝弗里奇报告》提出了英国战后重建必须战胜的"五大社会问题",即贫困、疾病、无知、肮脏和懒惰,建议建立一个由国家组织的、尽可能包括所有雇员,并以雇主和雇员缴费为基础的社会保险体系;同时,国家对那些不能加入国民保险体系的人提供财产调查的公共救助。此外,国家对全体公民还要提供免费的医疗健康服务、对多子女的家庭提供普遍的"家庭津贴"以及对孕妇提供补贴和对寡妇提供补助。《贝弗里奇报告》就是要在战后建立一个新的、统一的、综合的和基本上覆盖全民的社会保险体制。

在民众的客观需求和《贝弗里奇报告》研究的基础上,英国议会从1944年到1948年(特别是在英国工党赢得1945年英国大选以后)迅速通过了一系列社会立法,包括1944年的《就业政策白皮书》《教育法案》,1945年的《家庭津贴法案》,1946年的《国民保险法案》,

1948年的《国民救助法案》《国民健康服务法案》《城乡规划法案》《儿童法案》等。在1948年，时任英国首相的克莱门特·理查德·艾德礼骄傲地宣布，英国建立了人类历史上第一个福利国家。这样，英国在福利国家制度构建过程中确立的普惠性社会福利原则、最低生活保障原则、政府全面介入并提供社会福利服务的原则，对后来各国社会政策的制定产生了深远的影响。

（三）美国在社会政策领域的跟随发展

由于历史的原因，一方面，美国早期的社会政策及其实践深受英国《伊丽莎白济贫法》的影响，也就是其差不多是依据英国的济贫模式为本地的贫民提供服务。另一方面，美国是一个自由主义、个人主义长期处于主导地位的国家，其自由主义传统使得美国社会对于政府干预经济和社会生活有着本能的反感，美国直到20世纪30年代中期才基本上摆脱英国社会福利政策的影响，建立了具有美国特色的全国性社会政策体系。

1. 罗斯福新政——美国全国性社会政策的出现

当然，这种变化并不是偶然的。1929—1933年的世界性经济危机使得美国的有识之士认识到，在现代社会人们均可能遇到自身不能克服的困境，社会政策（尤其是社会救助）也不是专为穷人所设，它是一个具有稳定社会秩序、保障个人基本生活的制度安排。因此，罗斯福总统上任后实行“新政”，美国联邦政府终于承担起了满足国民基本需要的责任，在20世纪30年代颁布了《安全法案》（1933年）、《联邦紧急救助法案》（1933年）、《社会保障法案》（1935年）等。其中，影响深远的是1935年颁布的《社会保障法案》（也被称为《社会安全法案》或《社会保险法案》），其最初的内容包括“两个社会保险计划”（老年及遗属保险计划、失业保险计划）和“三个现金援助计划”（盲人津贴、孤儿津贴、未列入老年及遗属保险范围内的老年人津贴）。[①] 该法案标志着美国的社会福利政策由过去以私人福利为主的模式向强调更多政府开支的政策模式转变；从以地方社会福利模式为主向联邦政府承担更多责任的模式转变，并确定了美国社会福利体系的基本框架。

2. “伟大社会”建设——美国社会政策的再发展

20世纪60年代，也是美国历史上少见的社会政策大扩张的时期。自罗斯福新政后，美国的民主党一直以弱势群体的保护者自居，其政治理念倾向于利用联邦政府的权力来扩大社会保障和社会福利。经过杜鲁门总统和肯尼迪总统的承上启下后，这种政策在林登·约翰逊总统任期内达到了极致。第二次世界大战以后，面对欧洲、日本和苏联等国经济的恢复与发展，美国经济增长放缓、贫困问题严重。

---

① “老年及遗属保险计划”目的是要保障退休者及遗属的最基本生活，提供基本的现金照顾。“失业保险计划”目的是使非自愿性失业的人可以获得，由州政府提供的、不超过6个月的失业援助金，以维持其基本生活所需。“三个现金援助计划”是分别为盲人、孤儿和未列入老年及遗属保险范围内的老年人而设的津贴计划。这几个现金援助项目中受惠者无须交纳保险金。这些现金援助计划是由联邦政府、州政府和地方政府合力推行的。联邦政府原则上只列出一些原则性指引，一切有关推行的细则交由州政府和地方政府共同制定和执行，以便每个州和地方政府可以考虑本地不同的需要，能更妥善地照顾本地的困难人士。这些规定与现有通行的养老、失业、工伤、医疗等政策在项目设计上基本是一致的。

1964 年 5 月 22 日，在密歇根大学的一次开学典礼上，约翰逊总统提出，“我们寻求一个人人能追求知识，接触美好事物，享受家庭和社区温暖的国家”“我们寻求一个国家——在那儿人人能工作，伴随着追求幸福的不仅是安全，而且是精神上的成就、升华和满足。因此，让我们共同完成这项伟大任务”。1965 年 1 月，约翰逊总统在国情咨文中正式提出建设“伟大社会”的施政纲领，随后国会通过了包括“向贫困宣战”“保障民权”及医疗卫生等在内的 400 多项法案，将战后美国的社会政策改革推到了新的高峰。

“伟大社会”中最雄心勃勃的部分就是它“向贫困宣战”的倡议，试图消除困扰美国社会的贫困问题。在社会保障方面，1964 年的《经济机会法》《大卫 · 培根法修正案》规定提高了联邦最低工资和工人附加福利，并将 1938 年《公平劳动标准法》未能涉及的 910 万工人纳入工资提高范围内。在医疗援助方面，1965 年《社会保险法》的框架内批准了医疗保险，力图建立一个公共资金支持并能够让所有 65 岁以上的人受益的公费医疗制度；1966 年又创建了所有接受社会福利接济的人都可以获得医疗护理的医疗补助计划。在教育培训方面，制定和修订了包括《中小学教育法案》(1965 年)、《高等教育法案》(1963 年/1965 年)、《双语教育法案》(1968 年)等 40 多项教育法案，这些法案明确规定了联邦政府对教育的职责：一是由政府为公立中小学提供资金支持，提供课本和教具，为高等教育机构提供科研经费等多种支持；二是由政府为学生提供奖学金、助学金、低息学生贷款等，支持学生完成学业。同时，通过这些法案还建立了如“就业工作团”“邻里青年团”“向上跃进”“领先”等教育培训项目，通过教育、职业培训、社区开发来为各类弱势群体改善自身工作和发展条件创造良好的基础。

约翰逊总统的“伟大社会”建设把美国进一步推向“福利国家”的道路，这一趋势在尼克松总统和福特总统的任期内并没有改变。据统计，1964—1969 年美国的贫困人口由 3 610 万人降至 2 410 万人，失业率一直保持在 4% 以下；接受医疗援助的人数从 1967 年的 1 000 万人增至 1973 年的 2 300 万人，美国的医疗卫生投入从 1963 年的 29 亿美元，提高到 1969 年的 131 亿美元。但我们也必须承认，“通货膨胀、政府债台高筑、福利负担过重”的后遗症到 20 世纪 70 年代才逐渐显露出来，从而导致了反对社会福利扩张的“里根主义”的反扑。由此可见，单纯地通过大规模政府扩张和赤字财政铸就的“福利盛宴”终归是难以持久的。

三、20 世纪 70 年代至 20 世纪 90 年代福利国家模式的调整时期

福利国家模式从诞生到 20 世纪 70 年代中期，其扩张的趋势是没有改变的。无论是传统的左派政党，还是传统的右派政党，在执政以后均把继续推动福利国家模式的完善作为政治共识和政治惯性来维持发展。但是，在福利国家模式不断扩张的同时，其内在的矛盾也不断地暴露出来。

(一)欧美福利国家模式面临巨大的危机

1.“右”和“左”的意识形态对福利国家模式的批判

第二次世界大战后，福利国家模式的发展是传统的左派和右派政党面对现实妥协的结果，他们对“为什么要制定社会政策”“国家为什么要承担社会福利服务责任”等原则性问题达成了一定共识，但是对福利国家模式的终极目标、政策领域和具体政策水平标准等还是

存在巨大分歧的。

因此,欧美福利国家模式的危机,首先来自思想认识方面的冲击,尤其是随着新自由主义经济学的兴起,这些学者认为应该通过运用更多选择性福利模式来帮助穷人。他们认为,福利国家至少有几个方面是值得质疑的:第一,福利国家模式否认了人们对服务的选择;第二,福利国家模式的再分配制度使在经济中创造财富的人的利益受到了损害;第三,福利国家模式导致了高税收和政府借贷;第四,福利国家模式破坏了工作伦理和文化;第五,福利国家模式下的社会保险是一个骗局。

除了上述来自右派的批评以外,西方福利国家模式还受到西方马克思主义和女性主义等的批评。西方马克思主义认为福利国家模式没有从根本上解决资本主义国家中的阶级剥削问题,因此不可能从根本上消除无产阶级贫困化的问题。而女性主义主要集中于批评福利国家的社会政策体系对妇女的负面影响,认为福利国家模式并没有保证妇女与男子同等的权利和地位,相反以男性为主的政策设计、片面的女性社会角色定位等使针对妇女的传统歧视性价值和态度被合法化了。

2. 福利国家模式面临巨大的经济危机

1973 年爆发的石油危机,导致在 20 世纪 70 年代出现了严重的“滞胀”现象,凯恩斯主义的“药方”逐渐失灵。在这种情况下,各国政府都发现以“高税收、高工资、高福利”为手段实现的“福利国家”越来越难以为继,都意识到应该对原有的社会政策体制进行必要的调整,以适应日后的新形势。

(二)“撒切尔主义”和“里根主义”——欧美国家社会政策的调整与改革

在欧美发达国家陷入“滞胀”怪圈难以自拔以后,凯恩斯主义的“灵丹妙药”也开始失效,“新自由主义”思潮席卷了世界。该理论重新打出“市场至上”的大旗,在承认社会政策作用和政府必要干预的前提下,提出了应该减少政府对经济社会生活的干预,恢复市场主导地位的发挥。在欧美国家中,英国是最早建立“福利国家”社会政策体制的国家,也是受 20 世纪 70 年代经济危机影响最大的国家之一,同时也是最早开始社会政策改革的国家。1979 年由玛格丽特·希尔达·撒切尔夫人领导的保守党政府上台以后,开始了英国最为深入的社会福利改革,在不同程度上改变了贝弗里奇的充分就业原则、普遍性原则和政府全面介入原则。撒切尔夫人提出了“新五大问题”,即“通货膨胀”“积重难返的税制”“具有强有力的工会”“在教育中日益起支配作用的政府”和“社会服务机构专权化”,并开始尝试通过减少国家干预,削减政府开支和福利项目,加强市场竞争,将国有机构私有化等方式来加以应对。

几乎在同一时期,大西洋彼岸的美国,罗纳德·威尔逊·里根政府也提出了“里根主义”(也被称为“新联邦主义”),要求改变联邦政府的过重社会福利负担;大幅度削减社会福利保障支出,尤其是随意性开支;减少联邦政府在干预社会福利保障方面的责任,由州和地方政府更多地负担起社会福利保障的责任,促进私人和社区福利事业的发展等主张,以对约翰逊时代以后不断扩张的社会福利加以收缩。以此为依据,1983 年联邦政府正式颁布了《社会保障法》修订案,对社会保障和医疗保险计划进行了重大修订。其内容包括改革社会保障税征收方法;规定所有联邦雇员必须参加社会保障,延长退休年龄等;社会保障财政计划由当时的现收现付制逐步向建立部分积累制转变。

四、20世纪90年代末至今以发展型社会政策为代表的社会政策变革时期

（一）“第三条道路”的提出

到了20世纪90年代，“撒切尔主义”和“里根主义”为代表的“新自由主义改革”，并没有从根本上改变福利国家模式，“福利国家”所要面对的问题依然继续困扰着欧美发达国家。这些国家在20世纪七八十年代社会政策收缩和经济全球化的冲击之下，越来越受到试图超越传统左右派之争的“第三条道路”思想的冲击。

英国社会学家安东尼·吉登斯设计了“第三条道路”思想，在社会政策领域的纲领下，提出了变消极福利为积极福利、改福利国家为社会投资型国家的构想，认为旧的福利形式无法减少不平等和消除贫困。“第三条道路”思想试图将经济上缓和管制、个人主义以及全球化等理念融合进主流的左翼思想，是一个以超越“左”与“右”为价值取向，以民主、自由、公正、责任和国际主义等为基本价值观，以建立充满活力的政府与社会为目标的开放的理论体系。在社会福利领域里，这一思想强调的是机会的均等、个人和家庭责任、社区共同体等理念，既不主张纯粹的自由市场，也不主张纯粹的高福利社会。“第三条道路”思想首先要转变人们的社会福利观，强调人们从社会索取的权利和为社会尽责的义务同时存在。其次要转变社会政策资源使用方式，在可能的情况下尽量在人力资本上投资，而最好不要直接提供经济资助。再次是发展一套积极的社会政策以促进经济增长，实现“从福利到工作的转变”。最后是福利供给的重组应当与积极发展的公民社会结合起来。而托尼·布莱尔、比尔·克林顿和格哈特·施罗德都是实践这一思想的欧美政治家。

综上所述，“第三条道路”思想的提出，主要原因：一是生产力的发展是社会政策存在的前提和目标，其具体内容的制定和实施也必然以当代社会生产力的巨大发展为基础，以最终推动生产力发展为目标；二是经济全球化带来全球整体社会变迁，政府管控能力空前下降，全球化的问题必然无法采取民族化的应对，社会政策再也无法回到福利国家模式建立之初。同时，人类的可持续发展问题遇到了前所未有的挑战，全球化加大了个人所面对的风险，2007年的世界性金融危机的负面影响波及全球，直到今天还没有完全消散，因此“新自由主义”主张的进一步减少政府的干预和社会政策支出也难以实现。国际经验证明，社会保障制度是应对社会风险、规避社会危机的有效制度措施。为了应对已经存在或新产生的社会危机，“第三条道路”社会保障思想便产生了。虽然历史的发展表明，“第三条道路”思想还存在包括缺乏经济理论支持、无法从根本上消除资本主义内在矛盾等种种缺陷，其实践也没有持续太长时间，但其催生了发展型社会政策理论，是社会政策领域中的成果之一。

（二）发展型社会政策理论

1. 发展型社会福利的提出

尽管社会发展的理念出现于20世纪60年代，但其到20世纪80年代才进入社会政策的领域。尽管早在1968年联合国第一届国际社会福利部长会议就提出了“发展型社会福

利”的观点;1979年联合国经济及社会理事会通过《加强发展型社会福利政策活动方案》,重申了“发展型社会福利”的理念①,并逐渐引起理论界的重视。首先,发展型社会福利理论的最大贡献是突破了传统社会福利政策孤立地看待经济和社会发展的弊端,揭示出了二者间相互依存的关系。其次,发展型社会福利认为社会福利为促进经济增长、避免社会福利“抽干”经济发展成果提供了有力保障,并扩大了能够提高社会成员能力的社会投资。最后,发展型社会福利要求改变传统社会福利以再分配为主的事后补救模式,其基本思路是致力于消除或减少那些会使人们陷入不幸或困境的因素,试图促使福利主体自立自强,将社会福利的被动接受者变为经济与社会发展的主动参与者,而不是在风险成为事实后再向他们提供生活保障。

综上所述,发展型社会福利模式并不否认社会总是需要救济性和以维持生存为目的的社会政策,它只是认为传统的福利模式过于强调福利供给和收入补助,而这些措施并不能促进人们对经济过程的参与以及对经济成果的分享。其核心理论是将社会政策看成一种社会投资行为,认为社会政策对提高劳动力的素质有直接的作用,社会政策是对人力资本的投资。面对全球化的挑战,以投资人力资本为核心的发展型社会政策试图将个人、家庭、群体和国家等不同层面的利益与目标有机地结合起来。

2. 发展型社会政策理念

在20世纪80年代生产型社会政策大行其道之时,安东尼·吉登斯、詹姆斯·米奇利等从“第三条道路”思想出发提出“发展型社会政策”主张,特别是在1997年亚洲金融危机后该主张成为发展中国家社会福利政策研究的新焦点。发展型社会政策将社会政策融入经济发展之中,倡导社会福利供给的准市场模式和福利传递的多元主义;再将经济政策融入社会政策之中,提倡“可持续生计”与“资产建设”,实现二者的有机统一与完美结合②。综合来看,发展型社会政策就是从中长期发展战略和社会投资的角度出发,以政府、社会和个人共同参与的形式,采用改善家庭环境、提高个人人力和社会资本、促进充分就业、提供工作支持等“上游干预”手段,实现社会公平正义和经济社会协调发展的社会政策新模式③。

因此,发展型社会政策一反生产型社会福利政策理论,强调社会政策能对经济增长做出贡献,其核心思想是要使社会福利普惠于全民,促进个人社会资本和人力资本的增加,消除制约人们获得公平参与机会的社会环境,使得每个社会成员在初次分配中就可以获得公平的分配,而非仅仅依赖于应急救助弱势群体的再分配。发展型社会政策一是要求实现“社会投资型国家”,政府与公民之间的关系要全面调整。二是提出建设一种能增强社会包容性,但又不限制个人对自己风险的责任的积极性福利制度。这种积极福利不是要取消福利国家的开支,而是改变开支的方向,从福利消费支出改为教育、培训、创造就业机会、鼓励

① 杨立雄:《中国城镇居民最低生活保障制度的回顾、问题及政策选择》,《中国人口科学》2004年第3期。

② 张伟兵:《发展型社会政策理论与实践》,《世界经济与政治论坛》2007年第1期。

③ 发展型社会政策的界定是作者在借鉴詹姆斯·梅志里、张秀兰、徐月宾、林卡、关信平等学者的观点基础上得出的。

风险投资、弹性的工作制度等社会投资支出。三是主张用“福利社会”的概念取代“福利国家”,也就是福利不应仅仅由中央政府提供,应该调动地方政府、社会第三部门、企业和个人等共同承担社会福利责任。所以,发展型社会政策完全符合“包容性增长”的理念,对于我们反思现行社会福利制度,重构新的社会政策体系提供了新的思路和视角。

(1)欧盟的社会政策实践

发展型社会政策理念对西方国家的社会行政和社会政策实践产生了很大的影响,2000年欧盟提出的《社会政策议程》中贯穿着一种发展型社会政策理念,认为社会政策不是一种负担或者成本,而是一种生产要素。《社会政策议程》强调:首先,社会支出是一种投资。用于卫生和教育的社会支出是具有经济效益的人力资源投资,此类开支的规模与各国的生产力水平是正相关的。同样,用于养老金和社会保障的社会转移支付,不仅有助于收入的平衡或再分配,而且有助于提高雇佣质量,从而带来经济效益。其次,社会政策是经济社会协调发展的不可或缺的一环。有针对性的社会保护,对于经济适应变迁以及提供训练有素的劳动力而言具有重要意义;高质量的教育和培训将有助于增强社会融入和竞争力,并增强社会整合。

(2)美国政府的社会政策改革

1996年3月29日,美国政府颁布了新的《社会保障法》修订案。该法案对工伤保险计划的基本内容做了修改,规定从法案颁布之日起,因麻醉药品和毒品或酒精中毒而导致伤残的人不能享受美国社会保障制度所提供的工伤保险金。但因治疗疾病引起药物或酒精中毒而导致伤残的人,可以申请享有此项工伤保险金。在此之前,因非治疗疾病引起的药物或酒精中毒而导致伤残并已领取工伤保险金的,自1997年1月1日起终止其工伤保险待遇。另一个重要的修订条款是:1996—2002年,逐步提高退休职工的联邦养老金的最高限额,到2002年联邦养老金的最高限额将提高到每年3万美元,比以前法案规定的1.476万美元增加了1倍多。

1996年8月22日,克林顿总统又签署了一项“福利改革”法案。该法案终止了以前“凡符合有关规定的外国人可以享有美国社会保障待遇”的资格,并规定“现已享受美国社会保障待遇的外国人也将被取消享受资格”。另外,新法案还删除了旧法案中关于认定儿童享有“附加保障”中所规定的工伤保险资格的“相对严重标准”条款,而以“不适应行为”条款来认定儿童享有“附加保障”中所规定的工伤保险的资格。同样,对根据原法案已享有“附加保障”中所规定的工伤保险金的儿童要重新进行资格认定,不符合新法案规定资格者,将取消其所享有的“附加保障”规定的工伤保险。

与此同时,克林顿政府还把社会保障管理的许多权力从联邦政府的手中移交给州和地方政府,以减少中间环节,提高效率。另外,他还制定了一系列措施,削减和限制社会福利接受者的数量和缩短其享受福利的时间,从“救济福利”转向“工作福利”,要求有劳动能力的福利接受者在接受福利的同时必须参加就业培训且在规定的时间内必须找到工作,另外还实施了一些鼓励个人办理私人养老金计划等。这些改革措施会在一定程度上提高了美国社会保障制度的运行效率,但并没有改变美国整个社会保障体系的基本框架,社会保障改革的任务依然十分复杂和艰巨。

总体来看,在上述各种因素的相互作用下,欧美国家的社会政策逐渐从传统的、事后补救型的社会政策,向着积极的、注重社会投资的政策转变,这使得社会政策的学科理念发生了深刻的变化,进而引起欧美"福利国家"的改革实践和福利制度的转型,而且对很多发展中国家的福利制度也产生了很大的影响。

第二节　我国社会政策的历史沿革

一、清末民国时期社会政策的缘起

我国虽然在近现代意义上的社会政策出现比较晚,但古代就已经出现了丰富的社会救济思想,而其渊源可以追溯到孔夫子的"仁者爱人"和孙中山的"民生主义",其实践可以追溯到古代的"六极之旨","九惠社祉"和"仓储救荒"等制度。但现代意义上的比较系统的社会政策还是从清朝末年开始的(清末的新政中就建立了民政部,开始了近代意义上的社会保障制度建设)。

(一)清末民初的社会政策

1. 社会救济政策

清末民初由于战乱频繁、灾荒不断和传统自然经济的解体,形成了严重威胁社会安全问题。在这种历史背景之下,中国传统救济也随着社会的转型开始由"重养轻教"向"教养并重"转变。1901 年,清政府在北京开办工艺局,以"收养游民,开通民智,挽回利权,转移风气"四端为宗旨。清末新政时期,清政府民政部明确责成地方官绅体察民情,在各种养济院、清节堂中附设工艺所,如在北京相继颁布《外城初级教养工厂章程》《内城公立博济工厂初级章程》《创办京师内城贫民教养院章程》《外城贫民工厂章程》等,都对贫民的教养问题做了原则性规定,提出了相应的措施。北洋政府时期在借鉴清朝经验的基础上颁行《游民习艺所章程》,游民习艺所兼具义务教育、职业训练等社会功能,并开始向"教养并重、以教代养"的积极救济方式转变。但游民习艺所只是针对游民而设,救济范围过于狭窄,且因经费、人员等困难,在当时并未能广泛推广。

在社会行政方面,1912—1914 年北京政府相继颁布《内务部官制》《修正各部官制通则》《修正内务部官制》《内务部厅司分科章程》,确定了中央("总统 - 内务部 - 民治司 - 民治司第 4 科",负责地方罹灾救济,地方蠲缓正赋钱粮,地方筹办赈捐之核准,地方捐赈人员奖励,地方粮食出口考核,地方备荒积谷,筹备八旗生计,红十字会之设置救济及奖励,京师平粜,京师冬防收养贫民,散发棉衣及开辟临时粥厂,育婴恤嫠及其他慈善事业,以及经管游民习艺所、济良所、教养局和贫民工厂、地方善堂) - 省政务厅 - 道内务科 - 县内务科,建立了近代化的、比较完善的社会救济体系。此外,北京政府还在 1923 年 5 月公布的《赈务处暂行章程》,设置赈务处。1924 年 10 月公布的《督办赈务公署组织条例》和《附设赈务委员会章程》,将赈务处的权限和规格提升,主办全国官赈。

2. 社会保护政策

(1)工会立法

1908 年,清政府颁布的《结社集会律》在事实上确定了劳工有结社的权利,1910 年清政府农工商部拟订了《工会简明章程》,通令各地成立工会。辛亥革命后建立的南京临时政府于 1912 年颁布的《中华民国临时约法》第 6 条规定:“人民有言论、著作、刊行及集会结社之自由”,这为工会的组建提供了宪法依据,但随着南京临时政府迅速被北洋政府取代,《工会法》的制定也就不了了之。北洋政府建立之初,出于自身需要无视工人阶级的利益诉求,明目张胆地压制工人运动,1912 年 4 月颁布的《中华民国暂行新刑律》第 224 条和 1914 年 3 月颁布的《治安警察条例》第 22、38 条均包含严禁工人罢工、集会、结社和言论自由的内容。此后以二七罢工为契机,1923 年 3 月、1925 年 7 月、1926 年初,北洋政府三次公布了《工会条例草案》,但最终无果而终。

(2)劳工保护及立法

清王朝统治末期和北洋政府建立之后相当长的一个时期,由于政局混乱和工商业发展程度有限,政府对劳工保护缺乏足够的关注。但迫于国内工人运动的发展和国际劳工组织的鼓动,从 1914 年 3 月开始,直到 1927 年,北洋政府相继颁布《矿业条例》《矿业条例施行细则》《暂行工厂通则》《矿工待遇规则》《矿场钩虫病预防规则》《矿业保安规则》《煤矿爆发预防规则》《工厂条例》和《农工部监察工厂规则》等劳工保护法规。这些法规从保护童工、限制工时、女工保护和工伤保障方面进行了初步尝试,还就工资给付、危险工作禁止、工人补习教育、工厂卫生等作了若干规定。

(3)儿童福利

为了应对封建社会以严酷的家法、族法严重侵犯了儿童的基本人权的现象,1911 年 1 月正式颁布施行的《大清新刑律》中首次提出应对少年犯在规定期限内实行强迫感化教育(即“惩治处分”),初步奠定了对儿童施行强迫感化教育的法律地位,对犯有较为严重过错失误的儿童做出给予特殊处理的原则规定,第一次触及了封建司法对儿童的侵害,具有一定的进步性。同时,《管理人力车规则》《管理剃发营业规则》《管理旅店规则》等对防止诱拐儿童案件的发生起到了较大作用。《外城教养女工厂章程》《管理娼妓规则》《女子小学堂章程》《女子师范学堂章程》《奏定蒙养院及家庭教育法章程》等,提出了有关禁止雏妓和保护女童受教育权利的规定,从不同侧面在一定程度上保护了女童的特殊利益。

(二)南京国民政府的社会福利

1. 社会救济政策

南京国民政府建立之初,政府没有过多的资源和经验来对救济保障进行配置,因此在建立救济机构的基础上与民间慈善团体共同来保障弱势群体的生活成了最好的解决方法。因而,这一时期的社会救济立法主要集中在制定各种救济机构的管理规则和慈善团体的监管办法。

1928 年 5 月,南京国民政府内政部颁布《各地方救济院规则》,该规则第一次将长期以来各地纷乱复杂的救济机构统一命名为“救济院”,还规定了救济院经费的筹集和使用的基金化管理办法,这是民国时期首次以法律的形式将救济经费纳入政府预算。《各地方救济院规则》是南京政府前期社会救济的主要法规，但是该规则着重于院内救济，且条文重复烦杂，救济方法单一，因此实施的效果并不好。此外，南京政府前期的救济立法还侧重于对慈善团体的扶助与监管，公布了《管理各地私立慈善机构规则》和《监督慈善团体法》，对慈善团体的职责、基金等做了详细的规定。

1943 年 9 月 29 日，在《各地方救济院规则》《监督慈善团体法》《管理各地私立慈善机构规则》等一系列救济法规的基础上，我国历史上第一部系统完整的救济福利立法《社会救济法》颁布，共五章五十三条。1944 年 9 月 5 日又颁布的《社会救济法施行细则》，对《社会救济法》规定的内容做了进一步明确，其后又制定《救济院规程》《私立救济设施管理规则》《社会部重庆实验救济院规程》《救济院基金管理委员会组织规程》《私立救济设施减免赋税考核办法》等法令，作为《社会救济法》的二级子法，使其更具可操作性。

2. 社会保险政策

1926 年的中国国民党第二次全国代表大会，就提出了“由政府举办劳工保险，以安定劳工生活”的建议。在此原则指导下，1929 年南京国民政府的《劳动法典草案》专门将最后一编设为“劳动保险”编，成为“国民政府社会保险立法的开篇之作，中国社会保险的先驱”，并对此后的南京国民政府社会保险立法起到了重要的影响。同年 12 月，南京国民政府颁布实施的《工厂法》规定：“在劳动保险法施行前，工人因执行职务而致伤病或死亡者，工厂应给其医药补助费及抚恤费。”1930 年的《工厂法施行条例》进一步明确了给予医药补助费和抚恤费的标准和期限，还特别规定工人患病时，“工厂应发还该工人在工会的储蓄基金，工厂还应适当给予其平均工资三分二之津贴。”由此可见，这些法条或多或少地蕴含了社会保险的内容，在社会保险的单行法规未出台之前，也对维护工人的生活起到了不可或缺的作用。

为了推行社会保险，南京国民政府又于 1947 年成立中央社会保险局筹备处，并将 1940 年开始起草的《社会保险方案草案》修改成《社会保险法原则》，该原则把保险种类修改为健康保险、伤害保险、老年遗族保险、失业保险四大类。这是南京国民政府多年实行社会保险的总结，是当时社会保险领域的最权威法规，并是唯一一部被国民党中央政治会议通过的单行社会保险立法。

3. 劳工福利政策

1929—1936 年，南京国民政府颁布的《工厂法》《铁路员工服务条例》《工厂法施行条例》《工厂检查法》《工厂普设哺乳室及托儿所办法大纲》《矿场法》，在 1927 年《工会法》的基础上进一步更对工人的劳工教育、合作储蓄、工厂安全与卫生设备、工人补助及抚恤等福利问题作了具体规定；还规定了中央劳工行政机关执行、检查的内容包括工人工作的种类、工人的休假及休息、女工的产假、工厂的安全及卫生设备等。但是以上立法仅是一些原则性的规定，缺乏相应的实施手段，因此收效甚微。

1940 年，南京国民政府社会部成立后便着手制定《劳工医院实施办法大纲》《劳工新村实施办法大纲》《劳工食堂实施办法大纲》和《劳工教育实施办法大纲》，这对如何实施劳工福利作了详尽、专门的规定，但劳工福利所需资金由谁负担，政府与资本家互相推诿，一时不好解决。为此，社会部于 1943 年 1 月颁布《职工福利金条例》，对福利金的来源等问题作了明确规定，“工厂矿场或其他企业组织创立时就其资本总额提拨 1% ~5%；每月比照职员/工人薪津总额提拔2% ~5%(后修正为0.05% ~0.15%);每月于每个职员/工人薪津内各扣0.5%;营业年度结算有盈余时,就盈余项下提拔5% ~10%。”此后,社会部又陆续制定《各省市推进劳工福利事业计划要点》《工厂工人储蓄办法》《劳工卫生委员会规程》《普设工厂托儿所办法》等条例,这都推行劳工福利起到了积极的作用。总之,《职工福利金条例》和《职工福利金条例施行细则》的颁布,使劳工福利的实施有了立法的强制保证,并有了可靠的资金来源。

另外,南京国民政府也十分重视劳工教育问题,并以“推进劳工补习教育及文化熏陶、实施劳工技术训练”为原则,制定了一系列法规和政策,以保障劳工教育的推行,包括《实施劳工教育案》《工人教育计划纲要》《职工补习班办法大纲》《职业补习学校规程》《劳工教育奖励规则》《补习学校法》等。这些都大大提高了劳工的素质,使他们可以逐步提升自己,不至于被高速发展的时代而淘汰。所以尽管南京国民政府始终没有制定过统一的《劳工福利法》,但从法规内容来看,已基本涵盖了劳动者应享有的所有福利。

4. 儿童福利政策

早在南京国民政府初期,儿童福利事业大都由民间机构如中华慈幼协会、中国育婴保健会、基督教女青年会等举办,政府参与较少,因此有关儿童福利的立法工作相对滞后。1938 年,为了挽救难童,南京国民政府赈济委员会颁布《难童救济实施办法大纲》《抗战建国时期难童救济教养方案》成为抗战前期最重要的儿童福利法规。围绕这一法规,国民政府又陆续公布《难童感化教育训练实施纲要》《灾难儿童教养或保育院所学级编制及课程分配》《灾难儿童训练目标及方法》《赈济委员会各救济区设立临时儿童教养所暂行办法》《难童生产教育实施办法大纲》等系列法规,使《抗战建国时期难童救济教养实施方案》的规定更为细化切。

抗战中期,南京国民政府首次将儿童福利提到了与社会救济同等的地位,为此专门设立了儿童福利研究室,并确立了“全国儿童均为保护对象”和“保护为主,救济为辅”的原则。在这原则的指导下,1940 年以后社会部陆续颁布了《社会部直辖儿童保育机关收容儿童暂行办法》《保护童婴运动办法要点》《奖惩育婴育幼事业暂行办法》《社会部免费医疗陪都贫病儿童暂行办法》《战区儿童教养法》《育幼院设置办法》《普设工厂托儿所办法》等宣传、督导儿童福利的法令法规。其中《保护童婴运动办法要点》和《奖惩育婴育幼事业暂行办法》是南京国民政府实施成效最大的儿童福利立法。

抗战胜利后,难童数量大量减少,儿童福利立法的重心也转为对儿童成长的关怀,制定了《儿童营养标准条例》《家庭补助办法》等,并规定在各大城市应设立奶粉供应站,衣物、医药提供站,儿童书报免费阅览室等。1946 年,国际儿童紧急救济基金会对《儿童营养标准条例》给予了高度赞誉,并为此向南京国民政府提供了 700 多万美元的儿童救济金。然而这一美好的方案并未得到实现,南京国民政府儿童死亡率之高仍是不争的事实,同时在全国范围内统一的《儿童福利法》虽经过两次草拟,但直至新中国成立也未完成立法程序。

5. 社会服务政策

社会服务是一种以提供劳务的形式来满足社会需求的社会活动。1938 年 12 月通过的《各级党部设立社会服务处办法》是我国历史上最早的社会服务规章。1941—1943 年,社会部相继颁布《设立示范社会服务处暂行通则》《社会服务设施纲要》《社会部社会服务处业务概要》《社会服务机构统一管理案》《各级社会服务处工作指示要点》《战时及战后社会服务计划草案》，对社会服务处的服务内容做了详细的规定，包括了服务原则、服务对象、服务经费和服务人才四个方面的完整论述，是当时关于社会服务最为详尽的规定。这些规定使抗战时期及其后社会服务有了明确的原则和方向，并鼓舞激励着人们发挥为他人服务的精神，这在很大程度上转变了社会风气，改善了社会生活，为抗战胜利发挥了不可低估的作用。

6. 职业介绍

面对严重的劳动者失业问题，南京国民政府相继颁布了《职业介绍所暂定办法》《职业介绍法》，规定将职业介绍所分为国营（省市县或乡镇区所设立）、公营（工农商渔海员工会、同业工会、合作社或其他合法组织的团体所设立）和私营（私人设立）三类，做出了“设立免费的公立职业介绍机构，且不得向求职者收取介绍费”“市县政府掌管职业介绍行政事务，严格监督不法的私营职业介绍者，并受中央劳动主管机关之监督”“申请介绍职业者不得有吸用鸦片等不良习惯”的一系列新规定。但遗憾的是，这部法规制定后并没有得到执行，各地还是按照《职业介绍所暂定办法》的规定开展相关的工作。

抗日战争全面爆发后，南京国民政府又颁布了《社会部各直属社会服务处附设职业介绍组暂行组织通则》《社会部社会服务处附设职业介绍办事细则》《私设职业介绍所暂行办法》和《私设职业介绍所登记规则》《各职业介绍机关实施失业人员职业训练办法》等一系列文件来应对战时的失业大潮。抗战结束后，南京国民政府又公布了《职业机构奖助标准》，以政府的强制力加强职业介绍的同时，又发动社会力量兴办职业介绍所，以弥补政府力量的不足。但是这一法规还未来得及实施，就随着国民政府的垮台而自行废除。

7. 其他福利政策

（1）军人抚恤

自 1927 年开始，南京国民政府相继颁布《国民革命军战时抚恤暂行条例》《陆军平战时抚恤暂行条例》《陆军士兵退伍归休实施暂行规则》《残疾军人教养院条例》等，以法律的强制规定使残疾、退伍军人在返回原籍后可获得当地政府的援助，满足其生存所需，以免流离失所。抗战爆发后，为褒扬为国捐躯的将士，南京国民政府颁布了《国葬法》，同时又出台《出征抗敌军人家属优待条例》《褒扬抗战忠烈条例》《抗战特殊忠勇官兵表扬办法》等一系列优抚军人家属的法规，使前线将士的家属不会因为家中没有男丁而缺乏生活来源，烈士的家属得到相应的安置。1946 年抗战结束，南京国民政府着手进行退役士兵安置计划，并制定了《陆军官佐退役俸给与表》，对退役人员按照衔级发给不同数额的退役费。然而这一计划最后也随着国民政府的覆灭而告终。

（2）公务员退休抚恤

1943 年 11 月 6 日，国民政府颁布《公务员退休法》，这是中国历史上第一部关于人员退休方面的法律，该法所规定的强制退休制度。此外该法还对公务员退休的年龄、退休的形式、退休金的给与等做了规定。同日颁布的《公务员抚恤法》对公务员的抚恤金种类、标准、设置以及抚恤金的受领顺利等做了明确规定。这两部法的颁布宣告了国民政府对于公务人员的重视，更为重要的是这是中国历史上首次将“退休”与“抚恤”明确区分，而不再混淆使用。

(3)农民福利

1930年国民政府“以图农事之改良发达为宗旨”，颁布了《农会法》并规定农会应负责灾害预防、农村教育、农民娱乐、生产消费合作等事务。抗战期间，社会部提倡在农村举办农民福利社这种带有互助性质的福利组织，并制定了《农民福利社设置办法》，规定福利社要根据当地经济情况和农民实际需要，为农民办理区域往来之食宿事项、书报阅览及公共娱乐事项、法律咨询及农业贷款事项等。然而在温饱尚未解决的农村，这些规定未免脱离了中国的实际，根本无法得到执行。

可以说，近代中国在经济和社会领域方面产生了历史性变革，导致了封建王朝的解体和民国的建立。尽管经历了不间断的政治纷争、军阀混战和外敌入侵，但在西学东渐和国内阶级力量对比发生重大变化的背景下，晚清、民国时期制定了一批近现代意义上的社会政策，在一定程度上顺应了历史发展的潮流，对于维持社会的稳定都具有一定的意义。在承认这一时期社会政策进步作用的同时，我们也必须承认作为一种具有阶级性的社会调控手段，晚清和民国时期的社会政策具有明显的局限性：

第一，晚清和民国时期的社会政策存在较大的阶级局限性。首先，在民族矛盾和阶级矛盾十分尖锐的情况下，在不彻底解决农村土地问题的前提下，幻想解决中国农村的贫困和衰败的问题是一个难以想象的难题。尽管南京国民政府在行将覆亡的最后几年，也试图在农村推行“二五减租”以解决农村问题，但随着南京国民政府的迅速覆灭，最终也没有产生好的效果。其次，在社会政策越来越详细完备的同时，不论是北洋政府还是南京国民政府，都对各地工会、农会和商会等社会组织进行了越来越多地的控制、限制，官办工会、农会等社会组织甚至成为反动政权压制工农运动、与革命力量对抗的工具。

第二，晚清和民国时期虽然以社会政策和社会立法的形式保护了劳动人民的一些权益，但是它同样也以立法的形式限制，甚至是剥夺了劳动人民的一些合法权利。特别当其统治权面临严重威胁的时候，不论是北洋政府还是南京国民政府，都撕去了他们伪装，禁止工农阶级的结社罢工等基本权利。如用《工会条例》和《工会法》限制特种行业；用《农会法》限制农会的职能，限制无产者加入农会的权利；用新闻检查的方式限制进步刊物的发表；用血腥的镇压对抗工农运动。随着对工会、农会和其他社会福利组织的“控制”达到了顶点，阻止了这些社会组织的生存活力，最终导致了自身的覆亡。

第三，晚清和民国时期的社会政策具有一定的空想性。一方面，他们力图建成包含社会救济、儿童福利、社会保险、劳工福利、社会优抚等诸多方面的社会政策体系，但显然期望过高。以儿童福利方面广受关注的“战时儿童保育”为例，整个抗战期间战时儿童保育会抢救和保育了近3万名难童，成为抗战时期儿童救济中成效最突出的一个，但这与抗战时期数以百万计的难童相比，显然还是“杯水车薪”。另一方面，这一时期制定的社会政策中固然有鼓励增进工农群众福利的行动，但由于相当一部分工农群众生活贫困，无钱缴纳工农会费和保险费用等，也就享受不到相关的政策保障。即便是加入了工会、农会和其他社会福利组织的工农群众，但由于工会、农会和其他社会福利组织本身经费比较短缺，用于福利事业的经费也很少，加之晚清和民国时期的社会政策一味强调和国际接轨，脱离了中国实际情况，如《最低工资法》《矿场法》等社会福利立法根本就无法实行。

第四，中国国民党在推动社会政策完善方面发挥了重大作用，但其存在“党政不分”和“党力不足”“派系斗争”等情况，难免出现“政出多门，号令不一”，使得社会政策在制定和社会福利事业管理方面比较混乱。加之其“拔苗助长”式的推动，实际上对社会政策的制定和执行是非常不利的。

综上所述，晚清和民国时期的社会政策反映了晚清和民国时期初期企图超越阶级对立、主张劳资合作的复杂动因，它既隐含着消弭，当时已经如火如荼的工农运动的深层政治动机和稳定城市社会经济生活秩序的迫切愿望，也在一定程度上蕴含着对统治阶级长远利益的追求。但是在那个法规多于牛毛、政坛“你方唱罢我登场”的年代，幻想一项单行法规取得突出的效果无异于镜花水月。可见，任何一项立法行动，要真正有效地实施，除了要借助政府的努力外，还要靠安定和谐的社会环境等诸多因素的合力才有可能实施，否则难免要陷入“徒善不足以为政，徒法不足以自行”的困境。

（三）新民主主义革命时期中国共产党对社会政策的探索

中国共产党成立初期就确立了政治斗争和经济斗争的目标。为了实现政治目标，需要组织动员广大群众参加革命，而经济目标直接就是为了工人阶级和劳苦大众争取权利和福利。为此，当时在党中央和党领导下的中国劳动组合书记处、中华全国总工会等组织代表劳工群众的利益，积极呼吁和推动劳动立法，聚焦劳工权利保护、妇女平等、建立社会保险等社会政策的议题，提出了相关立法大纲或草案等具体的政策方案。随后，中国共产党及其领导下的根据地和边区政府配合武装斗争和根据地建设的需要，在其执政的区域内制定和实施了大量社会政策，标志了在中国共产党领导下的政府社会政策的开始。

1. 土地革命战争时期的社会政策探索

以毛泽东同志为代表的中国共产党人在领导新民主主义革命的过程中，特别重视劳工基本权利的保护、社会救济和社会优抚工作的实施。早在 1922 年，毛泽东就提出劳工的三项基本权利是生存权、劳动权与劳动全收权，这与 1925 年召开的第二次全国劳动大会所提出：“应实行社会保险制度，使工人于工作伤亡时，能得到赔偿”的观点是一致的。在 1933 年长冈乡调查过程中，毛泽东就十分注重对社会救济的调查研究，他对许多地方苏维埃不注意社会救济工作、不知道救济困难群众的情况进行了尖锐批评，强调了社会救济的重要性。在这一调查过程中，毛泽东指出：“充分地优待红军家属……而优待红军家属，是使群众欢喜去并且安心留在红军部队的一个根本工作。”明确把优待红军家属这一社会保障的特殊形式作为红军发展壮大的根本工作，充分说明了社会政策在中国革命过程中的重要性。

在土地革命战争时期，中国共产党领导的中央苏区政府制定和实施了《中华苏维埃共和国宪法大纲》《中华苏维埃共和国劳动法》《中华苏维埃共和国土地法》《中华苏维埃共和国婚姻法》《中国工农红军优待条例》《优待红军家属条例》《保护妇女儿童条例》等文件。其中，1930 年，中共中央政治局制定的《关于苏维埃区域目前工作计划》规定：“没有容养之处并且没有劳动能力的孤寡，由当地苏维埃实行社会救济。”1932 年，通过了《中华苏维埃共和国临时中央政府内务部的暂行组织纲要》,提出"筹划和管理救济社会的贫困,如水灾旱灾以及受各种灾害等区域的救济",这从法律的角度明确了苏区政府在社会救助中的法定职责。1930 年,颁发了《劳动暂行法》,又对社会保险做了规定;1931 年第一次中华苏维埃共和国工农兵代表大会上正式颁布的《中华苏维埃共和国劳动法》规定,在根据地内实行社会保险,雇主需每月缴纳工资总额的 10% ~15% 作为保险金,这些是中国共产党对社会保险较早的论述,但受到战争等因素的影响并没有得到有执行。以上这些社会政策包括改善工人生活、给农民分配土地以保障其基本生活和向无劳动能力农民提供救济,以及在社会优抚、社会保险、妇女和儿童保护等方面的具体要求,体现了中国共产党全心全意为人民服务的宗旨和对未来理想社会的设想。

2. 抗日战争时期的社会政策探索

抗日战争时期,针对日本帝国主义的侵略,中国共产党把救济失业、赈济灾荒、优待抗日军人军属等作为抗日救国十大纲领的重要内容,突出了社会救济的作用。1937 年,在《为动员一切力量争取抗战胜利而斗争》一文中,毛泽东把改良工人、职员、教员和抗日军人的待遇、优待抗日军人家属、救济失业、赈济灾荒等社会保障问题作为抗日救国十大纲领的重要内容,突出了社会保障的重要性。1942 年,在《必须给人民以看得见的物质福利》一文中,毛泽东同志明确指出,"必须给人民以看得见的物质福利",这是"我们党的根本路线,根本政策"。1947 年,在《目前形势和我们的任务》中明确提出了"劳资两利"的思想,指出"一切离开这个总目标的方针、政策、办法,都是错误的"。这些实践无疑为后来的,甚至为新中国成立之后社会保障制度的建立积累了有益的经验。同时,各个抗日根据地政府分别颁布了《陕甘宁边区施政纲领》《陕甘宁边区战时工厂集体合同暂行准则》《晋察鲁豫边区劳工保护暂行条例》等文件,其中包括多方面的社会政策要求。在共产党的领导下,抗日根据地各级政府开展的减租减息、难民灾民保障、推动生产互济等行动,积极推动乡村教育、医疗卫生制度和组织体系的建设,极大地改善了广大人民群众的生活状况。

尤其是在社会优抚政策上,中国共产党领导的抗日根据地根据各自的实际需求,分别制定了本地区的优抚政策。在军人抚恤方面,《陕甘宁边区政府抗日军人优待条例》(1937)、《晋察冀边区荣誉军人抚恤办法》(1942)、《陕甘宁边区抗日军人退伍及安置暂行办法》(1942)、《苏中区抗战军政人员抚恤暂行条例》(1944)等。在军属优待方面,相继制定了《陕甘宁边区义务耕田队条例》(1939)、《晋察冀边区优待抗日军人家属暂行办法》(1939)、《晋察冀边区行政委员会关于优待抗属的指示》(1939)、《鄂豫边区优待抗日军人家属条例》(1940)、《淮北苏皖边区优待抗属暂行条例》(1941)、《晋冀鲁豫区优待抗日军人家属条例》(1941)、《陕甘宁边区优待抗属代耕工作细则》(1941)、《修正陕甘宁边区优待抗日军人家属条例》(1942)、《鄂豫边区优待抗日军人家属条例》(1942)、《陕甘宁边区抗属离婚处理办法》(1943)、《淮北苏皖边区保障抗日军人婚姻暂行条例》(1943)、《淮海区优待抗日烈士遗族暂行条例》(1944)等,体现了中国共产党对抗日军人及其家属的关怀爱护。

3. 解放战争时期的社会政策探索

解放战争时期,中国共产党在新老解放区通过土地改革、恢复工农业生产和提供救济等方式帮助城乡困难群众。在土地改革和社会救济政策方面,1947 年 9 月《中国土地法大纲》颁布,明确"废除封建性及半封建性剥削的土地制度,实行耕者有其田的土地制度""分配给人民的土地,由政府发给土地所有证"。从制度上彻底废除了封建土地所有制,保障了广大农民阶级获得土地的权利,也就是从最大限度上实现了对农民阶级的生存权的保障。1948 年中共中央发布的《中央关于解决新解放城市粮荒问题的指示》、1949 年《中共中央关于新解放城市职工的工资薪水问题的指示》,对新解放区的基本生活保障提出具体安排。

在社会保险政策方面,1948 年,全国第六次劳动大会《关于中国职工运动当前任务的决议》提出创办劳动社会保险的主张,同年 12 月,东北行政委员会颁布的《东北公营企业战时暂行劳动保险条例》,开始在铁路、邮电、矿山、军工、军需、电气、纺织 7 大行业试行劳动保险制度,后扩展到东北地区全部公营企业,大约有 420 个企业和 80 万职工享受到了保险待遇,这是中国共产党在新民主主义革命时期对社会保险探索最成功的一个时期。

在社会优抚政策方面,各个根据地分别颁布了《苏皖边区优待荣誉军人条例》(1946)、《东北解放区关于处理荣誉军人的决定》(1947)、《统一和加强华东荣军工作的决定》(1947)、《东北解放区荣誉军人复员军人条例》(1948)、《华北区荣誉军人优待抚恤条例》(1948)等。在军烈属优待方面,颁布了《晋绥边区抚恤抗战死难烈士遗族暂行条例》(1946)、《东北解放区爱国自卫战争阵亡烈士抚恤暂行条例》(1947)、《东北解放区优待革命军人家属条例》(1948)、《东北解放区荣誉军人复员条例》(1948)、《华北区革命军人家属优待条例》(1949)、《关于战勤民工抚恤暂行办法》(1949)、《东北解放区荣病军人退伍与烈属抚恤暂行办法》(1949)、《华北区革命军人牺牲褒恤条例》(1949)等一系列文件。以上这些条例、办法,都是在中国共产党领导下的各级政府从各根据地的实际情况出发,对军人及家属的婚姻家庭、农业生产、基本生活等方面加以制度化的保障;同时,对牺牲的革命烈士的褒扬、对伤残军人的医疗照料也是重点领域。可以说,社会优抚政策一直是中国共产党社会政策探索的重点领域,也是这一时期政策最完善、执行最成功的社会政策领域。

综上所述,从新民主主义革命时期中国共产党的社会政策实践来看,由于受到频繁战争环境和根据地经济发展水平的影响,中国共产党主导的社会政策还主要局限于社会优抚和社会救济方面,其他方面的社会政策相对较少;而且各个根据地实际处于分割的状态,导致这一时期我党对社会政策探索处于各自为政的局面,保障的水平和内容各有差异等问题。但是,我们必须要看到中国共产党对社会政策的探索植根于新民主主义革命这一特殊历史时期,与当时的生产力发展水平以及社会形势的变化密切相关,具有明显的广泛性、针对性和战时性。这些政策有利于稳定社会秩序,动员社会各阶级、阶层参加战争,为新民主主义革命的胜利奠定了必要的社会基础、物质基础和群众基础。

从理论上看,新民主主义革命时期中国共产党对社会政策的探索是以马克思、恩格斯、列宁、毛泽东的社会保障思想为理论基础的,充分体现了中国共产党全心全意为人民服务的宗旨。同时,中国共产党主导的社会政策还体现出与政治生活紧密联系的特点,力图通过从改革土地制度等基本经济制度的方式来彻底改变中国城乡的贫困问题,并取得了巨大成功。由此可见,新民主主义革命时期中国共产党的社会政策探索体现了其既服从远大的革命目标,又脚踏实地地服务于工农群众的利益,正确处理了战争与民生的关系。通过开源节流发展生产,强调群众、工会、农会等社会组织广泛参与等方式,实现对广大工农群众基本生活的保障;并且对当时中国共产党领导的政治斗争和经济斗争产生了积极的推动作用,也为后来新中国成立以后的社会政策实践打下了基础。

二、新中国成立以后的社会政策发展历程

新中国成立以后,面对百废待兴的局面,新中国政府除了处理遗留的问题外,也开始着手建立中国特色的社会政策体系。在中国共产党的领导下,我国的社会政策发展也经历了新中国成立后—20 世纪 70 年代中期的社会政策初步形成阶段、20 世纪 70 年代中期—20 世纪末的社会政策体系恢复和改革阶段、21 世纪以来我国社会政策体系发展的新阶段。可以说,党和政府在强调经济发展的同时,也十分重视保障和改善民生,不断根据经济社会发展的现实需求,加强和优化了我国的社会政策体系。新中国成立以后,政府在社会政策领域中实现的这一系列伟大变革,推动实现了人民生活从温饱不足到总体小康、奔向全面小康的历史性跨越。

(一)新中国成立后—20 世纪 70 年代中期,我国社会政策初步形成阶段

1949—1957 年为我国社会政策的初创阶段。我国政府先后于 1950 年颁布《救济失业工人暂行办法》《革命工作人员伤亡褒恤暂行条例》《民兵、民工伤亡抚恤暂行条例》;1951 年颁布《中华人民共和国劳动保险条例》《劳动保险条例实施细则草案》《国家工作人员公费医疗预防的指示》;1952 年颁布《国家工作人员公费医疗预防实施办法》;1953 年颁布《关于中华人民共和国劳动保险条例若干修正的决定》《劳保条例实施细则修正草案》;1955 年颁布《国家机关工作人员退休处理暂行办法》《关于女工作人员生育假期的通知》;1956 年颁布《女工保护条例》;1957 年颁布《关于职业病范围和职业病患者处理办法的规定》《关于国营、公私合营、合作社营、个体经营的企业和事业单位的学徒的学习期限和生活补贴的暂行规定》等,这些政策分别对社会优抚、失业救助、公费医疗、养老退休、女职工保护等做了规定,到 1957 年,我国的社会政策的框架已经初步形成。

1958—1965 年是我国社会政策发展的阶段。此阶段主要是根据政策实施中发现的问题总结经验,对社会保障框架进行细化和补充,进一步着力解决退休制度的统一问题、医疗资源的浪费问题、职工休养和病产假待遇问题等。例如,1958 年颁布《关于工人、职员退职处理的暂行规定》《关于工人、职员退休处理的暂行规定》;1960 年制定了《关于享受长期劳动保险待遇的异地支付试行办法》;1965 年颁布《关于改进公费医疗的通知》;1966 年颁布《关于改进企业职工劳保医疗制度几个问题的通知》《医务劳动鉴定委员会组织通则》等。

在此阶段,我国社会政策体系的发展已经从新中国成立前后侧重于社会优抚和社会救济转向制度化的社会保险、职业福利和特殊群体的社会保护等日常工作领域,这无疑是历史的进步。但在这一时期,一方面我国社会政策体系还不完善,政策类型和内容、标准还比较散乱,政策决策层级和文本形式还存在权威性不足的情况。另一方面,我国在社会政策制定方面还存在“贪大求全”与现实能力不足的矛盾,城乡二元保障划分等长期困扰我国社会政策等问题。

(二)20 世纪 70 年代中期—20 世纪末,我国社会政策体系恢复和改革阶段

1978 年随着民政部的设立,我国开始恢复退休制度、建立离休制度、开展社会保险工

作，被破坏的社会政策体系已经基本恢复。在这样的背景下，我国政府相继于1978年颁布《国务院关于职工退休、退职的暂行办法》；1980年颁布《国家劳动总局、全国总工会关于整顿与加强劳动保险工作的通知》；1982年颁布《民政部、财政部关于调整在职革命残废军人残废金标准的通知》；1983年颁布《劳动人事部、财政部关于提高职工退休费、退职生活费的最低保证数的通知》；1983年颁布《国务院关于高级专家离休退休若干问题的暂行规定》；1984年颁布《民政部、财政部关于提高革命烈士一次抚恤标准的通知》；1985年颁布《国务院关于发给离休退休人员生活补贴费的通知》等规范性文件，对我国的离退休制度加以完善。

随着我国社会主义市场经济体制的逐渐建立，传统的、与计划经济相适应的社会保障制度难以适应变化了以后的社会需求。因此，党的十四大报告明确提出深化社会保障制度改革。十五大报告进一步指出："要建立社会保障体系，实行社会统筹和个人账户相结合的养老、医疗保险制度，完善失业保险和社会救济制度，提供最基本的社会保障。"因此，我国政府先后在1990年颁布《中华人民共和国残疾人保障法》；1991年颁布《国务院关于企业职工养老保险制度改革的决定》；1992年颁布《中华人民共和国妇女权益保障法》；1994年颁布《中华人民共和国劳动法》《企业职工生育保险试行办法》；1996年颁布《中华人民共和国老年人权益保障法》；1997年颁布《城市居民最低生活保障条例》；1998年实行住房体制改革；1999年颁布《社会保险费征缴暂行条例》《国务院关于建立城镇职工基本医疗保险制度的决定》《失业保险条例》《中华人民共和国公益事业捐赠法》等，这些规范性文件扩大了我国社会政策的覆盖领域，并提高了社会保障水平，使得我国的社会政策体系在内涵和外延上逐渐与国际接轨。至此，我国社会政策体系已经基本覆盖了绝大部分社会福利领域，初步满足了不同社会群体的基本需求；除"工伤保险"以外的四大社会保险覆盖面和受益人数大大提高，以"低保"为代表的城市社会救助政策体系也初步建立。

（三）21世纪以来，我国社会政策发展的新阶段

进入21世纪以后，党相继召开十六届到十九届四届党代会，在这些会议的报告中对我国社会政策体系的完善提出了一系列新论述。尤其是党的十九大提出"我国社会主要矛盾已经转化为人民日益增长的美好生活需要和不平衡不充分的发展之间的矛盾"的新判断以后，更是最终确立"要以社会保险、社会救助、社会福利为基础，以基本养老、基本医疗、最低生活保障制度为重点，以慈善事业、商业保险为补充"的社会保障体系完善的新目标。

在21世纪的前20年中，我国政府在社会保障、社会救助、养老、残疾人、妇女儿童权益保障、住房保障等领域进行了大量的立法活动，如2003年颁布《工伤保险条例》；2004年通过《经济适用住房管理办法》；2006年修订了《农村五保供养工作条例》，并于2007年建立农村最低生活保障制度；2007年颁布《中华人民共和国劳动合同法》《中华人民共和国促进就业法》《中华人民共和国劳动争议调解仲裁法》《国务院关于解决城市低收入家庭住房困难的若干意见》《廉租住房保障办法》；2010年颁布《中华人民共和国社会保险法》；2012年施行《公共租赁住房管理办法》；2014年颁布了《社会救助暂行办法》；2015年颁布《中华人民共和国反家暴法》等。以上这些政策构筑了一个以"养老、失业、医疗、生育、工伤"五大社会保险、城乡社会救助、就业服务等为骨干，包括社会保护、优抚安置、住房保障等在内的社

会政策体系，人人享有基本社会保障的目标将逐步成为现实。

2020 年，党的十九届五中全会通过的《中共中央关于制定国民经济和社会发展第十四个五年规划和二〇三五年远景目标的建议》，对我国未来社会建设提出了“健全基本公共服务体系，完善共建共治共享的社会治理制度，扎实推动共同富裕，不断增强人民群众获得感、幸福感、安全感，促进人的全面发展和社会全面进步”的总要求，还提出了“强化就业优先政策”“建设高质量教育体系”“健全多层次社会保障体系”“全面推进健康中国建设”“实施积极应对人口老龄化国家战略”“加强和创新社会治理”等具体要求，这也就意味着中国特色社会主义发展进入新时代以后，我国现有的社会政策还有进一步发展和完善的必要。

第三章　社会政策的一般过程(上)

一般认为,政策过程是由“发现公共议题—识别政策问题—建立政策议程—制定政策—政策执行—政策评估—政策终结”等几个阶段组成的一个完整周期。当然在现实中,政策的制定者和执行者难以严格地按固定程序去制定政策,往往有所取舍。但对政策过程的描述,可以让我们形成对政策的完整认识,通过将政策过程进行阶段性划分,我们可以更好地理解在政策运行的不同阶段,要关注的不同因素以及这些因素逐渐形成的互动关系。

第一节　社会问题的确认

社会政策从本质上来讲就是为了应对社会问题而出现的,社会问题的形成和确认是社会政策过程的逻辑起点。因此,我们要从社会问题的识别开始认识社会政策。

一、社会问题

(一)社会问题的基本含义

本书认为的社会问题,是指对社会成员和社会整体造成负面影响、不被社会主流价值所接受的,需要采取集体行动进行干预的社会现象。在社会领域内,社会问题应该是众多的个人或社会整体的某种需要得不到满足的一种社会状况,而社会政策就是试图用集体的行动去改变这种状况。在当代社会,社会问题多种多样,主要包括贫困问题,社会不平等问题,人口老龄化与老年人问题,环境、资源与生态恶化问题,犯罪与其他越轨行为问题,社会歧视问题,健康与疾病问题,居住环境问题等。社会政策就是为了应对这些问题而不断发展壮大的,并逐渐成为对人们生活影响最大的、最受瞩目的政策体系。

(二)社会问题的基本特点

界定社会问题要考虑四个因素,即一种社会现象是否给社会和个体成员造成了严重的损害;是否触犯了社会中某些权力阶层的价值标准;是否能持续存在;针对这些现象是否有一系列的解决方案。这四个因素也就是我们说的社会政策的四个基本特点。

第一,社会问题是给社会和个体成员造成了严重损害的一种社会现象。就像我们在理解问题的含义时一样,社会问题肯定是对社会全体或部分成员产生负面影响的社会现象,而且这种损害必然是客观真实存在的,并且要严重到社会整体难以容忍的程度。

第二,社会问题是违背社会主流价值观的社会现象。就像我们在定义中看到的一样,社会问题本身肯定也是一种主观的存在,对它的评价和衡量肯定也要依托一定的主观标准,而这个主观标准就是一个社会公认的主流的价值观。从全球来看,文化传统和宗教的多元化,使得对社会问题的评价也是不同的,比如在多数国家“一夫一妻”被法律保护,但是在有些国家“一夫多妻”是合法存在的。因此,我们应该看到什么是社会问题,这也是一个主观的存在。

第三,社会问题是能持续存在的社会现象。一个负面事件能够获得社会公众的广泛重视,其除了对社会危害大,还具有重复出现的特点,单一而短暂的突发事件很难引起社会长期而稳定的关注,也就更难引发政府制定社会政策来应对这一问题。

第四,社会问题是能够给出解决方案的社会现象。简而言之,就是一个社会问题必须要有解决方案,一个没有任何解决希望和可能的问题更多地被我们视为一种自然现象,而非社会问题。一个永远也无法解决的问题,可能根本就不是一个问题。

可以说,社会问题往往是一种负面的存在,但是我们也必须要看到,不是所有的社会问题都需要政府使用社会政策来加以解决。一方面,因政府的施政目标、认知能力、资源水平,以及社会问题的复杂程度等限制因素,相当多的社会问题是无法采取社会政策应对的。另一方面,某些社会问题的存在,在一定程度上有利于社会整体利益或者有利于政府的施政,因而在一定程度上存在政府故意维持的情况,如在一定程度上存在的通货膨胀问题和失业问题。所以,只有一部分社会问题才能得到政府的真正重视,才能进入政府的社会政策议程,这部分社会问题由此转化为社会政策。

二、社会政策在解决社会问题中的作用

现代社会各类社会问题频发,而各国的社会政策本身就是针对社会问题而形成的。因此,社会政策在解决社会问题的过程中发挥了不可替代的作用。

(一)社会政策在解决社会问题中的积极作用

首先,政府通过社会政策积极干预市场和社会生活,可以解决由市场失灵和社会生活中的功能缺陷而导致的各种社会问题。社会保险、社会救助等制度的建立,健全了社会安全网,维护了社会的长期稳定;义务教育、基本医疗、就业保障等领域的政策设计,为未来经济社会的长远发展积累了充足的人力资本。因此,社会政策的实施有效弥补了市场经济效率至上、忽视公平的缺陷。

其次,社会政策的制定者和执行者是以政府为代表的社会公共权威组织,其政策的形式往往具有权威性、严肃性,其政策的执行依靠公共权力来保证,往往具有强制性。因此,在解决社会问题方面,社会政策行动比民间自发行动、市场商业行为具有更高的效率。

再次,社会政策的制定和执行往往有较为严格的程序,参与的主体也具有较高的知识水平、能力与较为宏观的视野,通过比较科学的决策方法进行决策,并能够有效地筹措和分配社会政策资源,以便更加科学合理地解决社会问题。

最后,社会政策行动借助政府、政党和社会组织等社会公共权威组织的威望,进行较为充分和广泛的社会动员,促进多元化的社会主体参与到社会问题的应对之中;可以帮助全社会形成普遍性的社会共识,从而降低解决社会问题所面临的阻力。

(二)社会政策在解决社会问题中的局限

第一,社会政策是政府主导的公共行动,但由于各种原因,政府行动中也存在着“政府

失灵”的危险，如政府的腐败问题、扩张问题，科层制导致的官僚主义问题等，都会降低社会政策解决社会问题的有效性。

第二，由于政府资源和能力的有限性，社会政策往往要重点解决一部分社会问题，所以就不得不忽略其他社会问题，难以解决全部的社会问题。

第三，社会政策行动是比较复杂的组织过程，一方面容易受到人为因素(如执行机构、人员素质、执行策略等)的影响，使得社会政策的实施过程偏离合理的目标和路径，从而影响社会政策的效果。另一方面，社会政策需要与其他各种政策相配合，还需要多元化的资源供给和主体参与，才能更好地发挥作用。

第四，由于社会问题本身的复杂性，社会政策在应对社会问题的时候往往会在一定程度上改变原有社会的利益分配格局。所以，当通过社会政策来解决一个问题时，可能产生其他的问题。例如，福利国家政策模式虽然缓解了贫困等社会问题，但又产生了福利依赖、社会支出膨胀等问题。

总之，通过社会政策去解决社会问题，既是一种有效的和必不可少的方式，同时也存在着缺陷。我们应该针对具体的社会问题，根据具体的社会条件，科学地制定和实施社会政策，使社会政策在解决社会问题中发挥更大的作用。

第二节　社会政策议程的构建

任何社会都面临多种多样的社会问题，但政府能够解决的社会问题总是有限的，只有引起政府和社会公众重视的社会问题，才会采取政策措施加以解决，只有某一社会问题被列入政府法定的政策议程，才标志着社会政策过程的真正开始。

一、社会政策议程的含义

所谓社会政策议程，是指政府根据不同社会问题受到政府及公共公众的重视程度，而对被纳入讨论的社会问题加以排序，其实质就是确定政府解决各种社会问题的优先顺序，即哪些社会问题需要优先解决。从内容上看它包括两重含义：一是政府在制定各种社会政策中的时间安排；二是决策过程的资源配置结构。从形式上看，政府社会政策议程体现在政府各部门有关社会政策规划的文件中，其中包括中长期发展规划、年度计划和其他一些同时期的政策规划的文件，同时也体现在其日常工作安排中。

二、社会问题进入政策议程的影响因素

(一)政府体制与政治传统

一个国家的政治体制和政治传统，对于社会问题进入政策议程会有决定性的影响。一般情况下，民主化程度越高、民主制度越健全、民主传统越悠久的国家，社会问题进入政府政策议程就越容易。一方面，民主选举产生的政府作为掌握公共权力的机构，负有管理和维护社会秩序、保障个人权利等职能，会积极吸收民众参与，倾听民众意见，主动寻找各种

社会问题。相反，专制、封闭的政府则会将大量社会问题阻止在政策议程之外。另一方面，较为顺畅的民主沟通渠道的存在，使得社会中不同利益团体和公民个人可以顺畅地表达愿望和要求，从而使被民众关注的社会问题能够较快得到政府的重视，进而实现社会政策议程的建立。

（二）政治领袖的决策偏好

政治领袖通常是指通过法定途径拥有国家、各种政党或政治组织高层权力地位的政治领导人物。无论在何种体制下，政治领袖都是影响社会问题认定的一个极为重要的主体，他们除了为自己代表的政党、利益集团服务，还要受到社会公序良俗等的影响。同时，他们的决策往往从自己的知识水平、意识形态和政治经验出发，并结合自己的政治判断来审视各类社会问题，在这个过程中不可避免地会带有个人的主观判断和好恶。一般来说，个人威望越高的政治领袖，其个人的偏好对社会问题进入正常议程的影响就越发显著，如美国总统富兰克林·罗斯福在其新政中，之所以能够高效快速地推出多项社会政策议程，并迅速完成立法程序，与其个人崇高的威望息息相关。

（三）政党组织和利益集团的政治活动

政党组织和利益集团的政治性活动是影响社会问题进入政策议程的重要因素，政党的政治互动的中心目的就是掌握政权，这样就要求政党必须要关心社会问题，并从其意识形态和群众基础的角度出发，促使其所重视的社会问题尽可能地进入政府的政策议程，才可能使其在最大限度上争取民心，实现执政的政治目标。利益集团虽然不以获得政权为目标，但是其对自身利益的维护更加“赤裸裸”，千方百计地以实现本集团的利益最大化为其政治活动的目的。所以，利益集团往往会以很激烈的方式来表达自己的利益诉求，如2019年席卷法国的“黄马甲”运动，就是一次极其明显的利益集团的集体行动。通过政党和利益集团的政治性活动，能够把他们关注的社会问题尽快地纳入政府的政策议程，并在其后政策制定、执行的过程中争取对自己最有利的结果。当然，一些极端化的政党或利益集团有可能在争取自身利益最大化的同时，去损害其他群体的利益，尤其是在社会中缺乏话语权和行动能力的弱势群体的利益，这就会演化为政治学中所谓的“多数人的暴政”。因此，如何去规范政党和利益集团的活动，使其活动能够被限制在法律和社会公序良俗的范围内是非常重要的。

（四）大众传媒的舆论力量

大众传媒（尤其是新兴的自媒体）在社会问题进入政府的政策议程中起到重大的影响作用。大众传媒既能够反映现实生活中存在的非常重要的社会问题，也可以通过选择、整理、加工筛选和重构过程的方式，凸显问题的严重性和重要性，使之为公众和政治权力机构所重视。如2003年的“孙志刚事件”，通过媒体的广泛讨论，对政府产生了强大的舆论压力，直接导致收容遣送制度废止。当然我们也要注意到，大众传媒的舆论如果不加以必要的规范，也可能对社会问题的应对产生负面影响，比如部分强势利益集团从其自身的利益出发，可能会操纵媒体为其服务，人为地扭曲或虚构民意，进而影响社会政策的决策。这样就会使本来急迫需要解决的问题反而因为不被重视，进而产生更加严重的问题。在2020年“新冠肺炎”的应对过程中，欧美多国频频出现疫情反复，其中的一个重要原因就是部分利益集团通过媒体向民众散布不实信息,人为忽视或否定正确的抗疫方案,其中的政治操纵和反智主义倾向非常明显。

(五)智库组织的理论研究

现代社会对政府社会管理科学化的要求越来越高,同时各种先进技术和工具的发明也使得科学决策越来越成为可能,但需要完成大量事务性工作的政府确实缺乏使用这些先进工具和技术的能力。因此,能够起到辅助政府科学决策的智库,其作用日益凸显出来。现代社会,各种类型的智库组织数量很多,他们或者脱胎于传统的政府部门或高校,或者产生于市场化的需求,凭借专业优势和技术特长,既能及时捕捉到社会运行中的现实问题,又能科学预见到社会发展中的潜在问题,从而为社会问题进入政策议程创造条件。他们研究的内容和偏好也多种多样,这恰恰可以为政府提供多样化的视角和思路,从不同角度来确认社会问题,然后反映给政府的决策部门。需要说明的是,与政治领袖、政党和利益集团相比,智库组织的理论研究对政策议程的建立影响还有待提高。

(六)公民的个人行动

一般而言,我们认为的社会问题,往往都是全局性的、对社会产生普遍性影响的问题,所以我们对于政府、政党、利益集团、媒体、智库等组织对社会问题的认定较为重视,他们关注的社会问题也会较为顺利地进入正常议程。但是,我们也要看到,社会问题本就是由一个一个的公民个人问题集合而成的,所以公民的个人行动就会对社会问题产生或大或小的影响,尤其是当个人行动获得政府或社会舆论的关注以后,它的作用就会被不断地放大,进而影响社会政策议程的建立。如2019年底智利因地铁票价由800智利比索涨至830智利比索引发的群众运动,揭开了智利长期存在的社会保障短板,促进了智利政府对社会政策的反思与改进。另外,公民通过积极请愿制度和公民投票制度来表达意见和参与决策,公民和大众可以越来越广泛地直陈意愿,参与国事和政策制定,从而更容易将社会问题推上议事日程。通过如老乡、亲属、同学、朋友等非正式关系,也可以在社会问题进入社会政策议程中起到一定的作用。

总之,政府公共部门正是根据公众各种各样的利益表达和提出的要求,综合权衡各个团体、阶层和普通公众的利益关系,最后确认是否将这一社会问题列入政策议程。

第三节　社会政策的制定

社会问题进入政策议程,仅仅是标志着社会政策过程的开始。只有在政策议程的讨论和政治博弈中脱颖而出,得到广泛认同以后,社会问题才真正地进入实质性的政策制定阶段。在这个阶段,社会政策制定的主体才会结合政府的施政目标、资源禀赋、需求程度等现实条件,来具体设计社会政策的目标、受益群体的范围、服务的水平等内容,并按法令的程序完成可行性分析和文本的起草工作。具体的社会政策制定过程,一般包括基线调查、目标确定、方案设计、方案选择、可行性分析、方案决策等几个必备阶段。

一、基线调查

基线调查通俗地讲就是摸底调查，是为社会政策方案设计所做的一项针对研究对象基础状态的调查，其目的是为以后社会政策具体设计和开展提供基础材料。基线调查有利于政策研究者发现未被发现的新问题；确定问题的优先排序；选择政策工具和政策指标设计；为具体对策的实施提供方向和着力点；为社会政策的监测评估提供依据。

从调查的内容来看，基线调查涉及的内容较为广泛，往往要涉及政策实施、地方经济状况、政府财政状况、既有政策体系及实施现状；政策执行主体的组织体系和执行能力水平；目标对象群体的数量、年龄、分布和需求等内容，其中对服务对象的需求评估是其中的重中之重。从调查方法来看，可以采用定量研究与定性研究相结合的方法，但由于基线调查指标多是可验证的量化指标，因此基线调查更倾向于采用定量的问卷调查方法。基线调查可以采取问卷调查、专题小组、听证会、机构记录等形式来完成。

二、目标确立

社会政策目标就是社会政策制定者希望通过社会政策的实施所达到的最终效果。社会政策目标的确定，首先体现了决策者对政策指向的社会问题的重视程度；其次也是此后政策方案设计和抉择的前提，社会政策目标确定正确合理，就会使得社会政策设计更加符合民众的实际需求。但如果目标选择错误，就意味着社会政策将会和社会实际需求南辕北辙，甚至使问题恶化。最后，社会政策目标的确立也为政策执行和政策评估提供了标准。由于社会政策目标在确立的过程中，要受到政治因素及利益集团、价值观念、不同社会政策目标之间的冲突和矛盾等影响。因此，在确立社会政策目标时，应注意以下几个问题。

第一，社会政策目标确定时，应有明确的指向性。必须对政策指向的社会问题进行认真、系统的研究，这就要求社会政策目标要有针对性，抓住主要矛盾。社会政策目标设计往往也是需要分层次的，不同层面上的目标之间应该协调一致，应根据实际情况合理确定政策的总目标和具体目标，使之相互配合、层层递进；在资源分配上优先保证主要目标实现的同时，兼顾次要目标的实现。

第二，社会政策目标确定时，应尽可能地制定量化指标。一方面，在目标制定的过程中，目标应尽可能地量化，并建立具体的衡量标准，有利于社会政策的实施和评估。另一方面，对社会政策的执行也要有明确的时限要求、适用范围、约束条件要求，政策只有在约束条件下实现目标，才算政策目标的真正实现。

第三，社会政策目标确定时，要具备合法性、合理性和可执行性。合法性是指社会政策目标不能与国家现行的法律相违背；合理性是指社会政策目标符合理性，简单来说就是目标能够得到政府、政党和社会公众的认同和接受，并通过努力能够实现；可执行性是指社会政策目标的实现具备执行所需要的基本客观条件，如必要的组织、资源、技术和社会环境。

第四，社会政策目标确定时，要注意同其他政策目标的协调系统性。社会政策要发挥最大效用，就需要社会政策目标与其他政策目标相协调。如社会政策与经济政策、财政政策、文化政策等要相互协调，通过不同类型政策之间的相互协调，既可以使社会政策获得持续发展的经济基础、尽可能大的财政份额、更为广泛的舆论支持等，又可以避免过高的社会政策目标拖累经济的长期发展、社会支出的高企、福利依赖等问题。

第五,社会政策目标的灵活可变性。社会政策目标的实现不是一蹴而就的,往往有一个较长的过程;社会政策所要应对的社会问题,在全球化的今天也往往存在较大的不确定性。在这种情况下,就要求社会政策目标具有灵活性,要对潜在问题、应变措施、预警措施等予以充分考虑,以适应经济社会发展中的不确定性变化。

三、方案设计

社会政策方案设计是指围绕社会政策目标采取的、以实现社会政策目标为目的而进行的设计、谋划、拟订解决方案的活动过程,是寻求解决社会问题的方法与途径。

社会政策方案设计是方案规划的中心环节,方案的可行、科学与否,直接影响社会政策的实施及其后果,是影响社会政策效能的关键环节。

社会政策方案设计是一个科学化的过程,在这个过程中,作为社会政策方案的设计者,必须要在自己所提出的社会政策方案中明确阐述以下几个内容。

第一,社会政策的总体目标和具体目标是什么?任何社会政策方案都必然要围绕着社会政策的目标来加以设计,因此在社会政策方案中要首先对社会政策的目标加以必要的阐述,尤其是作为政策最终目的的“总目标”和阶段性目的的“具体目标”。

通过对总目标的阐述可以让在场的决策者对这一政策的终极目的获得一个明确的认识,有助于决策者对政策方案是否符合执政党的意识形态和政府的施政理念得出明确的判断;通过对政策具体目标的阐述可以让政策决策者对于政策可能要消耗的资源、过程时限以及成效水平等问题有一个明确的认识,有助于决策者对政策方案是否具有可执行性得出明确的判断。

第二,社会政策可调动的资源有哪些,来源在哪里?社会政策行动必然要消耗大量社会资源,因此获得稳定的资源保障是必要的。从现有社会政策资源筹措的现实来看,社会政策资源的来源日益多元化,如政府拨款、社会组织、瞬息万变筹、社会慈善捐赠等都可以成为社会资源的来源。一方面,多元化的资源意味着社会政策行动在资源上的限制越来越少了;但另一方面,多元化的资源也意味着管理和整合越来越复杂。因此,在设计政策方案的过程中,一般应该将实施该项政策行动所需要的各种资源及其来源做出规划,保证资源的具体落实。

第三,社会政策的运行机制是什么?所谓社会政策运行机制是指一项社会政策行动的具体运行规则及实施方案,包括受益者资格、资金分配比例、资金给付方式或服务传递方式、社会服务组织设计和社会福利项目的管理模式、该项社会政策行动有关的配套政策体系等。可以说,社会政策运行机制的设计是一个复杂的过程,其中既包含基本运行方式及相关制度的设计,也包含具体实施细则及相关技术设计;对运行方式的设计和调整一直延续到实施阶段,有时还会贯穿从决策到实施的全过程。

第四,社会政策的受益者范围有多大?在社会政策方案制定的过程中,决策者既要考虑社会支出规模、社会需求的强度、政策覆盖面大小等客观条件的限制,也要考虑政策执行的策略方法、使用的政策工具等的影响,来确定社会政策受益者的合理范围。

第五,社会政策行动的组织管理如何进行?社会政策目标的实现必然需要有一整套政策执行的组织机构和规则，所以在社会政策方案制定过程中，决策者需要选择政策执行的主管部门、参与行动的机构、基层管理及服务运行的制度规则等，并明确规定各个机构的责任、权力。

四、方案选择

（一）社会政策方案的海选

社会政策方案的海选，就是要从不同角度、不同途径提出尽可能广泛的方案设想。这一阶段主要注意以下几个问题。

第一，社会政策方案的海选，必须要依据已经确立的社会政策目标。参与海选的方案必须是可以实现社会政策目标的方案，不能脱离社会政策目标来进行选择。

第二，社会政策方案的海选，需要有足够多的备选方案。对于同一个社会问题而言，从不同的意识形态、不同的社会政策理论和模式、不同的政治决策偏好等方面出发，就会产生多种多样的社会政策方案。历史证明，这些政策方案都有应对社会问题的科学性和可能性。如对于失业问题的应对往往存在“增税”和“减税”两种不同的政策选择，社会民主主义者往往主张通过“增税”筹措社会福利资源，对失业者给予社会救济和职业培训等服务，提高失业者的工作能力和社会适应能力，进而使其获得新的职业，摆脱失业困境；新自由主义经济学者往往主张通过“减税”的方式，达到鼓励富裕阶层增加投资、扩大生产、增加雇佣，进而实现减少失业率的目的。因为这样的原因，所以解决社会问题确实存在多种多样的解决方案，只有充分发掘这些可能的政策方案，才能够进行后面的政策初步筛选。

第三，社会政策方案的海选，就需要不同的方案之间有足够的互斥性。所谓个体间的互斥性是指不同的备选方案之间必须彼此独立、相互排斥，而不能相互重复和包含。只有社会政策方案具有足够大的差异性和不可替代性，才能够让社会政策的决策者来加以选择。否则，这种选择是没有意义的。

第四，社会政策方案的海选，需要在政策方案上推崇创新，这是与政府所要面对的社会问题变迁相适应的。随着经济社会的变迁，社会问题的表现形式会发生变化，社会政策所要满足的需求和水平也会发生变化，社会民众对社会政策工具的认同和可承受程度也会发生变化。如随着“极度贫困”向“相对贫困”转变，仅仅满足贫困群体低水平生存需求的传统反贫困政策就难以满足相对贫困群体的需求，就需要逐渐向提供较高水平的生活保障，乃至创造“发展机会”的新型反贫困政策转变。

以上种种对社会政策方案的海选，意味着在日新月异的现代社会里，社会政策不是一成不变的，要不断地根据变化的社会问题而变化，这就意味着要不断地突破传统进行创新。

（二）社会政策方案初步筛选

社会政策方案初步筛选就是将政策备选方案中，对于政策目标实现过程中需要的组织机构、政策资源、进度时限、影响因素和政策成果风险效益等方面加以原则性研究，这个过程本身是一个政策方案细化的过程，但这种细化主要还是理论和原则层面上的探索，与后面我们要涉及的政策可行性分析还是存在较大的差别。社会政策方案初步筛选即就方案的各个细节进行严格的论证、反复的计算和细致的推敲，通过对决策目标进行更加深入全面的分析,将初步列举出来的可行性方案与决策目标进行比较,去掉那些偏离决策目标的方案。社会政策方案初步筛选的过程中,要注意以下两个方面的问题。

第一,筛选社会政策方案是否具有实用性,也就是要确定实现社会政策目标的具体途径、措施和手段,包括政策界限的规定、相关机构的设置、实施人员的素质要求、资源保障等方面,并应充分考虑各种外部条件和环境,要注意留有余地。

第二,筛选社会政策方案是否具有细节性。社会政策方案的细节设计要体现在细节上面,要对政策方案的各个环节都进行考虑和推敲,而细节设计需要的则是冷静的头脑和务实的精神,就方案的各个细节进行严格的论证、反复的设计和细致的推敲,对政策界限、可能遇到的困难、各种不确定因素都要一一进行考虑。

五、可行性分析

社会政策方案进行初步筛选以后,为了从实践中验证社会政策方案的效用,就必须对方案进行可行性分析,这是方案设计的一个重要环节。

第一,经济可行性。在其他条件不变的情况下,政策方案在执行中对财政资源投入的要求越少、对经济运行所带来的负面影响越小,就证明了该方案具有的经济可行性越高。反之,则经济可行性越低。

第二,政治可行性。社会政策往往以再分配的形式出现,必然会对社会原有利益格局加以调整,也就会导致对政府、政党或领导人产生政治影响。如果政策方案会导致某些群体原来所享有的福利水平相对降低,就会引发他们对政府的不满。如果这种不满会对政府(或政党)产生严重的政治影响,则此政策方案的政治可行性就比较低。

第三,技术可行性。社会政策在技术上的可实施性,包括在项目的管理、服务及配套行动的过程中所需要的各种技术设备、有效的制度安排和合格的专业人员。如养老保险体系需要有严格的保险精算技术、养老金筹集和发放的控制机制以及相应的电脑管理网络等,这就需要比较复杂的制度安排,以及由此而带来的对管理体制、管理人员和技术设备较高的要求如何加以满足的问题。

第四,行政可行性。社会政策在行政上的可行性,主要体现在政策方案在行政上是否具有可操作性,即政策方案是否具有足够的公共权力的权威、是否受到法律法规的支持、是否具有合适的行政组织来执行、是否具有足够的执行能力。如果政策方案在行政上不能有效地加以贯彻执行或根本就无法贯彻执行,那么这项政策方案就是毫无用处的。

历史经验证明,一项社会政策的改变往往会对民众的生活产生重大影响,为了避免政策本身可能存在的缺陷,在我国最常见的方案可行性评价形式就是对不同的社会政策方案加以试点,在实践的过程中去验证社会政策方案的优缺点。如新型农村合作医疗政策在正式出台以前,我国政府就广泛地在政府部门、高校和智库组织中征求政策方案,并于 2003 年 7 月起选择多个不同的方案,在全国 310 个县进行了为期两年的试点,并在系统总结经验教训的基础上,才在 2010 年最终确定了我国现行的新型农村合作医疗制度。[①]

---

① 中华人民共和国卫生部:《中国新型农村合作医疗试点工作进展状况》,《国际医药卫生导报》2004 年第 23 期。

六、方案决策

在对备选方案进行可行性评价之后,政策决策者运用科学的程序和方法,在权衡利弊之后评选出最佳方案,亦是在对所有备选方案进行全面评估的基础上择优的过程,这是政策制定的最关键阶段。

(一)影响社会政策决策的因素

从前面的几个问题研究中我们可以发现,社会政策制定的过程是一个较为烦琐的过程。在这个过程中,也要涉及诸多社会群体和利益集团既得利益的调整,也要涉及对传统政治体制、意识形态和道德的挑战。因此,影响社会政策决策的因素是非常多的,如决策者的重视与认知程度、社会政策成本与需求、决策信息、利益集团、公众舆论、主管部门等都对决策产生影响。

第一,社会政策需求情况是影响政策决策的最根本性因素。社会政策的需求是指社会对政府的某项社会政策的需求情况,即社会成员是否有某项社会政策的需求,是否有某种需求得不到满足或者社会中是否存在着某种问题。社会政策本身就是为了应对社会问题而产生的,没有真实的社会问题,就不能产生真实的政策需求,也就不能有社会政策的制定。没有了社会需求,政策也就成了"无源之水、无本之木"。

第二,决策者(政府、政党、政治领袖等)对社会政策制定迫切性的认同程度,是影响政策决策的政治性因素。对于社会政策的决策者而言,除了制定社会政策以外,还要制定其他政策,如经济政策、财政政策等,协调诸多领域的政策相互配合是很难的。在任何一个特定的阶段,政府的施政侧重点可能都存在不同,尤其是在发展中国家,经济发展始终是政府施政最重要的领域,在经济发展和社会发展方面必然要有所取舍。所以,政策决策者对于某一社会政策问题的迫切性是否认同,就成为社会政策能否被制定出来的重要因素了。如政策决策者持积极的福利观、关注社会问题的治理、认同社会政策的作用,就有利于其制定新的社会政策、提高现有社会政策的保障水平,反之亦然。

第三,社会政策的成本效益分析是影响政策决策的经济性因素。在现代社会,构建社会政策体系的必要性已经是一个不用讨论的问题,而制约社会政策扩张和社会水平提升的主要因素就是成本效益的分析。任何一个特定的时间段,全社会财富总量是一定的,全社会的支出与经济投资往往是此消彼长的关系,所以社会政策所要消耗的资源肯定也是有限的,不可能无限地增加。因此,在社会政策决策的时候,政策决策者必然要重视成本控制,要尽力避免政策资源的浪费,提高政策运行效率。所以说,哪个社会政策方案能够在实现同等社会效益的前提下,最少地消耗政策资源,或者在消耗同样的政策资源的情况下,取得的社会效益更大,这样的社会政策方案才可能被决策者选择。

第四,利益集团是影响政策决策的社会性因素。任何一项社会政策在本质上看都是对不同利益群体既得利益的调整,在调整中被影响利益的群体,必然会以各种形式影响政策的制定,这也就是我们常说的利益集团之间的博弈。基于利益集团对政策制定的影响,社会政策制定应秉持满足多数、保护少数的原则去平衡这种博弈。在满足多数人需求的同时,也要保护少数人的合法权益,既要反对"社会不公",也要反对"多数人暴政"。

第五,公共舆论和文化传统是影响政策决策的文化性因素。公共舆论和文化传统是社会政策决策过程中非常重要的外在监督力量,它们对社会问题的认定、政策议程的提出、政策目标的确定、政策方案的选择等多个方面的评判,会对社会政策决策产生极大的压力,其作用是使社会问题越来越得到社会和政府的重视。因此,在社会政策决策时,政策决策者要注意通过媒体向广大民众宣传该项决策的前因后果,以此获得民众的理解和认同。同时,社会政策的制定也要考虑社会的文化传统,对于有较大社会争议的政策要经过充分的社会讨论以后再做出决策。

第六,突发事件是影响政策决策的偶发性因素。所谓突发事件是指事先没有预料到的,在很短的时间里发生的比较严重的事件。首先,突发事件可以暴露出社会中已经存在的社会问题,从而使公众重视这些问题,并促使政府制定相应的社会政策去解决这些问题。其次,突发事件通常可以暴露社会政策体系中的薄弱环节,而这将有利于提出改革和强化政策体系。最后,在突发事件的影响下,政府往往受到更大的压力要去解决一些社会问题,公众也会比平时更加赞同政府在某一领域中的行动。这些事件必定要打破原有的社会秩序,对政策决策的次序和紧迫性产生深远的影响。

除了以上几个影响因素,政策制定和分析的工具选择、辅助政策制定的信息系统、政策研究机构等也是政策决策的影响因素。

(二)社会政策的决策模式

所谓社会政策的决策模式,是指一个国家在社会政策决策过程中的基本决策体制、制定政策的基本程序和基本决策方法等方面的综合特征。一个国家的政策决策模式主要是由其政治体制(政党制度、选举制度、政府体制)、政治文化以及基本经济体制等方面的因素所决定的。

1. 民主型决策模式和集中型决策模式

一般来说,各国社会政策的决策模式都是介于绝对民主和绝对集权之间的某种状况。社会政策决策模式与决策体制有很大关系。决策体制一般可以分为行政主导体制与议会主导体制,相应的社会政策的决策模式也分为民主型决策模式和集中型决策模式两大类。

民主型决策模式中决定政策的权力掌握在全体民众或多数人的手里,决策的时候主要采取民主投票的形式,如关于重大和基础性社会政策的决策往往通过全民公投的形式来进行。

集中型决策模式中决定政策的权力掌握在少数精英阶层的手中,普通民众可能缺乏参与政策决策的机会,即使勉强参与其中也难以对政策的决策产生大的影响。

一般来说,民主型决策模式和集中型决策模式的优缺点正好相反,民主型决策模式更能符合绝大多数人的需求,也就是能够得到多数人的认同,在执行的层面上来看也会更加顺利地被执行。但其缺点也很明显,其付出的时间成本和资源消耗都很大,决策的效率也较低,而且容易受到各种非理性的情绪影响。集中型决策模式的优点是可以节约决策成本,提高决策效率,其缺点就是可能缺乏民众的参与,容易导致决策者因不了解实际情况而盲目决策;或者因为决策者的独断专行而导致决策偏离公共利益,而为小团体服务。

2. 民主集中制决策模式

正是因为民主型决策模式和集中型决策模式都有其缺点，所以在社会政策决策实践中存在一些中间模式，试图兼顾二者的优点。如我国的社会政策决策模式是民主集中制模式，民主集中制的优点在于通过广泛的基层民主，既能够在较大的范围内发扬民主，可以较为充分地了解民意；又可以在一定程度上减少直接参加决策的人员与环节，达到减少时间、资源等决策成本，提高决策效率的目的。在我国的社会政策决策实践中，这一决策模式得到了广泛的使用。但我们也要注意，民主集中制决策模式还是存在一些执行上的问题。

首先，在民主的过程中必须充分发扬民主，只有在充分发扬民主的基础上才具有正确的集中。尤其在市场经济条件下，在直接民主中必须充分发扬社会主义民主，在全社会营造良好的参与政策决策的途径和氛围。同时，在实行间接民主的代议机构中也要充分发扬民主，并主动吸纳其他智库组织和高校等研究机构在决策过程中发挥作用。

其次，在集中的过程中充分发挥决策制度和决策工具的作用。坚持法制原则、少数服从多数的原则、下级服从上级的原则等行之有效的决策制度；善于使用现代科学的理论、技术和方法去获取真实有效的信息，使用科学的决策辅助工具去提高决策的科学性。

最后，在民主集中制的实践中，使用合理的方法去弥合不同利益集团的分歧，最大限度地去实现政策共识。具体来说，就是在民主讨论的过程中，通过利益的交换、说服教育、制度规范等手段来统一人们的思想。

综上所述，决策者对社会政策备选方案做出抉择后，社会政策方案设计过程宣告结束。但这一方案还不能立即付诸实施，必须经过法定的程序，实现社会政策方案的合法化，才标志着社会政策制定程序的结束。

第四节　社会政策的合法化

经过评估论证并最后优选出来的社会政策方案，还不具有普遍约束力，还不能立即付诸实施。它需要按照法定权限和程序所实施的一系列审查、通过、批准、签署和颁布，才能使社会政策在全社会具有权威性和约束力，这一过程也就是社会政策的合法化。

一、社会政策合法化的内容

（一）政策内容的合法化

政策内容的合法化，就是政策方案在内容上不能与宪法、法律相抵触，也不能与上级机关的政策相抵触。尽管在政策设计、评价和抉择阶段，政策的设计和决策者都会关注这个问题。但是，一方面，随着各国法律体系的逐渐完善、立法内容越来越丰富，政策的设计和决策者可能并不精通所有的法律和上级的政策，所以可能存在政策内容上不合法的问题。另一方面，政策的设计和决策者出于对自身私利的考虑，故意利用社会上信息不对称的缺陷，去刻意违法。因此，在政策内容合法化的过程中，最好是要建立专门的合法性审查程序，从制度上去消灭政策方案内容的不合法情况。

(二)政策过程的合法化

政策过程的合法化就是政策决策者在对政策方案抉择过程中,依照法定的程序来选择政策方案。长期以来,多数人更关心的是社会政策执行结果的正义,对社会政策制定的过程正义关注并不多。但人类政治文明发展的历史充分证明了一个问题,那就是程序正义多数情况下可以带来结果正义,而程序正义在没有实现的情况下很难得到结果的正义,就是得到也往往是无法长久的。在关系到全体社会公众利益的社会政策领域,为了能够做到最大限度的社会公平正义,需要十分重视政策制定的全过程的合法化。后面我们将具体介绍行政机关和立法机关在社会政策合法化的程序要求。

(三)政策文本的法律化

政策文本的法律化就是通过立法机关将政策上升为法律,并使之可以长期稳定运行的过程,也称社会立法。从社会立法的角度来看,并不是所有的政策都要法律化,只有那些对社会影响重大且需要长期稳定运行的政策,才有必要用法律的形式加以固定,以避免社会政策受到执政党轮替和政府施政重点转变的影响。

二、立法机关的社会政策合法化过程

立法机关的社会政策合法化过程基本上包括提出议案、审议议案、表决和通过议案、公布社会政策文本等几个环节。

1. 提出政策议案

从社会政策合法化的角度来说,提出议案就是将已完成政策设计过程,并经过选择后而获得的政策方案,提交立法机关进行审议。在这个过程中,提出议案就社会政策方案本身。

2. 审议政策议案

审议政策议案即由立法机关根据法律规定的程序,对社会政策方案加以审查和讨论的过程。审议主要围绕下列内容展开:①政策方案是否符合经济社会长期发展的需要,是否符合社会公序良俗的要求;②政策方案是否具有立法的必要性和可行性;③政策方案是否符合现行法律的原则性规定;④征询和协调利益相关各方对政策方案的分歧,形成共识;⑤政策方案在文本写作上的严谨性和规范性审核。

3. 表决和通过政策议案

这个过程是社会政策方案按照法定程序,经过多轮审议和表决,达到法定的表决票数要求以后成为正式法律文本的过程。根据不同国家的表决程序的不同,分为一审表决通过制、二审表决通过制和三审表决通过制;根据表决票数要求不同,分为全体一致规则、多数一致规则(四分之三、三分之二、过半数等)、否决权规则等。因此,我们在社会政策合法化的过程中常常可以看到,因为不同政党和利益集团在社会政策领域中产生了巨大的分歧,导致漫长的社会立法程序和激烈的斗争。

4. 公布社会政策文本

社会政策方案经表决获通过后,还要经过其他机关或其他形式的批准、公布程序,才能正式成为可执行的社会政策。从权力制衡的原则出发,法律的公布权多由国家元首掌握,如我国国家主席、美国总统等都掌握着发布命令、公布法律的权力。

三、行政机关的社会政策合法化过程

与立法机关的社会政策合法化过程相比,行政机关的社会政策合法化过程相对简单,且其合法化的成果也比较多,充分反映了行政机关在应对社会问题时对反应速度的要求。与立法机关相比,行政机关实行的是行政首长负责制,这项制度把决策权赋予了行政首长,因此行政机关的社会政策合法化过程,主要包括专门部门的审查、会议的讨论决定、行政首长的签署发布三个环节。

1. 专门部门的审查

一般来说,各级行政机关都设有法制和政策咨询机构,它们的主要职责之一就是审查政策方案的合法性,包括内容、程序和文本三个方面的合法性。

2. 会议的讨论决定

尽管行政机关实行行政首长负责制,但是在面临重大问题的决策时,还是需要召开会议进行集体决策,社会政策的制定就是所谓的重大问题之一。在会议上,要充分发扬民主,充分讨论和交流意见、建议,使得社会政策方案尽可能地完善。这些会议包括政府全体会议、常务会议、办公会议等形式,需要注意的是这些会议虽然可以充分发扬民主,但是最终的决策权并不是通过表决的方式行使的,而是归属于行政首长的最终决策。

3. 行政首长的签署发布

行政首长在整个行政决策中处于核心地位,拥有最高决策权和领导权,其最主要的表现就是行政首长对有关决策有最后的决定权、签署权和发布权。在我国,通过行政机关制定的社会政策根据其使用的范围和层级,分别由国务院总理、中央各部委的部长或主任、地方各级行政首长来签署,并以国务院令、部长令或各级政府令的形式来公布。

综上所述,在经历社会政策合法化以后,社会政策的制定过程就已经完成了,社会政策即将进入实践检验的环节。

第四章　社会政策的一般过程(下)

社会政策经过合法化过程之后，一经采纳即进入执行阶段。社会政策执行是将社会政策理想转化为社会政策现实、将社会政策目标转化为社会政策效益的唯一途径。但政策执行最初并没有得到研究者的重视，人们片面地认为，正确地制定政策是解决政策问题的关键，这导致长期以来在政策过程链条上缺少执行这一环节。

第一节　社会政策执行的含义、原则和模型

一、社会政策执行及其基本特征

(一)社会政策执行的基本含义

所谓社会政策执行是指某项社会政策的具体贯彻、推行和实施，包括政策执行者为达到预期政策目标，而通过一定的组织形式，运用各种政策资源，实施服务和宣传等活动的总和。从广义上讲，社会政策的执行包含了社会政策从文本到转化为具体社会服务的全过程，以及主动或被动参与到整个过程中的全部组织和个人。

(二)社会政策执行的要素

社会政策执行是诸多要素相互作用的动态过程，主要有以下几个方面。

1. 政策执行者

政策执行者，即肩负社会政策执行责任或使命的行为主体。常见的政策执行者包括政府部门及其工作人员、政府授权的社会组织及其工作人员、社会慈善组织和志愿者等。社会政策执行者的职业道德、工作能力等素质将直接影响政策执行的效果或质量。因此，社会政策想要发挥最大的效果，就必须得到充分地授权，必须建立高效的部门协调机制，拥有一支高素质的执行队伍，还要有充足的经费保障。

2. 政策目标

社会政策的目标决定了具体执行活动的方向、执行组织和执行方式的选择，政策目标越高，政策执行的要求也就越高。因此，在政策执行的过程中，需要按照政策目标实现的时限、政策水平提高的进度要求，把政策目标分解为层层递进的具体目标。政策执行要依据这些具体目标有计划地建立执行组织、筹措资源、确定执行进度等，达到执行过程与政策目标实现的高度统一。

3. 政策对象

政策对象是指那些受社会政策规范、管制、调节和制约的社会成员，也是社会政策所要

提供服务指向的人和群体。不论是给予其好处,还是损害其利益,政策对象的全力配合都是社会政策想要顺利执行的必备条件。这就要求我们在政策执行中,正确选择政策对象;通过必要地宣传解释工作提高政策对象的接受度;减少政策执行过程中对政策对象的冲击。

4. 执行策略和手段

要执行社会政策就要有正确的执行策略和手段,就需要我们在具体的执行过程中,能够兼顾政策的原则性与执行的灵活性,能够兼顾刚性和柔性的执行手段,能够进行充分有效的沟通,能够科学地执行成本—效益分析,最终形成有效的、制度化的执行安排。

5. 外部环境

从社会政策对既有利益格局的调整角度来看,政策执行必然要受到历史传统、法律制度、国内外舆论等诸多因素的影响和制约。所以在政策执行过程中,要随时把握这些因素的变化,一方面要利用好有利的外部因素,消除社会分歧,形成广泛的社会共识,达到快速推进社会政策目标实现的作用。另一方面,通过对各种障碍性外部因素的排除,消除对政策目标和政策执行的误解,将社会政策坚决贯彻到底。

(三)社会政策执行的作用

1. 社会政策执行是实现社会政策目标的重要途径

社会政策的价值和意义只有通过政策执行才能得以实现。科学合理的社会政策如果得不到有效地执行,则难以解决现有政策问题,可能还会使问题进一步恶化。因此,社会政策执行是实现社会政策目标、解决社会问题的重要途径。

2. 社会政策执行是检验政策质量的唯一环节

社会政策经过程序化的逻辑推理和理论预设后,无论其建构多么完美、科学又富有创造性,都仅仅是纸面上的东西,其正确与否、质量优劣、时效有无都必须经过政策执行才能得到检验。社会政策执行的具体实践是检验社会政策质量的唯一标准。社会政策执行效果是社会政策过程中诸因素或环节效能的综合反映,如机构设置合理与否、制度是否健全配套、人员素质高低、管理技术难易、信息渠道是否畅通等,都会直接影响社会政策执行效果的优劣。如果我们经常对社会政策绩效予以评估,将有助于扶正纠偏,有助于改进社会政策制定和执行体制,提高社会政策效益,推动社会政策体制变革。

3. 社会政策执行是制定后续政策的基本依据

社会政策执行是社会政策制定的检验、完善过程,也是社会政策再制定、再决策追踪、提高的过程。一方面,根据实际情况的变化对原有社会政策进行修正和补充,也就是通常所说的追踪决策;另一方面,还需要以社会政策执行过程中反馈回来的实践经验和政策信息为基本依据制定新的政策。在我国社会政策领域中,政策往往缺失或体系不完整,一项政策的执行如果缺乏后续配套政策,那么将导致政策执行阻滞。

二、社会政策执行的基本原则

(一)忠实原则

忠实原则是指社会政策执行主体必须坚持原则立场,在全面、准确地理解政策目标和内容的基础上,合理使用政策资源、实现政策目标的原则。这就要求政策执行者既不能采取“上有政策,下有对策”的做法,抵制、干扰、破坏政策执行;也不允许从个人私利、小团体利益出发,利用政策执行为个人和小团体谋求利益。总而言之,维持社会政策的严肃性和权威性,是全面贯彻社会政策必须遵循的原则。

(二)灵活性原则

众所周知,同一社会问题对社会不同群体的影响不同,因而不同社会群体对政策的需求也有差别。因此,灵活性原则就是在政策执行的过程中,需要政策执行者在充分了解不同社会群体需求和自身执行能力的基础上,在不违背社会政策目标和原则的前提下,坚持从实际出发,进行创造性思考和工作,对政策执行的工具、方法、程序、时限等加以必要的选择和调整,是十分必要的。

(三)民主原则

所谓民主原则就是要求在政策的执行过程中,充分动员民众积极参加政策执行方案的制定、方式方法的选择、具体执行过程的监督等,使得政策执行的内容和过程都能够对民众公开,获得民众的认同和理解。这一原则是由社会政策自身的特点所决定的。一方面,社会政策本身就是针对社会资源的权威性再分配,其目标和内容要体现的是社会公平正义的理念,政策的执行也必然要围绕着这个目标而展开,所以必然要通过民主的渠道了解民意和需求。另一方面,政策执行所要使用的政策资源、凭借的公共权力来源于全体民众的授权,所以这些权力和资源的使用也需要民主的监督。只有民众的知情权和参与权得到充分保障,广大民众才能够真心实意地理解和支持社会政策的执行。

(四)法治原则

社会政策的执行主体必须依法定职权,按照法定的程序来执行政策。在社会政策执行的过程中自觉地接受法律、法规和政策的约束并依法承担执行责任,以防止社会政策执行权力的异化和寻租。法治原则的另一层含义就是越权无效,即社会政策主体不能在职权范围之外行事,也是对“执法守法”的必然要求。

(五)经济效率与社会效益相结合的原则

传统的认识中,认为社会政策只关注社会福利与社会公平的实现,且社会政策的成果难以量化考查,因此对社会政策的成本—效益分析则很少关注,甚至简单地认为社会政策水平的提高,必然会损害经济发展。加之,科层制的政府与一般的市场主体相比,难免会存在经济效率方面的差距,叠加上“政府失灵”的风险,就使得其在政策的执行中长期存在效率不高的问题。正因如此,在坚持追求社会效益最大化的基础上,就更应该提高经济效率,合理确定执行成本,提高社会服务供应的效率,从而最终实现社会政策执行中经济效率与社会效益的双丰收。

(六)刚柔相济的原则

社会政策的强制性是显而易见的,不论是政策制定主体,还是政策执行主体,多数是直接拥有公共权力政府组织或者得到政府授权的社会组织。但社会问题的解决,可不是仅仅依靠公共权力的强制性就可以实现的,在很多具体的执行工作中,除了刚性的手段以外,还可以使用很多柔性的手段。尽管社会政策能够让全体社会成员直接或间接获利，但具体到个人身上必然存在获利多少、获利先后的差异，也就使得不同社会成员对社会政策的具体态度是有差异的。因此，就有必要必须采取“晓之以理、动之以情”的说服教育工作，让执行者从个人、小团体的狭隘圈子中跳出来，自觉配合政策的执行。

三、社会政策执行的模型

20 世纪六七十年代，在西方特别是美国的社会政策研究领域中出现了一股研究政策执行的热潮，并且兴起了一场声势颇大的“执行运动”。在“执行运动”热潮中，西方学者构建了许多政策执行的理论模式。

（一）社会政策执行的过程模型

政策执行过程模型是由美国学者 T. B. 史密斯在《政策执行过程》一书中提出的。史密斯认为，政策执行过程就是由“理想化的政策”“执行机构”“目标群体”“环境因素”四个影响因素之间的一系列互动所构成的过程。在史密斯模型当中，这几个要素之间的关系是相辅相成的。合理完善的政策方案设计是政策执行的前提，没有理想完美的政策，政策执行就是“无米之炊”；执行组织的组织形态、权责划分、人员素质、执行工具等，都会影响政策执行的结果；政策的目标群体对政策的熟知度、受教育程度、宗教信仰和年龄等，都直接关系着政策的执行进展；政策环境始终贯穿在执行的过程当中，执行过程当中的政治因素、经济因素、社会因素、国际因素等，都会干预执行的效果。因此，过程模型强调通过对这四个影响因素进行优化配置，能够让政策得到最为顺利的执行，从而实现政策目标。

（二）社会政策执行的互动模型

政策执行互动模型是麦克拉夫林于 1976 年，在其代表作《相互调适的政策实施》一书中提出来的。麦克拉夫林指出，政策执行过程是政策执行者与受政策影响者之间就目标或手段进行相互调适的互动过程，政策执行是否有效取决于二者相互调适的程度。在政策执行的现实中，我们可以看到社会政策对社会的影响是全面的，几乎每个社会成员都会受到社会政策直接或间接的影响，前面我们在分析社会政策对象的时候，就已经进行了比较充分的阐述，本处就不再赘述了。正是这种广泛的影响，必然导致受到政策影响的不同群体因其既得利益变动（包括相对变动和绝对变动），而对社会政策产生认识分歧，这种分歧就需要在政策执行的过程中加以弥合。所以这就要求政策执行者和受政策影响者之间能够进行平等交流，在社会公平正义和尊重彼此核心利益诉求的前提下，在政策执行的方式、力度和时限上去寻求最大的理解和共识。同时，通过互动对受政策影响者利益诉求的了解，在可能的情况下对社会政策进行必要的完善与修正，实现对“少数人”利益的兼顾，最终达到顺利推进政策执行、减少执行经济和社会成本的目的。

（三）社会政策执行的循环模型

政策执行循环模型是美国公共政策学者马丁·雷恩和弗朗希·F·拉宾挪维茨于 1978 年，在《执行的理论观》中提出的。他们把政策执行过程分为三个不同阶段：(1) 执行策划阶段；(2) 资源分配阶段；(3) 监督执行阶段。他们认为这三个阶段是相互循环的，而非直线单向的过程；同时，循环过程亦受到环境条件的冲击与影响。在政策执行的实践中，后一个阶段出现的问题,都可以在前一个阶段中找到相关的问题加以调整,调整以后就需要重新运行后一个阶段的工作,以验证调整的有效性。这在社会政策的试点中是尤其常见,试点在某种程度上讲,就是社会政策的试运行。政策执行受到试点政策本身不完善的影响,政策执行的策划、资源的分配和具体执行可能会存在一些问题,试点就是要在试运行的过程中不断修正这些错误,其间会出现不断反复修正和调整的情况。即使到了社会政策正式运行以后,还要根据政策执行的具体环境因素的影响(社会政策的执行不是一成不变的),在政策执行过程中不断地反复调整执行的策略方法。

(四)社会政策执行的综合模型

综合模型是萨巴蒂尔和马泽曼尼安于1979年在其论文《公共政策的执行:一个分析框架》中提出的。他们认为影响政策执行的变量因素可分成三大类:政策问题的可处理性、政策本身的规制能力、政策本身以外的变数。在社会政策执行的实践中,首先需要我们对三大类变量因素进行穷尽的分析,尽可能全面地发现这三大类变量因素可能存在的形式以及课程的表现,这是这一模型使用的前提。其次,我们要结合社会政策的目标和内容,对社会政策执行的阶段进行合理的划分。最后,需要政策的执行者依据这三大类变量因素在不同阶段对政策执行的不同影响,提出在不同阶段应对这些变量因素的对策。综合模型中对于三大类变量因素的穷尽分析,对政策执行者的能力要求是很高的;但从另一个方面看,其在政策执行阶划分的基础上,对不同变量因素的内容和表现形式的"固定",在实际执行层面上又降低了政策执行的难度。

四、政策执行的偏差及其矫正

所谓政策执行偏差是指执行者在实施政策过程中,由于主客观因素的作用,其行为效果偏离政策目标并产生了不良后果的政策现象,在本质上就是政策执行与政策目标的背离。

(一)政策执行偏差的表现

1. 政策执行者的能力导致的政策执行偏差

这种执行偏差主要体现在两个方面,一是缺乏对政策本身内容和目标的理解能力,导致在具体的政策执行中,无法做到因地制宜地使用识别政策对象、选择政策工具和制定政策执行的策略,只是简单地转发上级的文件和做法,使得政策执行缺乏针对性、创造性和灵活性。二是缺乏对政策执行的环境和政策对象需求的把控能力,导致在政策执行过程中或者仅仅关注于"表面文章",缺乏对深层次问题的探究,难以应对长期和不断变化的社会问题;或者工作"无的放矢",其策略和方法缺乏对实际问题的解决效力,也无法为下级机关和工作人员提供指导。

2. 政策本身或政策执行环境复杂导致的政策执行偏差

这种执行偏差主要体现在三个方面,一是政策问题本身的复杂性导致单一的社会政策难以应对,需要多项政策的配合,使得社会政策的执行机关或执行者难以实现全面政策目标,政策难以全部被执行。二是政策执行可能需要多部门协作,但是多部门的合作中可能会存在分工不合理、权责不明确的问题,导致政策执行中权威缺失、部门间扯皮等问题。三是畏惧可能会引发的强烈社会反弹,政策执行机关和政策执行者对于政策执行采取避重就轻的消极应对、骑墙观望的态度。以上的这些行为，将大大降低政策的执行效率，损害政府在目标群体中的形象。

3. 部门或小集团谋求利益导致的政策执行偏差

这种执行偏差主要体现在两个方面：一是出于逃避责任或寻租的冲动，在政策规定以外复杂地执行程序或增加执行条件，或者实现自身执行风险的转嫁，如证明“我妈是我妈、我爸是我爸”，或者通过杂七杂八的行政收费，如在证照办理中的各种附加收费，某些单位提供公证、环评等服务，为本部门谋求利益。二是从地区和部门利益出发，以“创新”和“灵活”的名义，任意曲解和扩张社会政策的适用范围，如为了维护本地的社会稳定，人为降低低保的申请标准，把低保当作维稳工具使用。这种政策执行严重地损害了政策的严肃性、权威性和统一性，严重地影响了政策的正确贯彻和有效实施。

（二）政策执行偏差的矫正

政策执行偏差的矫正是指政策执行主体采取一定的纠正措施，使政策执行回到正确的方向，并且消除或尽可能减少其负面效应和不良后果的过程。

1. 建设高素质的政策执行队伍

政策执行者是政策执行中的能动性因素，通过执行者思想素质、政治素质、专业知识素质、心理素质等方面的提高，使政策执行者能够正确认识社会政策目标和内容，自觉地投入社会政策的执行中去；能够自觉地履行自身的政治责任，抵制种种错误思想，充分维护社会公共利益；能够自动地发挥自己的主观能动性，根据实际情况创新政策执行的方式方法。这在维护社会稳定，实现社会公平方面意义重大。

2. 创新政策执行的策略和方法

对于政策执行的实践而言，任何一项具体政策的执行必然要在一个具体的环境之中，因此政策执行者必须要充分理解执行范围内目标群体、政策需求、资源禀赋、历史传统和主流价值观等情况。这些都是社会政策执行过程中，对社会政策执行策略和方式方法的选择起到重要影响的环境因素。通过对政策执行环境的认识，能够使政策执行策略和方法符合社会实际；能够切实理解民众的政策需求，不断地推动社会政策的完善；能够完善科学合理的政策执行制度，从而最大限度地消除和矫正政策执行偏差；有利于政策执行者与政策目标群体之间形成有效地沟通，有利于协调社会各方面的利益关系，降低政策执行成本。

3. 加强政策执行的控制与监督

为了避免政策执行者被私人利益和小集团利益所牵绊，甚至陷入寻租的困局，单单依靠执行者的自律是不现实的。因此，就需要加强对政策执行的监督，参与监督的主体包括政府的监督机关、媒体、社会组织和公民个人等。这种监督，一方面可以规范政策执行者依照标准检查政策执行行为，纠正执行偏差；另一方面，通过多元化的主体参与社会政策的监督过程之中，也可以提高政策对象对政策执行的理解和认同，自觉抵制不利于政策执行的错误思想和行为。总之，加强政策执行的控制与监督，增加政策执行的透明度，可以保证政策执行活动的顺利进行。

总而言之，社会政策的执行是整个社会政策过程中非常重要的一个环节，通过有效地政策执行可以把社会政策从文本转化为行动，并最终实现社会政策的目标，切实增进全社会的福祉。

第二节　社会政策的评估

一个完整的社会政策过程,还需要对社会政策执行以后的效果进行判断,以确定社会政策的价值,这种活动就是社会政策评估。政策评估不仅是政策运行过程的重要一环,也是促进政策科学化的重要途径。

一、社会政策评估的含义

社会政策评估是指依据一定的标准和程序,对政策的效益、效率、效果及价值进行判断的一种管理行为,目的在于取得有关方面的信息。作为决定政策变化、政策改进和制定新政策的依据,它是政策分析的重要方面,是一种具有特定标准、方法和程序的研究活动。这个定义说明,政策评估主要是对社会政策完整过程的评估,核心是对政策效果的评价,而且评估目的也是为了在变化的环境下,继续完善和修正相关的政策。

二、社会政策评估的类型

随着政府组织政策活动的日益复杂化和影响的深远化,政策评估也呈现出多样化的特点。从不同的角度,依据不同的标准,我们也可将多样化的政策评估分为不同的种类。

(一)从评估组织活动形式来看,可分为正式评估和非正式评估

正式评估指事先制定完整的评估方案,严格按规定的程序和内容执行,并由确定的评估者进行的评估。非正式评估指对评估者、评估形式、评估内容没有严格规定,对评估的最后结论也不做严格要求,人们根据自己掌握的情况对政策做出评估。这两种评估形式各有优缺点,正式评估具有评估过程标准化、评估方案科学化、评估结论客观全面的优点;缺点是要求的条件苛刻,不仅要有足够的评估经费,还要系统地掌握相关信息,而且更要要求评估者自身具备较高的素质。非正式评估具有方式灵活、简便易行的优点;缺点是往往由于评估者能力和信息有限,缺乏对科学程序和方式的正确掌握,导致评估结论较为粗糙和随意,科学性难以得到保证。

(二)从评估在政策过程所处的阶段来看,可分为事前评估、执行评估和事后评估

事前评估是对政策实施对象发展趋势的预测,也是对政策可行性的评估,通过事前评估就可以使得决策者在选择或实施政策时,通过对政策内容和外在环境的综合分析,对政策实施可能产生的效果做出评估。政策执行评估与政策执行同步,有利于对政策执行过程进行控制和管理,一是评估政策本身的问题,二是评估政策执行的问题。通过执行评估可以弄清政策执行存在问题的原因,采用修正政策、强化权力、补充资源等方式来推进政策的执行。事后评估是政策执行完成后对政策效果的评估,旨在鉴定政策执行对所确认问题确定达到的解决程度和影响程度,它是最主要的政策评估方式。事后评估对政策所做的价值

判断最具有权威性和影响力，能够对政策的价值做尽可能全面而客观的判断。

综上所述，不论何种形式的政策评估，均可以弥补人们认识能力的局限，也可以尽可能节约政策执行的资源，减少或避免资源的浪费；还能够发现政策对个人、团体、社会、自然环境、政治系统发生的作用，以判明政策的价值。

（三）从评估机构的地位来看，可分为内部评估和外部评估

内部评估是由政策系统内部的评估者所完成的评估，外部评估是由政策系统外的评估者所完成的评估。内部评估是由政策执行机关内设机构来进行的，在整个执行过程中，获取资料数据、协调比较便利。但内部评估的独立性、专业性较难把握，内设机构的地位也使得内部评估难以形成全局性的认识。外部评估与内部评估正好相反，其评估的独立性和专业性较为有保障，且评估意见较为客观公正。但作为外部的评估机构，在获取资料数据方面较为困难，评估结论容易被忽视。

三、社会政策评估的标准

政策评估的要务是研究政策效果，以判断政策的优劣得失，这就必须确立相应的评估标准。因此，必须从系统论的角度出发，从整体性、多层次、多侧面综合性考虑评估标准的设定，以兼顾各种因素建立标准。一般而言，政策评估有如下五个标准。

（一）生产力标准

生产力标准是评估社会政策的根本标准。一项正确的社会政策，归根结底取决于它能够在哪些方面和多大程度上促进生产力的发展。在这个标准下，就需要我们去考察社会政策的实施能否以再分配等消极社会政策行动，发挥社会安全网的作用，保护弱势群体、调整阶层矛盾，为经济发展创造和谐稳定的社会环境和集体主义氛围；能否通过积极的社会政策行动，以社会投资的理念，投资于基础教育、公共医疗、职业培训等领域，为经济的长期发展积累人力资本；能否以关注儿童福利、妇女福利、流动人口福利的方式，推动人力资源的开发与流动，以应对人口老龄化、性别歧视等对经济发展产生长期负面影响的社会问题。一项社会政策可以成功地消除或缓解某些社会问题，就可以认为这一社会政策是成功的，反之就是失败的。

（二）效益标准

政策效益指社会政策目标的达成程度。这里说的政策效益主要是指政策的社会效益，即政策对全社会成员物质文化需求的满足。效益标准的确定，一是以社会政策目标为基础，用“自己的尺”来衡量政策执行效果。二是在评估社会效益时要坚持以分析为主，分析到底解决了什么问题、解决的程度如何等。三是在评估社会效益时可以使用一定的量化标准，如社会资源投入总量、社会服务对象的总数、保险和服务的覆盖面等指标。总之，对政策社会效益的评价，有助于日后社会政策对政策目标、政策内容和政策执行的继续完善。

（三）效率标准

政策研究者长期以来主要关注社会政策的社会效益，对社会政策的经济效率关注不足。但随着以新自由主义为代表的经济学者，从经济效率的角度对福利国家社会政策模式

大加讨伐,使得社会政策研究越来越重视经济效率的问题。政策效率标准主要表现为政策效益与投入量之间的关系和比例,因此在评估时就必须确定政策所获得的种种利益,如直接的、间接的、具体的、象征性的利益等;确定政策执行所花费的成本,包括间接成本、直接成本,甚至要考虑社会成本、机会成本等。通过对这些成本和效益的量化、比较,分析政策的效率。

(四)公正标准

公正标准是指在政策执行后,与该政策有关的政策资源、利益及成本公平分配的程度,所以一项好的社会政策应该是努力公平合理分配政策资源、利益及成本的政策。就某一具体的社会政策来说,它也许符合上述所讲的效率标准,但是造成了不公平的利益分配,那么这项社会政策就不会是一项成功的政策,在这里实质上存在着公平与效率的关系问题。但二者的统一在现实中实非易事,公平标准不仅是政策活动所追求的目标,也是当代各国政府贯穿其所有行政活动的重要准则。

(五)政策回应度

政策实施后,满足特定社会团体需求或解决特定社会问题的程度就是政策回应度。社会政策对特定社会需求或特定社会问题的回应,就是政府或政党实现和维护自身统治基础的基本功能。每一个政府和政党都必然要通过制定和执行一定社会政策,为自己所代表的阶级或社会力量的利益服务。一项社会政策不论关系到全体公民还是关系到一部分公民,只要政策对象认为满足了自己的利益,焕发出较高的热情和积极性来促使社会进步,就可以说政策的回应度高;反之,政策的回应度就低。由此可见,研究政策回应度的着重点,不在于政策制定和执行的形式,而在于政策的内容和实际结果。

四、社会政策评估所面临的问题

对政策制定的因果关系以及对政策产生的影响做精确周到的评价,有利于改进政策制定系统。但是,事实上对社会政策做出系统、全面的评估,面临着重重困难与问题,主要有下列几种:

(一)政策目标的不确定性

一般来说,社会政策涉及社会方方面面的利益分配,所以在制定社会政策的时候,就就必须兼顾方方面面的利益要求,也就造成了社会政策目标的多样性和多层次性。同时,社会政策对象需求的多样性,使得不同政策或同一政策的目标可能存在矛盾。比如在我国经济改革的过程中,允许个体户存在的目的仅仅是为了解决返城知青的就业问题,但这一就业政策却把“铁板一块”的计划经济体制打开了一个缺口,最终实现了计划经济体制向市场经济体制的转变,这一结果肯定和政策设计的最初目标是不一致的。总之,正是社会政策目标的复杂性和多样性,使得政策评估的时候政策目标难以被准确全面地理解,也就使得研究者在分析政策的时候会存在诸多的争论。

(二)政策效果和影响的多样性

从前面对政策目标和政策执行等方面的论述,我们可以看到社会政策行动的效果和影响是多重的,有些政策的效果和影响甚至是矛盾和相反的。比如克林顿任期的美国政府为未成年单亲母亲提供补助,这种补助虽然对于弱势群体可以起到"安全网"的作用,但是其本身还存在鼓励"未婚先孕"的道德风险。而到了小布什任期的美国政府,对这项补贴附加了未成年母亲必须和家长同住、积极寻找工作等限制性条件,这又削弱了政策"安全网"的作用。总之,正是社会政策效果和影响的多样性,使得社会政策在评估的时候存在较多的困难。

(三)政策行动与社会效益变化之因果关系不易确定

评估一项社会政策时,我们希望看到社会效益应该是直接受到社会政策行动的影响而变化的。但因为社会运行的复杂性,社会效益变化往往会受到政策行动以外其他因素的影响,其直接的因果关系很难被我们认定。如2016年"全面二孩"政策出台以后,我国的生育水平和出生人口并没有得到想象中的提升,在2016年的出生人口数量达到高峰1 786万后,便出现明显回落。2019年我国出生人口1 465万人,人口出生率10.94%,为1952年以来最低,但我们不能因此就认为"全面二孩"政策是失败的。同样,在教育、医疗等领域,社会效益的变化也不能仅仅归因于社会政策。

(四)有关人员抵制、评估经费和资料数据获取困难

一方面,社会政策评估涉及对政策效果的评判,必然对政策制定和执行者产生直接影响,不论是评估后政策的调整,还是负面的评价都是他们不愿意看到的;另一方面,政策评估必然会关系到政策对象能否继续享有政策红利,因此政策对象也在一定程度上反对政策评估。因此,与政策相关的制定者、执行者和政策对象在评估结果可能对自己不利的情况下,往往就会采取拒绝评估介入、扣留档案资料、克扣经费和否定评估结论等方式来抵制政策评估。政策评估若无有效而充足的资料数据支持,评估活动的科学性、可靠性就无从谈起。除了抵制以外,由于相当多的政策执行机构不重视资料数据的整理与保存,资料数据残缺不全和整理汇总不规范的情况使得政策评估步履维艰。同样,在社会政策资源总体有限的情况下,如果评估的成本较高,那么政策评估就很难开展,这也是政策执行机构对政策评估缺乏热情的原因之一。

总之,针对当前政策评估存在的种种问题,我们需要进一步提高全社会对政策评估工作的重视和加强政策评估必要性的共识,明确政策评估在社会政策体系完善和创新中的重大意义。还要继续推动政策评估制度化,完善评估组织、评估资源的筹措机制的建设;不断提高政策评估人员使用现代化评估工具和技术的能力,提高其对社会政策目标的认知能力;建立政策资料数据的保存整理和共享系统等,从而保障政策评估能够顺利开展。

第三节　社会政策的调整

社会政策的调整是社会政策经过评估以后,根据评估结果而进行的改变。这些改变是和经济社会的不断变迁联系在一起的,社会问题和社会需求也在不断发生变化,如果处理不当,有可能会引发旧政策对新变化的不适应。因此,社会政策不断根据变化了的实际进

行调整就是必然的。

一、导致社会政策调整的基本原因

首先是政策本身的原因。一是原有社会政策在制定阶段就存在缺陷,这些缺陷在政策执行的过程中被充分地暴露,因此社会政策在内容上需要改变;二是社会政策经过一个阶段的实施,已经实现了政策阶段性目标,因此需要对政策下一个阶段的工作内容和具体目标加以调整,以实现社会政策的总目标;三是通过社会政策实施工作或政策评估,发现一项社会政策行动无法有效达到预期的目标,或者其运行效率太低,需要调整政策行动方案。

其次是政府方面的原因。这主要因为政府和执政党施政重点的改变,尤其是其社会目标改变,使得原有的社会政策无法继续执行,这时就需要对现有的社会政策加以改变。

最后是来自社会方面的原因。一是社会政策对社会公众既得利益的调整过于剧烈,引发民众对社会政策的抵制,政府出于维稳的需要才加以改变;二是社会政策过于超前,与社会文化传统、风俗习惯相冲突,因而迫使政府调整社会政策。

二、社会政策调整的方式

(一)社会政策的局部修改

在社会政策经历实践的检验时,政策目的和内容是否合理,是否能够发挥政策的功能和作用,有可能会引起社会政策的局部修改。这也就是在社会政策基本能够正常运行的前提下,针对经济社会变化的新要求而进行的调整,其目的是实现社会政策的完善而非革命性的创新。当然社会政策的调整是政策自身自我改进、自我调整、自我完善的要求,是社会政治、经济、文化发展和改革的要求,以适应经济社会的变迁,这是社会政策过程发展变化的一种常态。否则,社会政策系统就会由于过时和落后,起到阻碍经济社会发展的反作用。因此,社会政策的改进,是进一步转变政府职能、增强政府宏观调控能力的必然要求。

(二)社会政策的终结

社会政策终结是政策决策者通过对政策进行慎重的评估后,采取必要的措施,以终止那些过时的、多余的、不必要的或无效的政策的一种行为。社会政策的终结发生在政策评估之后,是人们主动进行的,是提高政策绩效的一种政策行为。政策终结不仅代表旧政策的结束,而且象征着新政策的开始。有两种情况导致政策终结:第一,政策使命的结束。政策决策者在一项政策实施以后,发现政策目标已经实现,政策问题已获解决或者已经消失,政策已没有继续存在下去的必要。第二,问题或无效政策的废止。通过评估,政策决策者发现所执行的政策存在重大的缺陷或者无法解决所面临的问题,甚至可能会产生巨大的负面效果,那就必须终止原有的政策,并需要制定出新政策来替代它。

(三)政策的更替

政策的更替是指在社会政策经过一个时期的执行以后,政策的目标已经实现或者政策目标出现重大的调整,那就需要新的政策来替代旧的政策。

1. 政策替代

政策替代指的是新政策代替旧政策,但所面对的社会问题没有改变。新政策与旧有政策相比,在政策内容上有所变化,但更多的只是方法上和操作程序上的变化,或者只是政策水平和政策资源使用上的变化,其目的是更好地实现原定的或者改变以后的政策目标。

2. 政策合并

政策合并指的是旧政策要实现的功能并没有取消,而是将其合并到其他的政策中去。政策合并有两种情况:一是将被终止的政策内容合并到一项已有的政策当中;二是将两项或两项以上被终止的政策组合在一起,形成一项新政策。政策合并多数情况下是随着政策执行机关或执行功能的合并而产生的。

3. 政策分解

政策分解指的是将旧政策的内容按照一定的原则分解成几个部分,每个部分各自形成一项新政策。当原有政策由于内容繁杂、目标众多而影响政策执行和政策绩效时,运用分解的方法将过于繁杂的政策分解为几个相对简单的政策,往往能收到更好的政策效果。

总之,随着的社会政策调整的结束,一个完整的社会政策过程就全部完成了,这也就意味着社会政策的目标已经实现。

第五章　社会政策分析

社会政策是一门综合性的学科，这种综合性决定了社会政策必然需要借鉴其他学科理论。社会政策学科经过多年的发展，逐渐形成了以价值观理论为核心，同时吸取经济学、政治学和社会学等学科理论的自身理论体系。本章主要介绍社会政策的价值观理论基础和经济学、社会学、政治学理论基础。

第一节　社会政策价值分析

在社会政策的制定、实施、评估、终结的整个过程中，价值观及其分析是贯穿其始终的一条主线。价值观是社会政策最基本的理论基础。在对社会政策阐述和研究时，必须重视价值观这个理论基础。

一、社会政策价值观的含义与特征

（一）社会政策价值观的含义

社会政策价值观就是指社会政策的主体对社会政策总的看法和根本观点，以及在这个基础上形成的对具体社会政策行动的价值选择。广义包括社会政策过程中人们的向往、希望、爱好、需要、选择、责任和明显的道德义务。狭义的社会政策价值观是指价值准则，即评判准绳，包含了据以提出鉴定性和辩护性断言的假设、决策规则以及其他标准。

（二）社会政策价值观的基本内容

尽管在社会政策的研究者和执行者中，对于社会政策的价值观到底包括哪些内容存在诸多的争论。但从社会政策诞生的初衷和目标来看，不论秉承什么样的价值理念，在政策问题识别、政策议程建立、政策制定、政策执行和政策评估的这个过程中，全社会都存在相当多的价值观共识。

1. 公平正义的价值理念

从人类社会发展来看，社会政策从本质上讲就是社会价值或社会利益的分配手段，通过这一手段实现人类对于社会公平正义的追求。但要实现我们追求的公平正义，就必须要准确把握公平正义的内涵。首先，公平正义是一个发展着的历史范畴，没有恒定不变的公平正义的标准，我们应该把公平正义放在一定的历史条件和历史环境中来讨论，否则就是没有意义的。其次，公平正义在不同空间范畴和研究领域中的内涵也不尽相同。在社会领域的公平正义，就体现在保障包括老弱病残等弱势群体在内的所有社会成员的基本生存需求，因而不能把经济领域中公平竞争、优胜劣汰的原则简单地运用于社会领域。最后，公平正义的实现受具体经济发展水平、社会发展程度、历史文化传统和人的主观认知能力等因素的制约,因而所谓绝对的公平正义是不存在的。但是不管我们如何认识公平正义,社会政策社会公平正义的追求是不能被否定的,哪怕是最极端的市场至上主义者也不得不承认这一追求的合理性。

2. 追求效率的理念

社会政策效率指的是政策产出与政策投入的比例,即一项社会政策是否以最小的投入获得最大的政策产出,或者凭借有限的政策资源尽量扩大社会政策效益。社会政策效率涵盖在社会政策整个运行过程之中,包括规划效率、决策效率、执行效率、评估效率、终结效率等。首先,要计算政策执行所花费的成本,政策成本具体包括直接的人力、财力、物力、时间、信息等方面的投入成本,也包括间接成本、社会成本、机会成本等;其次,要计算政策所获得的收益,包括直接的、间接的、具体的、象征性的收益等;最后,通过对政策成本和政策收益的量化,加以比较,从而分析政策的效率。一项社会政策要考虑其效率,这是众所周知的事情。因此,效率便成为社会政策始终关注和追求的基本价值。

3. 平等的价值理念

平等的价值理念是指用同一个尺度对待或衡量不同的个人,它要求处理各种关系时必须遵循对等原则和平衡原则。可以说,平等是公平的根本性质和核心前提,没有平等就不存在公平。平等是自身与他人相互比较的一种结果,一方面可以说是一个绝对的概念,在不同主体基础性条件一致的情况下,包含着权利、义务、机会等方面的无差别的一致。另一方面,平等又是一个相对的概念,根据不同主体基础性条件的差异、需求的差异,承认必要的差异。

4. 民主的价值理念

民主是当代社会得到普遍认同的价值理念。民主反映在社会政策上,主要体现为全体社会成员在社会政策的制定和执行领域内,可以自由地表达自己的政策诉求,并拥有可以有效参与政策决策、政策执行和政策评估的机会与途径。通过民主价值理念的实现,使得社会政策能够秉承“公正、公开、合法、合理”的原则,满足社会需求。对于掌握公共权力的政府来说,社会政策是协调和平衡社会公共利益分配的有效途径与手段,它应该最大限度地满足多数的、长远的利益诉求,也应当尽可能地保护少数人的合法权益。那么“什么是多数人的利益诉求”“什么是少数人的合法权益”“如何加以平衡”“如何能够达到群体社会成员的认同”等,这都要通过民主的方式和程序来加以明确。只有通过民主的程序表达和整合自身利益的过程,才能决定各类社会服务的供给,只有这样才能让全体社会成员认识到社会政策是否合理、合法和符合社会公共利益。

5. 社会秩序的价值理念

社会秩序是指动态有序平衡的社会状态,就是指一个社会将社会冲突和无序的现象控制在一定的范围之内的社会状态。社会秩序主要表现在:一是社会结构相对稳定且有较为稳定的社会流动途径;二是各种社会规范能够得到全体社会成员的广泛遵守和执行;三是把社会无序和冲突控制在一定的范围之内。社会政策是建构社会秩序的手段之一,是规范、引导社会公众和社群的行动指南或行为准则,是由特定的机构制定并由社会实施的有计划的活动过程。社会政策可以通过有效的政策设计,减少社会冲突,保证社会的安宁,维护社会运行的合法、安全、有序，从而有利于形成一种良性的社会秩序。

6. 社会发展的价值理念

社会发展是指构成社会的各种要素前进、上升的变迁过程，这其中包含政治、文化、习俗、体制等一系列社会的总体发展。长期以来，人们认为只要经济发展必然可以带来社会的发展，但是实际情况是社会财富的增长并不能带来社会的同步发展，甚至在某些不合理的制度下，经济发展的成果难以被全社会公平地享受。社会发展一方面是一个阶段性的概念，不同的历史时期对社会发展有着不同的标准；另一方面，社会发展也是一个可持续发展的概念，社会发展应该是一个不断持续提高的过程。如20世纪末至今，部分拉美国家在社会政策领域出现了一系列失误，如委内瑞拉等“拉美社会主义”的社会福利冒进，又如阿根廷等国受到新自由主义经济学的影响盲目收缩社会福利，都是忽视了社会发展的阶段性和可持续性之间的协调，最终进入了“拉美陷阱”的困局。因此，社会政策既要考虑当前发展的需要，又要考虑未来发展的需要。

二、不同意识形态流派对社会政策价值观的影响

（一）左派意识形态对社会政策价值观的影响

1. 社会民主主义福利观对社会政策价值观的影响

社会民主主义出现于19世纪末，在二战结束以后逐渐发展到鼎盛时期，社会民主主义福利价值观也达到了日臻完善的阶段。社会民主主义的理论基础是多元化的，其吸取古典政治经济学、功利主义、自由主义、进化论历史观和马克思主义等各家学说，批判资本主义社会的罪恶和弊病。但社会民主主义反对社会革命，它认为在宪法范围内通过和平地、一点一滴地完成对资本主义的改革，就可以实现社会主义。

在社会福利价值观方面，社会民主主义提出了一些重要经济部门国有化的计划，还提出分配社会化的口号，要求公平分配、机会均等。社会民主主义是福利国家制度的倡导者，认为社会政策主体是政府，提倡政府的广泛干预，强调政府应尽可能地承担起社会责任，为公民建立起“普惠”制的社会政策体制。其内容：一是主张关注解决失业问题，政府和社会应该采取一切可能的措施创造就业机会，实现充分就业。二是主张通过制度化再分配解决贫富悬殊的问题，通过公平地分配社会财富，使得每一个公民都可以享受到经济发展的成果。三是主张提供普遍性社会保险，通过政府为全体社会成员提供普遍的社会保险，以避免自由市场机制侵害弱势群体。四是主张实施广泛的社会救助，通过医疗救助、失业救助、家庭援助、住房补贴等诸多的社会救助，来保障弱势群体的基本生活，起到最后一道“安全网”的作用。

尽管在20世纪80年代前后，社会民主主义福利观受到了广泛的质疑，但作为近现代西方社会一种极其重要的社会思潮，在其推动下所建立的福利国家制度取得了令人瞩目的成就。

2. 工联主义福利观对社会政策价值观的影响

工联主义是国际工人运动中的一种改良主义思潮，因最早出现于英国工人联合会而得名。英国工联主义从其产生那天开始就否定阶级斗争，主张阶级调和，反对工人阶级的政

治行动,主张进行纯经济的斗争。工联主义通过组织工人阶级的集体行动,积极争取组建工会的权利;提出在法律的框架内改善工人的地位,争取工人阶级可以平等地参与经济斗争;提出以仲裁法庭调解的方式应对劳资纠纷,达成劳资两利的协议,以争取“公平的工资”的主张。这些主张在社会政策领域,推动了工会立法、工厂立法、最低工资立法、劳动合同立法等。工联主义的主张虽然无法从根源上解决资本主义的固有矛盾,但它通过推动工会组织的发展,有计划地组织工会行动,在为工人阶级争取提高工资、缩短工时以及改善劳动条件的斗争中做出过很大贡献。直到今天,西方发达国家的工会组织在社会政策领域中的行动,也没有在根本上脱离工联主义的轨道。

3. 新左派思潮福利观对社会政策价值观的影响

新左派思潮是以西方左翼社会主义思想理论为基础,以平等与公平为核心价值,把市场经济导致的社会分层化、社会失范与社会问题作为对象,并以“平均主义”的社会主义作为解决问题的基本选择的社会思潮。其社会福利观主要包括:一是新左派思潮聚焦弱势群体保护和社会公平问题的解决。新左派思潮认为消除社会不公,就必须要加强政府对经济生活和社会生活的干预,在社会政策领域倡导政府在加大社会保障和社会救济领域方面的投入。通过制度化再分配,不断地缩小贫富差距,这样才能促进国家长期稳定的发展。二是新左派思潮的社会福利观主张,关注下层民众和弱势群体的利益诉求,反对少数精英阶层对社会政策决策和执行的垄断;支持国家对经济的宏观干预,批判自由市场经济理论。因此,在当代各国的社会政策实践中,新左派思潮成为新自由主义思潮的“天敌”。三是新左派思潮社会福利观极力主张“人民主权”思想,在社会政策的制定领域更加注重追求“全民民主”,试图让普通民众都有机会参与到社会政策的决策中,能够通过广泛的公民参与,使得政府真切地为全社会民众考虑,保障全民的生活质量和生存环境,从而真正地实现社会公平正义。

综上所述,新左派思潮对于种种社会问题提出了应对的对策,能够在一定程度上反映弱势群体的利益诉求,有其进步的意义。但我们也要看到,新左派思潮往往是零散而不成体系的,其对于社会问题的对策还处于“头痛医头,脚痛医脚”的程度,实际效果并没有突破传统的社会政策理论。同时,新左派思潮对市场经济的反思往往也流于情绪化,容易从一个极端走向另一个极端,这一点在我国近些年对市场经济改革的反思中有非常明显的体现。

4. 女性主义、绿色和平主义等新兴左派思潮对社会政策价值观的影响

女性主义是指为结束性别主义、性剥削、性歧视和性压迫,促进性阶层平等而创立和发起的社会理论与政治运动,着重于性别不平等的分析以及推动性底层的权利与议题。女性主义一诞生就关注社会政策的建设,所以女性主义的社会福利观对社会政策有了很多主张。其一,女性主义认为当前欧美发达国家的福利国家模式,也是建立在传统父权体系的基础上的,“男尊女卑”的惯性思维依然存在。在男女社会角色假设中依然强调“男主外,女主内”,因此在很多社会政策设计中强调“女性回归家庭”等政策主张,所形成的政策直接或间接地使妇女在社会上继续处于从属地位。其二,女性主义认为尽管通过社会政策体系为妇女教育、妇女就业等创造了许多机会,但同时存在的性别歧视和传统男女社会分工,又使女性长期拘泥于低薪的传统行业,难以取代传统男性的地位。其三,女性主义一直在为女性争取的合法权益,在诸如生育权、受教育权、薪资平等、投票权、反对性别歧视、反对家庭

暴力等议题方面，取得了巨大的成功。

绿色和平主义是欧美发达资本主义国家一种新兴的政治思潮，它不限于探讨环境保护、和平等问题，而是希望从根本上改造工业资本主义的弊端，以实现全面解决环境保护、和平等一系列社会问题。绿色和平主义在社会政策的基本主张包括：一是对传统的人类中心主义的批判，反对人类对自然界无限制的索取，强调人与自然的和谐相处应该走可持续发展的道路。需要改变过分追求物质享受、高消费的生活方式，这就意味着人类要克制其基本需求的无限提高，也就包含着社会政策保障水平也要加以必要的限制，保持社会福利的克制。二是批判单纯地追求经济发展的发展模式，主张社会的多元化，维护社会的生态平衡，维护人与人之间的平等、团结与社会公正，主张保护所有遭到排斥的弱者，主张人们应该重视职业道德。三是对社会政策的制定由少数人垄断的批判。反对西方国家的议会民主，认为那是少数人控制的、歪曲人民意志的假民主，主张实行更为广泛的直接民主，借以提高广大社会民众的直接参与，使得社会政策更好地体现全体社会成员的利益。四是对传统社会政策中国际性社会问题，采取民族性对策的错误取向加以批判。绿色和平主义认为现有的社会政策还是局限在民族国家的范畴内来进行的，但随着经济全球化的发展，诸如贫困、就业、人口老龄化等社会问题也需要在全球层面上加以解决，不能仅仅在一个民族国家的层面上来应对。

综上所述，在左派意识形态内部，女性主义、绿色和平主义等思潮，对传统社会民主主义和新自由主义的社会福利观产生了很大的冲击，尤其在很多具体社会政策领域发挥了巨大作用，也对全球社会政策价值观的转变产生了很大影响。

（二）右派意识形态对社会政策价值观的影响

1. 新保守主义福利观对社会政策价值观的影响

保守主义产生于18世纪末法国大革命以后，为了与自由主义对抗而产生，其理论中体现出反对革命和保守反动的一面，并随着资本主义制度的发展和完善逐渐式微。但是到了20世纪中后期，西方发达资本主义国家陷入了严重的经济社会危机以后，新社会运动的蓬勃发展，推动了新保守主义的产生。到20世纪90年代以后，新保守主义的政治经济主张逐渐走向系统化和体系化。一是在经济层面上，面对经济复苏乏力、失业率居高不下的困境，新保守主义主张捍卫私有制和自由的市场经济，以经济民族主义、贸易保护主义、国家主义通过“逆全球化”的方式去实现自身经济霸权的维护。二是在社会层面上，主张恢复传统价值观、反对国家干预和各种社会政策，反对政府在教育、卫生、医疗等社会政策领域对社会财富的再分配；主张减少政府干预下的社会福利，反对了“平等原则”对个人自由权利的“侵犯”。三是在政治层面上，新保守主义在政治上主张恢复帝国秩序和强硬的反共立场等政治原则，在全球化时代其主张对资本主义制度及价值观的复兴，要构建符合传统霸权体系下的政治文明。

综上所述，与传统保守主义仅重视批判而忽视理论建构不同，欧美新保守主义体现了发达资本主义国家为维护其霸权在经济、政治和社会等方面的努力。但也如哈耶克曾经形象地指出的那样，新保守主义通常面对新的变化，并无法为现实的行动提供一种可替代性的选择，只有通过对当前潮流的抗拒去延缓那些必然的发展变化。

2. 新自由主义福利观对社会政策价值观的影响

古典自由主义是封建主义走向衰亡、市场经济逐步发展的产物，在政治领域提倡个人自由和人身自由，反对对思想和言论的控制；主张个人应当享有政治权利，并且要维护和尊重少数人的权利；主张限制政府权力，实行分权原则。在经济领域主张自由企业制度，给个人和企业以最大限度的自由；极力维护资本主义私有制，反对财产公有，认为剥夺私人财产会造成可怕的痛苦；主张不干涉主义，实行放任主义，认为“管得最少的政府就是最好的政府”，反对政府干涉任何私人经济活动。

20 世纪 70 年代以后，以哈耶克、弗里德曼等为代表的学者形成了以“华盛顿共识”①为核心的新自由主义思想体系。从社会福利观的角度来说，新自由主义主张在保护市场自由化的同时，强调政府社会政策的作用和对市场的有效监督约束，力图以一种有序的市场制度来弥补市场的缺陷和克服政府的失败。因此，新自由主义在社会政策领域的主要主张包括：一是新自由主义在社会政策领域中主张，社会政策的收益在任何情况下都超过政策支出。二是新自由主义通过运用市场力量，以保障资源多元化减少社会负担。用鼓励自由市场、减少对商业运行和经济发展进行限制的手段来实现社会正义。三是提出社会保障危机的“新五大问题”，进而提出削减社会福利开支、限制工会活动等政策设计。新自由主义认为应提倡家庭和社区责任，否定政府的广泛干预，政府应该作为最后的“安全网”。由于福利的给付主要基于审查资格条件较为严苛的经济调查和家计调查，且政府执行的社会保险处于辅助地位，使得这种模式下的非商品化效应是最低的，有效抑制了社会权利的扩展。

（三）“第三条道路”福利观对社会政策价值观的影响

到了 20 世纪 90 年代，“撒切尔主义”和“里根主义”为代表的新自由主义社会福利实践，并没有从根本上改变“福利国家”模式，“福利国家”所要面对的问题依然继续困扰着欧美发达国家。这些国家在 20 世纪七八十年代的社会政策收缩，在面临经济全球化的冲击之下，越来越受到试图超越传统左右派之争的“第三条道路”思想的冲击。

在社会政策领域，第三条道路思想蕴涵的关键价值是机会的均等、个人和家庭责任、社区共同体等理念，所以它既不主张纯粹的自由市场，亦不主张纯粹的高福利社会，奉行类中庸之道。英国社会学家安东尼·吉登斯设计了“第三条道路”思想在社会政策领域的纲领，其核心观念包括以下几点：第一，“第三条道路”接受新自由主义对福利国家提出的某些批评，认同福利国家的政策设计缺乏个人选择、福利机构缺乏效率、福利救济可能产生福利依赖等。第二，“第三条道路”提出了责任与权利平衡的福利原则，在承认政府责任的同时，也强调个人、家庭和社区的必要责任，强调从社会索取的权利和为社会应尽的义务同时存在。

① 1990 年，美国国际经济研究所、国际货币基金组织、世界银行等组织参加的在美国华盛顿召开的有关拉美经济调整和改革的研讨会上，提出了一个包含十项政策工具的“会议纪要”，具体包括：(1)加强财政纪律，压缩财政赤字，降低通货膨胀率，稳定宏观经济形势；(2)把政府开支的重点转向经济效益高的领域和有利于改善收入分配的领域（如文教卫生和基础设施）；(3)开展税制改革，降低边际税率，扩大税基；(4)实施利率市场化；(5) 采用一种具有竞争力的汇率制度；(6)实施贸易自由化，开放市场；(7)放松对外资的限制；(8)对国有企业实施私有化；(9)放松政府的管制；(10)保护私人财产权。这就是以新自由主义学说为理论依据的“华盛顿共识”。

第三,“第三条道路”提倡积极的福利,主张在可能的情况下尽量在人力资本上投资,发展一套积极的政策行动以促进经济增长,实现“从福利到工作的转变”。综上所述,“第三条道路”思想之所以提出,主要原因一是生产力的发展,社会政策存在前提和目标,其具体内容的制定和实施也必然以当代社会生产力的巨大发展为基础,以最终推动生产力发展为目标。二是经济全球化引发的资源、人员的全球自由流动,使得政策对资源、人员的管控能力空前下降,全球化的社会问题必然无法采取民族化的应对,社会政策再也无法回到福利国家模式建立之初的情况。同时,人类的可持续发展问题遇到了前所未有的挑战,全球化就加大了个人所面对的风险,2007 年的世界性金融危机的负面影响波及全球,直到今天还没有完全消散,因此新自由主义经济学主张的进一步减少政府干预和社会政策支出也难以实现。

20 世纪 90 年代,英国的布莱尔、德国的施罗德、美国的克林顿在执政中推行“第三条道路”思想,为欧美各国赢得了一段长期稳定的发展;南美的巴西、阿根廷等国家,在经历了 20 世纪末以来长期的社会动荡后,在“第三条道路”指导下,努力在经济发展和社会公平分配之间寻求一个平衡点。但历史证明,“第三条道路”思想还存在包括缺乏经济理论支持、无法从根本上消除资本主义内在矛盾等种种缺陷。

三、社会政策价值观冲突的内容

(一)公平与效率

公平是社会政策最基本的价值理念和目标,没有对公平的追求就没有社会政策的出现。但如何实现公平确实一个充满矛盾的过程,因为人们对社会福利的种类和满足程度的需求是有差别的,有限资源和机会如何分配、何时分配、分配多少等都存在争议。同样,随着市场经济的高度发展,人们对社会福利资源使用效率提出了更多的要求。当今欧美国家在社会政策研究中对凯恩斯主义反思的就是效率问题对社会政策的影响。在具体的社会政策实践中,社会政策主体必须要在公平和效率上加以取舍,社会面临的选择就是以效率为代价,得到更多的公平;或者以公平为代价,得到更多的效率。公平是社会政策追求的终极目标,这是社会政策不可改变的使命;而效率强调的是在追求社会公平这个目标的过程中如何高效地使用有限的社会福利资源,达到最佳的社会政策行动效果的问题。在现代市场经济国家中,可以对市场竞争机制加以必要的限制,强制性地采取一些社会财富再分配的手段来维护社会公平;同时这种再分配手段也绝对不可以替代市场机制的资源配置基础性作用。

综上所述,关于公平和效率的定义,体现了不同学派和不同社会群体对理想社会政策的要求。因此,平衡二者之间的冲突就是对政府社会行政能力的基本要求之一,这就要求社会政策行动要统筹经济社会发展的长远需求,不能只关注公平或者只关注效率。尽管公平的理念强调社会政策要为每个社会成员提供标准大致相同的社会服务,但也的确存在因为个人特殊需求,而产生的补偿性的、特殊性的差别化服务,这就意味着公平本身不是绝对的平等。因而,政策资源在使用的时候也不可能是平均主义的,是需要根据需求的特点加以必要调整的,这个调整的目的就是要体现政策资源使用的效率提升。

(二)自由与控制

自由在人们的认识中是一种没有任何束缚的生存状态,包括物质上的和精神上的两个部分,这是人之所以为人的一个重要特征,追求个人的自由无论在哪种程度上讲都体现了人类对自身价值的终极追求。控制就是运用社会力量对人们的行动实行制约和限制,使之与既定的社会规范保持一致的社会过程。对社会政策而言,追求个人的自由总是受到社会总体需求的限制,超出社会总体需求的个人自由往往是难以实现的。

在发达资本主义国家的福利国家模式出现诸多问题以后,自由主义者都强调个人的自由,反对政府等公共权威组织过多地干预个人的自由,认为维护个人的自由和自由市场经济就可以成就社会的公平。所以,新自由主义鼓励个人、家庭和社区的责任,强调个人通过参与市场竞争实现个人的价值。但社会民主主义依然单纯的市场经济已无法克服公共产品供应不足、自然垄断、信息不对称等固有矛盾,这些矛盾对个体的劳动者而言是无法应对的,所以政府不能推卸这些社会管理的责任,必须采取积极的社会政策行动,把这些社会矛盾控制在一个合理的范围内,才能有效地促进社会公平和社会稳定。因此,在当今各国社会政策实践中,在尊重公民个人的自由与选择的前提下,政府对社会经济社会生活的干预与控制需具有明显的正当性和合理性。

(三)个人与集体

个人主义是一种强调个人自由、个人利益,从个人至上出发,以个人为中心来看待世界、看待社会和人际关系的价值观。个人主义强调个人追求自己经济利益的合法性,强调个人通过竞争和市场经济实现个人利益,强调政府较少干预经济。个人主义往往强调社会政策必须坚持成本效益、必须给予人们选择的自由、必须坚持程序的自由(制定、选择和监督、评价等)、必须坚持财政自主等。在这种情况下,社会政策更加重视的是社会政策行动的效率。

集体主义是主张个人从属于社会,个人利益应当服从集团、民族和国家利益的一种思想理论。集体主义通常关注社区、社会或国家,在实践中,所有的人类社会都包含个人主义和集体主义的成分,强调调整个人、集体、国家三者利益关系的科学规定,能指导人们在实践中正确地解决个人利益和集体利益的关系。集体主义往往强调社会政策必须坚持社会公平是社会政策的终极目标、必须坚持政府对社会的控制、必须坚持社会政策行动的快速反应、必须坚持社会政策的集中统一。

(四)人道主义与人权

人权即人之所以为人而应享有的基本权利,是人道主义的核心组成部分。人权包括应当拥有和实际享有的基本权利,包括生存权、政治权、经济权、社会文化权和发展权,人权应该需要通过法律政策来保障。人道主义是一种提倡关怀和尊重人,主张人格平等、互相尊重的思想。人道主义包括以下几个内容:一是强调以人为本,以人为中心,重视人的尊严和地位;二是关心人的权利和价值,主张平等、自由和人的全面发展;三是宣扬博爱,主张人与人之间要相互帮助、友爱、关心、同情和团结。尽管各国之间对于人权的具体内容和保障人权的具体方式存在很大的争议,也就使得不同国家和不同学派对社会政策的保障范围和保障水平产生了较大的争议,这也是各国社会政策的发展水平参差不齐的原因之一。但是不管大家如何定义人权和人道主义的基本内容,制定并不断完善社会政策的覆盖面和水平是必然的。

(五)权利与义务

权利是指公民依法应享有的权力和利益。义务就是指法律规定对法律关系主体必须做出一定行为或不得做出一定行为的约束。一般来说,公民的权利与义务是一致的。因为社会政策本着实现社会公平正义的价值理念,以满足全体社会成员基本需求为目的。所以,在社会政策领域,一方面认为应当在一定程度上以履行一定的义务,作为享受社会福利的条件,能够使社会政策对象避免对福利的依赖,并保障社会福利的持续发展。如公民享有获得社会保障的权利,当然这些权利也是以公民承担缴付税收和社会保险费等为条件的。但另一方面,社会政策对象的特殊性造成权利与义务无法统一于一体,就会出现只享受权利或只履行义务的情况。从社会政策的角度说,政府并不强调政策对象在权利和义务方面的绝对一致。如社会救助和针对缺乏劳动能力的老人儿童群体基本生活的保障,都是不以履行义务为前提的;而那些通过税收或专项收费进行缴费的非贫困全体,却很难获得直接的收益。同时,社会政策满足的是人们的基本需求,所以免费的社会福利要向真正有需要的社会成员提供。因此,社会政策是要满足需求,但并不能实现社会成员的全部权利。

四、社会政策价值观对社会政策过程的影响

(一)社会政策价值观对社会问题认定的影响

社会政策制定者对社会问题的认定,本身就是一个主观判断和客观判断相结合的内容。正确认识社会问题是制定社会政策的前提,社会政策制定过程能否顺利开展,在一定程度上取决于是否对社会问题取得共识。众所周知,社会问题就是从众多社会问题中梳理出来的,在梳理的过程中,政策制定者必然要根据自己的价值观来判断。不同的人与社会集团的社会政策价值观,对社会的期望是不一样的,所追求的利益不同,必然对社会问题的认识也会不同,因此也就归结为不同的社会问题。在这个过程中,社会政策价值观对社会问题的构建起着主要作用。

(二)社会政策价值观对社会政策目标确定的影响

对于社会问题的认识是比较容易达成社会共识的,但是对于社会政策目标的确定却是争议最大的。社会政策目标本身就是对社会政策能够达到的成效的确定,这个成效包括政策对象的确定、政策覆盖面的确定、政策资源的确定、政策水平的确定等。客观地说,从不同的价值观出发,参与社会政策制定的不同主体对这些问题都有各自的见解。如社会民主主义者和新自由主义者在原则上并不否定政府对社会的干预,但在很多具体问题上的表达是存在明显差异的,甚至是南辕北辙的。由此可见,政策主体总是依据一定的价值观和价值尺度去认识和衡量社会问题,并通过博弈、协调、合作等方式,在不同利益群体之间达成妥协,从而确定解决社会问题的政策目标。

(三)社会政策价值观对社会政策方案选择的影响

社会政策方案的评价和选择,也就是用特定的价值观对社会政策方案进行分析和判

断。不同政策制定者的社会政策价值观取向,影响了他们对于如何实现既定的社会政策目标的政策方案的选择。在政策目标确定以后,实现目标的途径和方法是比较多的,如前文我们提到的,在应对失业问题的时候,采取减税或增税的财政政策都有其可行之处,可以通过不同的途径去实现同一个政策目标。所以面对同样具有可行性的不同方案,如何取舍就要看哪个方案是否更符合政策制定者的意识形态、施政目标和社会公序良俗等带有价值判断的选择了。因此,社会政策价值观成为人们观察、分析和选择事物的尺度。社会政策方案的选择,是人们在对社会政策作价值判断的基础上进行的。

(四)社会政策价值观对社会政策执行的影响

社会政策的执行涉及政策执行者和政策对象之间的互动关系,这个政策执行过程是否顺畅在于这二者秉承的价值观是否相关联。对于政策执行者而言,如果他们认为社会政策是执行者的恩赐,而非政策对象的权利;如果他们秉承管理而非服务的理念来执行政策;如果他们对政策对象抱有负面的评价和歧视,那么他们就很难执行好政策。同样,政策对象如果对社会政策本身采取负面或否定的评价,对政策执行的机关、人员和手段采取负面的评价,那么政策的执行也将举步维艰。因此,社会政策的执行能否获得预期效果,要取决于政策执行者和政策对象的价值取向。

(五)社会政策价值观对社会政策评估的影响

社会政策评估是受到价值观影响最大的一个政策环节,因为评估本身就是一个价值判断的过程。在评估过程中,尽管可以使用很多量化指标来衡量社会政策的效率问题,但也不能仅仅依靠数字的比较来断定政策实施是否成功;关于社会政策的效益问题,更是无法简单量化评价。同时,在评估过程中得到的数据、信息的汇总和整理也是一个主观加工的过程,评估者难免根据自己的主观好恶去刻意增加或忽视一些数据信息,从而引发评估结果的偏颇。另外,社会政策评估往往是综合性评价,是注重社会效益还是注重经济效益,是注重政策执行的效益还是注重政策执行的成本,也是受到很多主观因素影响的。比如政府平时在防疫方面的投入往往较为有限,但是当公共卫生事件发生的时候,政府往往会在相关领域对政策资源投入毫不吝啬,这就是因为突发事件导致全社会对于某一社会政策重要程度的认识发生了改变,进而也就影响了对相关政策资源使用的评价,2003 年抗击非典和 2020 年新冠疫情的应对就是证明。

第二节　社会政策经济分析

社会政策在本质上就是政府分配社会资源的过程,但是在任何一个国家、在特定的某个时间段,社会总财富是一定的,也就决定了社会政策资源是有限的。可以说,社会政策的一个核心问题,就是要研究有限社会政策资源的合理分配问题。从宏观经济学的角度上看,通过全社会普遍性社会政策的实行,社会政策必将直接影响整个国民经济的运行。社会政策行动一般不直接创造社会财富,因此其消耗资源的多少必然要影响社会总投资的多少,进而对国民经济的运行周期、经济增长等宏观经济指标产生影响。从微观经济学的角度看，作为直接对政策资源分配，或者改变原有社会既得利益分配格局的政策，社会政策资源的筹措和使用也必将直接或间接涉及全体社会成员的切身利益。社会政策行动通过对资金、服务和机会等资源的分配，直接或间接地影响每个社会成员的就业、收入、消费等，进而影响社会政策的微观运行。

一、影响社会政策的经济因素

从经济分析的视角看，经济发展水平、经济发展的基本条件、经济发展模式、经济体制等，也是对社会政策水平及运行方式产生影响的重要因素。

（一）经济发展水平

一个国家社会福利的规模和水平与该国在一定时期的经济发展水平有正向的关系。从理论上看，社会政策行动需要投入大量经济资源，经济发展水平越高，所创造出来的财富越多，才能越好地支持提高在社会政策领域的投入。但是一个国家或地区的社会政策行动除了受经济资源的限制以外，还受到该社会经济发展模式，以及社会中各种政治、社会与文化因素的复杂影响。各种经济和非经济因素存在并发生着影响作用，因此各国的社会政策水平差异不能只是简单地由经济发展水平来解释。

（二）经济发展的基本条件

各国经济发展的基本条件的差异会影响社会政策模式。其中包括经济发展的自然条件和社会历史条件。资源与禀赋比较好的经济发展条件会更加容易维持一个高福利的社会政策模式而不会对其经济发展造成很大的负面影响。欧洲“福利国家”的高水平社会政策体系也得利于他们当时优越的国际经济环境。而当代众多的发展中国家所面临的不利的经济发展条件则严重影响着社会福利水平的提高。

（三）经济发展模式

各国的经济发展模式对社会政策产生不同的影响。一般说来，与技术密集型或资源密集型经济相比，劳动密集型经济对劳动力成本的变动更加敏感，因而对提高社会福利水平的制约更大。同时，与内向型发展模式（主要依托国内市场）相比，外向型发展模式（主要依托国际市场）对国际资本市场和国际贸易的依赖更多，因而在经济全球化的环境中其社会福利水平会更多地受到劳动力成本的制约。

（四）经济体制

经济体制也会对社会政策体制和运行模式产生影响。以我国为例，在计划经济体制下，社会福利制度与经济制度交织在一起，形成了“国家—企业福利模式”。而实行社会主义市场经济体制以后，社会福利体制也必须随之而改革，走社会福利社会化的道路。

总而言之，一个国家或地区的社会政策与其经济发展水平及其他各种经济因素之间存在着千丝万缕的联系。因此，经济分析成为社会政策分析中最主要的方面之一。

二、常见的社会政策经济分析指标

（一）经济发展指标

经济发展水平是衡量一个国家社会政策水平的决定性经济指标。一般来说，经济发展水平越高,社会政策水平也应该越高,反之亦然。

1. 经济总量和经济增长指标

对一个国家或地区经济发展的水平,可以从其经济总量和经济增长两个方面来进行测量。经济总量指标是指对一个国家在特定时间范围里能够生产出来的财富总量的测量。我们常见的经济总量和经济增长水平指标包括"国内生产总值"(GDP)和"国民生产总值"(GNP),以及 GDP 和 GNP 增长率。GDP 是指一个国家(或地区)所有常住单位在一定时期内生产活动的最终成果;GNP 是指一个国家(或地区)所有常住单位在一定时期内初次分配的最终结果。经济增长是指在一个较长的时间跨度上,一个国家人均产出(或人均收入)水平的持续增加。这些指标是衡量社会政策水平最为重要的经济指标,这些指标越高越能够支撑高水平的社会政策,社会政策也可以根据这些指标的提高而相应的提高。

2. 经济稳定指标

经济稳定指标是衡量经济发展稳定性和持续性的经济指标,通常包括维持物价稳定的指标(消费者物价指数 CPI)、维持社会安定与繁荣的指标(生产价格指数 PPI、采购经理指数 PMI)、充分就业的指标(登记失业率)、维持对外经济稳定的指标(外贸依存度)等四类。在经济发展比较稳定的时期,一方面,劳动者可以获得稳定的职业和收入,能够实现自我保障,减少对社会政策的需求。另一方面,政府也可以在经济稳定的发展中获得稳定增长的税收,在社会政策领域中的投入也会较为稳定,能够推动社会政策体系的完善。反之,如果经济发展不稳定,那么相应对社会政策的需求也会发生较为剧烈的变化,就会导致政府和民众无所适从,更可能会影响社会政策的长期规划。

3. 分配公平指标

分配公平指标是衡量经济发展的成果能否被全体社会成员公平地享受。常见的分配公平指标主要包括基尼系数、恩格尔系数等。在市场经济条件下,因为受各种生产要素的占有、个人能力、家庭出身等因素影响,不同社会成员的收入往往存在很大的差别,且这种差别难以靠个人奋斗改变。这就要依靠政府的政策(尤其是社会政策)调整,才能够消除贫富悬殊和分配不公的问题。当然,分配公平并不强调绝对的平均,主要表现为个人消费品分配的相对公平,要求社会成员之间的收入差距不能过于悬殊。所以,各国政府通过系统的社会政策设计,通过政府对经济生活的干预,把市场经济引发的分配差距控制在合法、合情、合理、合乎民生发展的程度上。

(二)社会政策的经济测量指标

对社会政策进行经济测量相对复杂,对社会政策行动的经济测量主要从宏观和微观的经济投入与产出来衡量。当然从不同国家的政治体制、社会政策模式出发,具体测量的结果往往存在较大的不同,其不仅仅是简单衡量政策资源的量。

1. 宏观测量指标

社会政策的宏观测量指标,是评价一个国家的社会政策总体情况的重要经济指标。常见的指标包括政府年度社会支出总量、政府年度社会支出平均量、政府年度社会支出占政府财政支出的比率、政府年度社会支出占 GDP 的比率等。当代各国政府社会政策投入在全社会福利投入总量中占的比例很大,因此许多国家和地区都采用政府在社会政策行动方面的资金性投入的指标，即政府的“社会支出”指标来测量社会政策水平的高低。因此，在研究和制定政策的过程中，可以根据不同的要求来选择不同的评价指标，还可以采用类似的指标对社会政策的各个领域进行分门别类的测量和评价。此外，在上述几个层次的评价指标中，除了社会支出总量指标外，其他几个指标都具有在国际或地区之间的可比性，可以用来进行各种比较研究。

2. 微观测量指标

除了上面所说的宏观经济测量指标，还要去研究社会政策的微观经济测量指标，这些指标主要指微观投入指标、微观成果指标、微观收益指标三大类。社会政策的微观投入指标是指在某项具体的社会政策中的政府财政投入；政府非财政性投入（如无偿的人力和物资调动）；民间资金投入；民间人力投入（如志愿者服务）；民间物资投入（如民间物资捐赠）等。社会政策的微观成果指标主要指的是在社会政策执行以后的可以量化衡量的直接产出，如各类社会保障覆盖面、平均保障水平；社会服务机构数量、服务人员数量、适龄青少年平均入学率、贫困率、犯罪率等变化的程度等。社会政策的微观收益指标主要指的是在社会政策执行以后的非量化衡量的直接收益，如人口平均受教育水平；人口平均健康水平；老年人、残疾人等特殊人口的生活水平等。

综上所述，在社会政策的经济测量指标中，多数情况下，使用宏观指标和微观指标中的微观投入指标，来衡量社会政策总体水平；对具体社会政策的经济测量方面，主要使用微观成果指标，来衡量某一具体社会政策的水平，这几种指标具有较强的直观性和简洁性，分析起来也较为容易。与前面的几个指标相比，微观收益指标相对难以衡量，也较少在经济测量中使用。

（三）社会政策的效率指标

社会政策经济分析中的第三类基本指标就是效率指标，为什么要追求效率前文已经多次提到，本处就不再赘述。效率问题多年来一直是社会政策争论中的焦点问题之一，社会政策效率指标是指在社会政策行动过程中，投入的资源与政策产出之间的比例关系。在正常情况下，政策资源投入越小、产出越大，则效率就越高，反之越低。社会政策在经济过程中只涉及对财富的分配和使用，而不涉及创造财富的过程，但因为社会政策的产出是社会效益，所以在测量上存在特殊性。

1. 社会政策行动效率测量中的特殊性

首先，社会政策行动产生的社会效益难以用量化测量。社会政策过程的投入可以用货币单位去测量，但产出则是无法用货币单位去测量的社会效益，如健康水平的提高、文盲率的降低等社会效益就难以用货币去衡量其价值。

其次，不同社会政策行动之间的效率难以比较。一方面，由于不同政策行动中投入的资源本身就存在较大的差异性，因此不能直接通过社会政策资源的投入量来衡量效率。另一方面，由于不同的社会政策行动中产出的内容和形式不同，因此无法在两个或多个不同类别的社会政策行动之间进行效率比较。

再有，同类社会政策行动的效率也难以衡量。因为缺乏竞争，政府和社会服务机构的服务质量参差不齐，这就造成了同样的政策行动资源消耗存在较大的差异，并无法以同等资源消耗进行服务数量的多少来衡量同类社会政策行动的效率。

最后,社会政策行动的产出和资源的投入之间的因果关系不好确定。社会政策服务往往是免费或低偿的,因此政策对象也无关于社会政策行动效率的提高,这就造成了难以通过服务对象的评价来衡量社会政策行动的效率。

2. 提高社会政策行动效率的基本要求

自20世纪末以来,社会民主主义和新自由主义在社会政策领域的争论达到了白热化的地步,其争论的核心就是效率问题。因此,为了达到提高效率的目的,各国的社会政策决策者和研究者都越来越强调通过各种方式去提高社会政策行动的效率。

第一,提高全社会对社会政策行动效率问题的重视。一个合理的社会政策项目应该在坚持追求社会效益基本目标的基础上,同时也使其运行效率最大化,即对每项投入都应该注意使其产出最大化(提高社会效益),或者在其产出一定的情况下使其资源投入最小化(节约资源)。

第二,健全有效的政策行动效率评价机构。在实施社会政策的过程中,需要建立一套高效率评价机构,以提高社会政策行动的运行效率。但由于社会政策行动与经济行动的性质、内容和方式都不一样,因此社会政策行动的管理很难完全按经济管理的运行模式操作。

第三,完善测量和分析社会政策行动效率的手段。尽管对社会政策行动的效率难以直接测量,但仍然可以采用各种方法进行间接的测量。如满意度调查、量表等方式可以在一定程度上起到替代作用。

第四,要在社会政策行动中引入市场竞争机制。在公共部门和福利性项目中引入市场竞争机制的关键是打破在福利性服务中的垄断,通过服务机构之间的横向竞争而提高机构和项目的运行效率和服务质量。其中包括改变政府拨款方式,增大受益者对服务机构的自由选择,并因此增大社会服务机构所面临的市场压力,以促进服务机构重视效率和质量。

三、社会政策对宏观经济发展的影响

社会政策是应对各种社会问题而产生的,它的出现就体现在政府对市场经济运行过程中存在的固有缺陷的纠正。各国政府对社会政策选择有其不同的倾向,在保证经济发展的前提下,在社会政策选择方面将基本倾向概括为经济导向型、福利导向型、发展导向型三大模式。

(一)经济导向型社会政策模式对经济的影响

经济导向型社会政策模式的基本倾向是强调通过发展经济去满足人民群众的各种需要,缓解或解决各种社会问题。这一社会政策模式的基本假设认为:保持快速的经济增长会带来就业岗位的增加,因而可以通过扩大就业而解决失业和贫困等问题;经济的高速增长会使全社会财富总量快速增长,并最终使所有社会成员所分享的财富水平都提高。因此,在经济发展和社会政策发生矛盾的时候,就需要调整社会政策,使之与经济发展相适应。在当今社会,多数发展中国家偏向于采取这一社会政策模式,因为这些国家面临的问题不是平等分配社会财富的问题,而是缺乏财富用来分配的问题。所以,发展中国家都把经济发展放在政府的政策选择的首位,这也是无奈的选择。尽管财富总量的快速增加可能会使所有人都受益,但这一模式难以解决经济高速发展中财富分配差距扩大的问题。

(二)福利导向型社会政策模式对经济的影响

福利导向型社会政策模式的基本倾向是认为单靠经济增长难以解决各种社会问题,尤其是难以满足下层社会成员的各种需要,并常常使穷人的境况更遭,因此需要政府强化社会政策,以满足广大社会成员(尤其是弱势群体)的各种需要。从人类发展和社会进步的角度看,福利导向型模式认为"平等""福利"和"社会保护"等高于单纯的经济增长,同时社会福利在满足社会成员需求和解决社会问题方面优于市场。因此,当经济发展与社会福利发生矛盾时,应该更多地通过改变经济发展战略来使之与现有的福利模式协调。在20世纪40年代到80年代初的很长时间里,欧洲福利国家和一些发展中国家中都采用了福利导向型的模式。

(三)发展导向型社会政策模式对经济的影响

在关于社会政策与经济发展之间关系的争论中,一直存在着社会民主主义和新自由主义两个分歧巨大的理论派别,它们从自己的角度、理论逻辑和价值目标出发,论证了什么样的社会政策模式更能够推动经济的发展,都取得了相当显著的效果。但是20世纪90年代以后,跨越传统"左"和"右"的"第三条道路"思想逐渐发展起来,形成了发展导向型社会政策模式。这一模式强调社会政策体系的整合,认为社会政策目标在坚持维护社会公平的基础上,强调将经济发展的短期和长期目标结合起来。通过对儿童、家庭和社区的投资,增加全社会人力资本和社会资本的积累,达到促进经济可持续发展的目的;强调社会政策与经济发展的协调性,使社会政策为可持续经济发展创造社会环境,成为有利于提高经济发展的社会政策。

发展导向型社会政策模式包括以下基本主张:一是社会政策应该关注经济发展。社会政策不应该只关注再分配等补救性措施,更应该关注影响经济平稳运行社会问题的事前预防。如使用社会投资的理念,在教育、医疗和就业培训等领域为社会成员提高参与经济生活的能力,很明显地在经济政策和社会政策之间达成共赢。二是提出社会政策可以与市场机制、经济政策互相协调融合。发展型社会政策模式认为社会政策行动中引入市场机制,以提高政策资源使用的效率,也就意味着可以减少社会政策资源的消耗,增加在生产领域的投入。同时,注重社会政策与经济政策的协调,使得社会政策水平与经济发展水平相协调,用经济发展的成果保障社会政策的执行,以社会政策的成果为经济发展创造稳定的社会环境,实现经济与社会的良性互动。三是主张社会政策执行主体、资源供给主体和社会服务主体的多元化。因为现代社会每个社会成员基本需求呈现出多样化和个性化的特点,这也就使得除了政府以外的各种社会组织、个人,乃至企业组织都可以参与到社会政策行动之中。像企业这样的市场主体参与社会政策行动,一方面是社会政策的执行更能够有针对性地满足人们的需求;另一方面可以更好地协调社会政策的水平与企业组织的福利供给能力,通过税收抵扣等政策鼓励企业在社会福利方面的投入,鼓励人们通过参与商业化的社会保障和社会服务,直接促进经济的发展。

综上所述,一个国家如果过分强调增大福利供应,则可能在不同程度上导致本国经济竞争力的降低;相反,如果单纯强调经济增长,则有可能在不同程度上出现收入差异拉大、社会保护水平下降和部分弱势群体的利益被忽略等问题,甚至因此而导致各种社会问题的增多和社会的不稳定。因此,各个国家的决策者都要在不同的政策模式之间做出合理的选择。

(四)社会政策对宏观经济发展的积极意义和消极影响

1. 社会政策对宏观经济发展的积极意义

首先,实施社会政策将有利于解决各种社会问题和保持社会稳定,从而给经济发展创造良好的政治与社会环境。

其次,社会政策以公平的价值为基础,可以营造集体主义的氛围,并促进社会整合,从而比较好地调动劳动者的积极性。

最后,通过实施公共教育、基本医疗卫生服务政策等积极的社会政策,促进全社会人力资本的增大,进而对长期经济发展起到深远的影响。

2. 社会政策对宏观经济发展可能产生的负面影响

首先,实施社会政策会消耗一定的经济资源,尤其是高福利的社会政策会消耗较多的经济资源,从而使国内投资率下降。

其次,高福利的社会政策会增大劳动力成本,从而给出口贸易和吸引外来投资带来不利影响。

再次,高福利的社会政策体系可能会降低劳动者面对竞争的压力,从而可能导致部分人努力工作的动机下降。

最后,高水平的福利供给和不合理的社会福利制度可能会在不同程度上造成部分社会成员对国家福利的依赖,从而使上述负面影响进一步加剧,形成恶性循环。

四、社会政策对微观经济发展的影响

(一)社会政策与生产过程

1. 社会政策对劳动力再生产的影响

劳动力再生产包括简单再生产和扩大再生产两个部分,劳动力简单再生产指的是劳动者体力和智力的恢复、更新和增强的过程;劳动力扩大再生产指的是新的劳动能力的产生,包括繁衍人口和学习新的劳动技能两个方面。在工业文明之初,资产阶级通过人为压低劳动者工资以获得高额利润,造成了工人阶级的普遍贫困,也造成了激烈的劳资冲突。对劳动力再生产来说,工资收入不仅要维持本人及家庭最基本的生活条件,也要满足组建家庭、繁衍后代、教育、养老等需要。在没有政府干预的纯市场情况下,工资往往受到劳动力供需关系和不可预见的经济社会风险的影响,难以全面保障劳动者实际需要的劳动力再生产的费用。在仅仅依靠工资难以有效地满足劳动力再生产需要的时候,就需要以市场以外的干预来保证劳动力的再生产,而且从这个社会的宏观层面上看,这个干预就显得更加有必要了。随着社会保险、最低工资、工作时间、休假制度等社会政策设计的完善,才使得劳动力再生产能够得到较为全面的保障。历史证明了这种由政府主导的社会政策体系,在保障劳动力再生产方面是行之有效的。

2. 社会政策对人力资本的影响

人类社会进入高科技时代以后,经济活动对于劳动者的素质提出了越来越高的要求。

一方面，为了得到高素质的劳动者，企业愿意付出更高的工资；另一方面，缺乏较高劳动素质的劳动者也面临越来越大的失业风险。这也就意味着，对于个人劳动能力提高的人力资本投资就是十分必要的。在市场经济条件下，本着“谁受益谁投资”的原则，增加个人人力资本的投资应该来源于个人。但事实却和理论存在较大的差异，一方面因为劳动者人力资本积累是一个较为漫长的过程，尤其是较为基础的人力资本积累阶段（学前教育、义务教育阶段、特殊教育等），商业化资本因限制较多或无利可图而不愿意投资。加之，企业组织在人力资本投资方面往往目的性较强，也使得企业组织在劳动者人力资本方面的投资局限较大。另一方面，劳动者自身在认识、财富占有、机会把握等方面的缺乏，以及人力资本投资边际收益的不确定性，也限制了他们在人力资本方面的投资能力。因此，就要求政府在学前教育、义务教育、基本医疗服务、再就业培训等方面承担主要的责任。政府运用全社会的资源进行人力资本投资，可以降低个人和家庭在人力资本投资方面的成本，使全社会人力资本获得更高的投资率；可以使穷人也获得人力资本投资，从而使人力资本在所有劳动者中的分布更加均衡。

3. 社会政策对劳动力价格的影响

社会政策会导致劳动力价格的改变，这个改变往往是一把“双刃剑”。从宏观上看，社会政策的实施会消耗大量的政策资源，社会政策水平高也就意味着为了筹措这些资源，政府必然要增加劳动者和企业征税，也必然提高劳动力价格，这就会导致企业雇佣的减少，可能就会加剧恶性循环。从微观上看，社会政策在人力资本方面的投资，可以减少个人在人力资本方面的投入，促使劳动力价格上升，这对于贫困群体而言具有巨大的意义。正是由于政府在这些领域的投资，可以使个人资源集中于更加具有个性化和选择性的项目，为个人有针对性地积累人力资本，以达到更好适应市场需求的效果。

（二）社会政策在分配过程的作用

社会政策就是运用政府的力量对社会财富进行分配的过程，这种分配必然对经济运行产生直接或间接的影响。在社会财富总体有限且还要兼顾不同利益群体的需求时，社会财富分配需要制定严格的规则，以保证分配过程有序地进行。

1. 社会政策对初次分配的影响

所谓初次分配，是指按照优胜劣汰、按劳分配和按资本分配等市场化原则，对社会财富进行的分配。在市场经济条件下，初次分配则按照个人掌握的生产要素、工作质量等进行分配，更加注重的是对经济效率的鼓励，而非社会公平的追求，这就可能会产生收入差距悬殊和分配不公的问题。因此，社会政策有必要介入初次分配，对初次分配中存在的问题加以改变。这些改变主要是通过社会保险制度、最低工资保障制度、劳资协商制度等社会政策的构建，在初次分配中为普通劳动者争取尽可能多的利益，实现对劳动者及其家属基本需求的保障。

2. 社会政策对再分配的影响

所谓再分配，是通过政府税收和社会政策（以及其他公共政策）来对已完成的初次分配，根据社会的实际需求进行社会财富的再次分配。尽管在初次分配中，政府制定了一些社会政策来调整收入悬殊的问题，但这个调整基本还是在有劳动能力的社会成员中进行的。可以说,任何一个社会中都存在大量的缺乏或没有劳动能力的人,这些人是无法参与社会财富的初次分配之中的,但他们的基本需求还是需要得到满足的,特别是没有任何赡养人、扶养人和监护人的弱势群体更需要在再分配中获得必要的社会财富,以维持自己的生存。正是因为再分配是通过强制性的税收来集中一定比例的社会财富,并通过社会政策行动来在不同的社会群体中重新分配这部分财富,所以再分配关注的是社会公平的实现。当然在再分配的过程中,不同社会群体的受益情况是不一致的,在大多数社会服务项目中穷人受益往往比较多,这也就完成了社会财富的再分配。

3. 社会政策对三次分配的影响

政府主导的再分配结束以后,还会有各种非政府组织和个人出于善良的人性,使用个人拥有的社会财富从事社会慈善事业,我们称之为三次分配。三次分配之所以存在,是和一个国家社会政策水平联系在一起的,一国社会政策水平越高,对三次分配的需求就越低,反之则越高。尽管三次分配在规模和影响力上看,是无法与政府主导的社会政策行动相媲美的,但随着社会组织和公民个人在社会政策领域中的参与度越来越高,与政府主导的社会政策行动相比,民间的三次分配往往对民众需求反应更迅速、针对性更强、服务更专业,三次分配的重要性在逐步提高。所以,在现代的社会政策中有大量的关于规范民间三次分配的内容,他们规范了参与三次分配的主体资格认定、分配领域、资源、分配标准等内容。

(三)社会政策对消费、投资和出口的影响

1. 社会政策对消费的影响

社会政策行动中的资源消耗本身就是一个消费行为,同时社会政策的再分配行为又必然影响社会总消费和个人消费的变化。一方面,政府在为全社会提供的社会服务和公共产品本身不可能是政府生产的,多数情况下是从市场上购买的,这就是一种消费行为。因此,社会政策所使用的资源增多,也就意味着社会总消费在增加。另一方面,社会政策通过初次分配、再分配和三次分配,可以改变每个社会成员的消费能力,促进低收入群体的消费,有利于社会总消费的提升。同样,通过社会政策的实施,可以在一定程度上降低社会成员面临的社会风险,使全体社会成员在未来生活有较好预期的前提下,提高眼前的消费信心,从而促进社会总消费的提高。

2. 社会政策对投资的影响

社会政策对社会总消费的促进,对社会总投资来说是一把双刃剑。一般说来,随着社会总消费的提高,全社会对产品的需求会大大增加,企业就会扩大再生产,也就刺激了投资的增加,这种变化在经济全球化和资本全球流动的今天更为明显。但是如果在一个较为封闭的市场中,在社会总财富有限的情况下,社会总消费和社会总投资会出现反向变化的特点,社会总消费多了,社会总投资就会减少,反正亦然。在这种情况下,社会政策对社会总投资可能会产生负面影响。但是我们也要注意,如果社会政策水平超过了必要的程度,盲目增加的社会福利虽然能够在短期内刺激消费的增加,但是社会福利的增加导致劳动力价格的提高和劳动者的福利依赖,反而会导致雇佣减少、劳动者劳动意愿的下降和生产效率的下降,最终使得社会总投资萎缩。

3. 社会政策对出口的影响

在经济全球化的条件下，社会政策对于出口的影响是比较明显的。一方面，由于社会政策水平的改变会直接影响到劳动力价格和企业运行成本的改变，因此越是劳动密集型产业占较大比重的国家，政府对于社会政策的决策越是谨慎，难以在较大的程度上提高社会政策水平，以免因为产品成本的变化影响出口贸易。同时，我们需要注意一个问题，广大发展中国家之所以长期信奉生产型社会政策模式，就是因为要依靠其相对廉价的劳动力资源来参与经济全球化的浪潮。在这个过程中，以人为压低劳动力成本的形式，维持其出口导向型的经济发展模式，实现本国的经济起飞。这必然导致这些发展中国家社会福利水平的停滞不前，甚至会损害对劳动者的基本权益，进而造成矛盾的长期积累或直接引发社会动乱，不利于经济社会的长远发展，比如大家熟知的"拉美陷阱"在很大程度上就是这个问题引发的恶果。

但从另一个方面看，受社会福利刚性的影响，劳动密集型的出口导向型经济发展模式是无法长期维持的，为了消除劳动力价格和企业运行成本因素对出口的阻碍，就会倒逼一个国家产业结构的升级。作为一个发展中国家，我国在当前时期就面临着这样的一个产业结构转型升级的考验。如果一个国家完成了从劳动密集型产业向科技密集型产业的升级，那么出口对社会政策提高的敏感度就会下降，社会政策对出口的抑制作用变现就会不明显。

综上所述，在全球化条件下，社会政策对经济的影响变得越来越复杂，具有积极和消极的两个不同方面。尤其对于广大的发展中国家而言，如何更好地发挥社会政策中有利于促进消费、投资和出口的因素，规避其不利的因素，使社会政策能够更好地促进经济发展，就成了一个必须要加以深入研究的问题了。

第三节　社会政策政治及社会分析

在现代政治学中，社会政策包含着一系列政治议题，针对"谁制定政策"和"政策是如何制定出来的"议题，它在目标和手段上都要服从政府或政党的政治目标。同时，社会政策行动与社会中的各个阶层、利益群体和组织都有着复杂的利害关系，并且对社会文化和社会发展产生着深远的影响。

一、社会政策的政治分析

在当代社会中，政府和政党的社会政策行动是建立在民主政治和民众广泛参与基础上的，并通过社会政策行动来获得民众支持和巩固群众基础。同时，由于社会政策行动也是各个利益集团争取自身利益的领域，从而使社会政策行动成为社会政治过程中的焦点问题之一。

（一）社会政策的基本政治功能分析

1. 社会政策能够推动政治稳定

从社会政策的起源来看，正是政府认识到了各种与民众基本生活相联系的民生问题是产生社会动荡的重要因素以后,政府才开始通过制定社会政策来稳定社会。尤其是在二战以后形成的福利国家模式,在很大程度上也具有缓解社会矛盾、维护政治稳定的功能。通过广泛实施社会政策,可以有效地解决基本的民生问题,从而消除产生政治不稳定的最基本的社会根源;可以缩小社会分化和社会不平等,缓解社会各阶层之间的利益冲突,为社会政治稳定创造必要的条件;通过实施社会政策可以为促进经济发展和提高人民生活质量奠定重要的社会基础,从而提高民众对政府和政治制度的认可和拥护的程度。

2. 社会政策能够帮助执政党达成政治目标

在现代民主政治的过程中,不论是实行多党竞争制,还是多党合作制的国家,执政党想要长期执政并实现自己的政治目标,制定全面的、可行的社会政策纲领就是重要的一个环节,这是和社会政策与全体社会成员的密切关系联系在一起的。因此,我们在日常中可以清晰地看到,社会政策的制定和实施能够充分地体现出执政党的意识形态、价值观和施政理念等基本内容。在这种情况下,社会政策就成了重要的政治工具,通过能够争取民心的社会政策行动,就可以赢得民众的政治支持,从而维护其执政地位,推动其政治目标的实现。

(二)社会政策与政治体制、公民权利的关系分析

1. 社会政策有助于改革和巩固民主政治体制

尽管社会政策在人类历史上出现的比较早,但是近现代意义上大规模的社会政策还是在工业文明出现以后,伴随着资产阶级民主政治的出现而发展起来的。与农业文明时期的专制政治不同,现代民主政治不会认为社会政策是统治者的"恩赐"和"仁慈",而是会认为这些是国家的责任和民众个人的权利。这也就让我们更加理解今天的社会舆论对弱势群体越来越多地采取"中"性而非"负面"的道德评价;现代国家乐于在社会政策领域投入越来越多的资源,用来保障民众的基本生活需求,这也就使得获得好处的民众成为现有民主政治体制的拥护者。同时,民主政治体制下,不同利益集团有了一个合法进行政治博弈的领域与规则,既保护也规范了利益集团的集体性政治行动,使得全体社会成员乐于推进民主政治体制的日益完善,避免民主政治的缺陷,实现政策决策的民主化与科学化。

2. 社会政策有助于平衡个人的权利与义务

各国社会政策的覆盖面和保障水平也是千差万别的,充分体现出不同国家对个人应享有的基本权利和要履行的义务认识的差别。从社会政策对个人人权的保障来看,社会政策本身就是对个人基本人权范围与保障水平的一个认定过程,这在广大发展中国家和发达国家关于人权的争论中有明显的体现。如我国就通过各种社会政策的设计,把生存权和发展权认定为基本人权,成为我国社会政策关注的重点;而欧美发达国家对基本人权的认识就比我国宽泛很多,这是和不同国家的发展程度、历史传统、文化传统等密切关联在一起的。由于保护基本人权的责任和行动仍然停留在民族国家的层面上,难以达成一致的基本人权共识。从个人应该承担的义务角度看,政府往往通过社会政策在保障民众的权利的同时,也会规定个人享受权利的前提条件,这也就是个人要履行的义务。如要享受各种社会保险,就需要有缴纳社会保险费的义务;未成年人要就业,就要履行完成义务教育的义务;贫困人口要享受社会救助,就要履行接受职业培训和积极寻找工作的义务。总之,尽管社会政策不强调个人权利和义务的绝对一致,但是并不否定权利和义务关系的统一。

(三)社会政策中国家与公民社会的关系分析

公民社会是在社会中一些独立于国家权力体系之外的社团性组织的总和。公民社会独立于国家政治及行政体系之外,在行动上具有一定的自主性,一直在社会政策的制定和执行领域发挥着重要的作用,是社会政策重要的主体之一。当然公民社会发挥作用并不是要否定国家的作用,毕竟国家掌握了最为丰厚的社会政策资源、最具行动力的国家机器和最具权威性的国家信用,所以国家还要承担最主要的社会服务职能。

从社会政策的角度看,可以将公民社会与国家的关系概括为以下几个方面:一是公民社会作为多元化的政策主体可以参与社会政策行动之中,在国家的社会政策体系中扮演一定的角色。二是公民社会的参与可以在一定程度上减轻国家的负担,提高社会政策行动的效率。三是公民社会与国家可以相互合作且功能互补,在社会政策行动中发挥各自的优势。就我国的实际情况而言,改革开放以后,随着计划经济体制和单位体制的解体,国家对社会福利事务的直接包办开始转化为多元化的社会福利供给。但由于我国公民社会发展还较为有限,在现阶段还要加大公民社会的培养。

二、社会政策的社会分析

社会政策最大的特点之一是其直接面向广大人民群众,直接影响千家万户的生活以及社会各个群体和个人的实际利益,与家庭、社区、组织和阶级阶层关系等方面关系密切,并对社会发展和社会生活质量都有直接的影响。[①] 因此,对社会政策的社会学分析是很有必要的。

(一)不同社会学理论的社会政策分析视角

1. 结构功能主义的社会政策分析视角

结构功能主义主要探讨的是社会秩序维持及其结构、过程和方法,以及社会的分化和整合。结构功能主义认为,社会福利在整个社会系统中发挥着维持社会稳定和均衡的功能。该理论认为,随着工业文明的发展,剩余型社会政策模式逐渐转向制度型社会政策模式,政府在社会福利领域的干预逐渐扩大。结构功能主义强调这个变化是对社会问题和社会需求的"理性"反应,通过政府建立社会政策体系去满足群体社会成员的基本需求,这既是理性的也是符合道德的行为。结构功能主义关于社会政策的基本立场是,社会福利是社会的功能需要,在现代工业化国家中由国家来承担社会福利事务是社会整合和社会发展的功能需要。结构功能主义认为,市场经济对传统社会结构和社会道德的冲击,容易导致社会运行的失范,因此需要有一种新的"集体意识",即社会福利的共识来增强社会整合。由此,结构功能主义认为社会福利的兴起与发展,是对社会结构功能分化的功能性反应,是为了达成社会系统的整合与均衡。

2. 冲突学派的社会政策分析视角

冲突学派在坚持不和谐是社会的固有特征的基础上,认为可以通过社会秩序的调整来缓解冲突,并在冲突与缓解的互动中寻求发展,保持一种动态的平衡与和谐的思想。冲突

① 关信平主编《社会政策概论(第三版)》,高等教育出版社,2014,第1页。

学派恰恰看到了社会不协调的一面,在社会体系的每一个部分都包含着冲突与不和谐的因素。因此,在对社会政策的研究中,冲突学派在承认冲突破坏性的同时,侧重于强调社会冲突的"正"功能,认为冲突还具有社会整合的作用。冲突学派强调社会政策就是为应对不同社会群体之间利益和价值的冲突,是不同利益集团之间协商和妥协的结果。冲突学派认为通过对社会冲突产生的原因加以分析,通过可控制的、合法的、制度化的社会政策,回应社会诉求、化解社会冲突,保持社会在运转中的秩序。

3. 性别视角的社会政策分析

性别视角就是从性别社会差异的角度,来分析不同的社会政策理论和政策实践。一方面,性别视角承认社会政策的制定对所有社会成员都是有好处的,尤其可以为妇女争取更多的物质福利、提高社会地位、增多社会参与。另一方面,性别视角也认为传统的社会政策制度对全体社会成员都有负面影响。一是"父权"传统下的社会政策制度设计,使得女性越来越依赖男性主导的国家。当需要妇女参与经济社会生活的时候,国家就提高社会福利、增加社会服务,以便使女性能够从家庭中抽出身来,加入劳动力市场中。反之,就降低福利,让女性回归家庭。二是传统的男女社会角色定位的差异,使得男性在社会福利资源、就业机会和社会责任等方面存在被忽视的权利。如对于男性来说,在我国的生育政策方面,男性的陪产假、育儿假、家庭津贴等权益就少有涉及。因此,性别视角的社会政策方面的主张包括,一是主张在社会政策制定上,在承认性别差异的基础上强调创造平等待遇。二是关注机会的平等,不能因为性别原因,歧视某一性别或者跨性别者。三是反对给女性提供特殊的保护和特殊的福利项目,以打破"父权"传统和福利依赖。

(二)社会政策与社会分层的关系

各国现实的社会政策实践都是在特定的社会结构中进行的,政府在制定各项社会政策时总是要考虑到社会中的阶级阶层状况,以及各个阶层和群体的利益。客观地说,社会中的不同阶层因其自身对财富、社会地位占有方面的差异,导致他们对社会政策的需求存在较大的差异。他们都试图通过自身的能力去改变政府政策和规则的制定,以达到改变或固化其社会阶层地位的目的。但历史证明了,一旦阶层固化导致社会阶层流动性的丧失,就会导致权利、财富和社会地位等方面的"世袭",导致整个社会丧失活力。因此,一方面,通过社会政策的制定和执行,可以推动全社会形成集体主义和平等思想的氛围,促进不同社会阶层之间的相互理解与妥协,以消除社会矛盾。另一方面,通过社会政策对弱势群体的帮助,尤其在教育、就业和机会平等方面的政策设计,使得全体社会成员都有依靠自身能力实现向上流动的机会,就可以避免阶层固化、维护社会的稳定。

综上所述,各国政府都在不同程度上采用社会政策的手段,去调节不同社会阶层之间的利益关系,缓和社会不平等问题。尤其是近年来随着经济全球化、经济与社会转型、市场竞争加剧,进一步加剧了因为社会阶层差异导致的贫困、失业和社会排斥等问题,要求各国政府更多地通过社会政策和其他行动去增大社会保护的力度,并在促进社会融合的基础上进一步促进社会的平等化。

(三)社会政策对家庭、社区和社会组织的影响

1. 社会政策对传统家庭功能的影响

家庭是指婚姻关系、血缘关系或收养关系基础上产生的,以情感为纽带,亲属之间所构成的社会生活单位。"家庭"这一社会现象出现以后,一直都是保障和满足人们各项需求的基本单位。但进入现代工业文明以后,因为社会风险的加剧、人口流动和家庭结构的变迁等因素的影响,使得家庭保障功能日益弱化,这就需要建立必要的社会政策体系来弥补这个缺陷。在现代社会,社会政策行动对家庭有着非常复杂的影响。一是由国家采取社会政策行动来提供福利服务越多,可能会进一步加速家庭保障功能的弱化,弱势群体对国家社会政策的依赖就会加强。其次,社会政策要发挥作用还要在相当大的程度上依靠家庭这个平台,尤其是为老人、儿童和妇女等群体提供直接服务方面,家庭还要发挥不可替代的作用。尤其是在20世纪80年代以后,对福利国家制度进行反思和调整的过程中,社会政策的设计越来越强调恢复和加强家庭的作用,只有当家庭无法满足个人的基本需求的时候,才由政府或社会来提供相关的社会福利服务来满足他们的基本需求。在社会福利计划中应该重点考虑以家庭为单位的福利标准;在社会政策实践中注重通过政府的行动来加强(而不是削弱)家庭的经济及社会职能。

2. 社会政策对社区的影响

社区是指聚集在某一个领域里的人所形成社会生活共同体。社区是超越家庭层面的、区域性的社会生活共同体,能够产生共同意识并形成比较稳定的社会关系,因此其所能够发挥出的互助性的保障作用也远大于家庭,如古代农业文明时期依托血缘、亲缘和地缘关系而形成的广泛的民间互助行为,就是社区作用充分表现。当然随着工业文明导致的人口流动等问题的出现,血缘关系和亲缘关系逐渐淡薄,但是较为稳定的因地缘关系、工作关系所形成的社区依然存在,并结合经济社会的新变化进行了一系列新的调整。尽管社区无法像政府一样提供大规模的、普遍性的社会福利服务,但在沟通便利性和个性化、精细化服务的提供上具有一定优势,特别是在一些具有区域性文化传统的特色服务方面优势更加明显。同时,对于向我国这样的由计划经济向市场经济转型的国家而言,随着计划经济和单位体制的解体,单位越来越难以成为提供社会福利服务的依托,而社区则可以成为单位的替代,成为政府倚重的平台。

综上所述,社会政策中就包括规范和推动社区建设的内容。政府通过社会政策完善社区组织组成和运作模式,还规定了社区应该承担的社会服务职能种类、水平和程序,如教育、托幼、医疗卫生、心理辅导和针对特殊人群的服务等。

3. 社会政策对社会组织的影响

在现代社会组织在全社会不同领域都发挥了很大的作用。与家庭、社区相比,社会组织不是依靠血缘、亲缘和地缘关系形成,而是因为某种共同的利益需求结合在一起的。从社会政策的角度看,社会组织在社会政策行动中都有特定的作用。一是社会中的每个成员都处于一定的组织之中,在组织内部较为稳定的人际关系就是使之形成某种特定的互助关系,这种互助节约了政策资源,减轻了政府的负担。二是社会政策规范了专业化社会服务组织参与社会政策行动的前置条件、程序等基本问题,推动社会服务组织的规范化发展,以

适应人们从“单位人”向“社会人”的转变，以及社会政策执行从“单位制”向“社会化”转变的需求。三是在计划经济和单位体制解体过程中，因为政府对资源掌控和执行能力都有所下降，就业单位除社会保险费和少量福利服务目以外不再承担社会福利服务，导致政府和单位在社会政策执行中的角色都普遍地弱化。因而，在社会政策执行的过程中，各种社会组织开始越来越多承担了“补位”的角色。

（四）社会政策对社会发展的影响

社会政策的最终目标之一是要促进社会发展，通过具体的社会政策行动而影响个人生活质量的提高，其中包含解决各种社会问题、社会生活质量的提高、最终的人类发展水平的提高等多方面的内容。

1. 社会政策对社会问题的影响

关于社会问题的认识我们在本书的前几章已经进行了比较充分的论证，现在我们重点看一下社会政策对社会问题的双重影响。不论从社会政策的目标来看，还是从社会政策的作用来看，社会问题都可以通过社会政策去加以解决或者缓解。社会政策既是“治疗型”的（解决现实的社会问题），也是“预防型”的（以主动的社会政策行动防止社会问题的产生），还是“建设型”的（通过构建完善的社会制度，来维护社会的长期稳定发展），这些就是社会政策对社会问题的正面影响。但从另一方面来看，社会政策在对社会问题的应对中，既要对不同政策对象政策需求的迫切性加以排序，也要对不同政策对象需求的满足水平加以取舍，这就意味着社会政策不可能同时、同等程度地满足所有政策对象的需求，这就有可能在政策执行的过程产生引得矛盾。加之，社会政策在制定和执行的过程中，如果存在失误就会进一步加深现存的社会问题，这些就是社会政策对社会问题的负面影响。

2. 社会政策对生活质量的影响

生活质量是综合衡量人们的生活状况，包括人们生活的客观条件和人们对生活的主观感受等方面。生活质量的高低不仅仅取决于个人收入水平和家庭物质生活条件的好坏，而且还要受多种因素的影响，其中社会政策就是一个主要影响因素。首先，社会政策通过对个人就业、工资、教育、医疗等的干预行动，在一定程度上满足人们的物质生活需求。这些物质生活需求除了市场交易的方式来满足以外，还可以通过社会政策行动来实现，进而实现整个社会的生活质量会得以提高。其次，社会政策通过各种专业化的服务，能够满足人们对于非物质性需求。提高生活质量不仅仅是物质的满足，还需要通过对各种风险的防范，减轻个人因面临精神压力而带来的紧张、焦虑和各种心身疾病等问题，使生活质量明显提高。最后，还需要通过必要的社会政策行动去消除社会排斥、污名化和性别歧视等情况，最终实现和谐平等的社会氛围。在一个社会分化严重、社会矛盾尖锐、社会问题层出不穷、人际关系非常紧张的社会环境里，即使个人和家庭的物质条件再好，也很难有高质量的生活。总之，提高生活质量不仅要靠个人的努力，而且更重要的是要通过社会政策行动建构一个平等、稳定、和谐的社会，能够对人们生活质量的提高提供长期性的影响。

3. 社会政策对人类发展的影响

人类发展强调以人为中心的发展观，强调发展要围绕着满足人的各种需要，提高人的生活质量，并解决人类社会所面临的各种问题。社会政策在实现人类发展过程中具有重要的作用:一是从人类发展视角需要以综合性的发展指标[①]去衡量人类发展的成果,如"人均可支配收入""人均受教育年限""人均预期寿命""孕产妇死亡率""新生儿死亡率"等指标都可以在一定能够程度上反映一个国家人类发展的状况,而且这些指标可以较为清晰地反映出社会政策的实施效果。二是人类发展视角强调经济、社会、环境的协调发展,强调通过制定和执行社会政策实现广泛地社会参与和社会整合,可以避免社会分化和贫困的扩大;强调通过制定和执行社会政策,增加社会福利服务的供给来满足人们的各项需求。三是人类发展视角强调人类社会的可持续发展。人类社会与自然界一样,也有十分脆弱的一面,社会解组、社会歧视、社会不平等等现象如果长期存在,就会彻底破坏社会秩序,产生社会动乱。为此,在人类发展的全过程中始终需要社会政策行动去防止因不合理的经济行为而破坏了我们的社会。

综上所述,社会政策行动与人类发展的视角具有共同的价值目标,因此它在促进人类发展方面可以发挥重要的作用。对于各国的决策者来说,首先需要将人类发展理念作为其决策的基本导向,其次需要通过合理的社会政策行动去促进人类发展。

① 1990年,联合国开发计划署创立了人类发展指数(HDI),即以"预期寿命、教育水平和生活质量"三项基础变量,按照一定的计算方法得出的综合指标,用以衡量联合国各成员国经济社会发展水平的指标,是对传统的GNP指标挑战的结果。中国科学院中国现代化研究中心于2010年首次提出人类发展指数(HDIn)。新人类发展指数(HDIn)是相对于人类发展指数(HDI)的指标,是指衡量一个国家或地区在人类发展的健康长寿、知识普及、信息共享、环境优美和富裕生活等五个方面平均成就的评价指标。

下篇　我国社会政策焦点专题

在现代社会中，政府在社会生活的各个方面广泛干预，从各个方面向社会成员提供各种社会服务，因此而形成了广泛的社会服务体系或社会政策行动体系。一般认为，社会政策应该包括社会保障政策（含社会保险、社会救助和部分专门的社会福利服务等）、社会救助政策（最低生活保障、突发公共事件应对等）、社会福利政策（基本医疗服务、公共住房、义务教育、就业辅导等）、社会优抚政策（退役军人事务、军烈属优待等）和社会服务政策（社会服务组织及人员的准入和标准、针对有特殊需要的群体提供专门性社会服务等）五个部分，这些政策涉及对整个社会和全体社会成员利益的直接或间接分配。尽管当代各国政府在社会政策方面的行动已经具有很大的一致性，但各国的社会政策行动总是针对本国社会的实际需要而展开的，因此不同国家国的社会政策在内容、特点、重点领域等方面也有一些差异。自改革开放以后，随着计划经济向市场经济转型、单位体制的解体，我国民众面临着以“教育难、看病难、住房难”为代表的各种社会问题的“井喷”。为了应对这一系列问题，从20世纪90年代开始，我国政府就制定和完善了大量的社会政策，不断加大社会政策资源的投入，到今天基本形成了比较系统、覆盖面最为完整的社会政策体系。在本篇中，我们就针对中国社会的实际，从老龄化问题、医疗保障问题、反贫困问题、生育问题、儿童青少年问题、社会优抚问题等几个焦点问题出发，以问题视角去分析我国社会政策是如何结合中国实际应对这些焦点问题的。

第六章　应对人口老龄化的社会政策

根据1956年联合国《人口老龄化及其社会经济后果》的划分标准，一国或地区总人口数量中，65岁及以上老年人口数量比例达到7%以上，就可以认为这个国家或地区进入了老龄社会[①]。老龄社会是随着经济社会发展、医疗服务水平提升等带来的必然结果，需要制定相关政策加以应对，以实现经济的可持续发展和社会的稳定。本章从全球和我国人口老龄化的特点和趋势出发，立足我国社会现实并对我国相关社会政策及其执行效果加以分析，最终提出未来政策完善的对策建议。

第一节　人口老龄化问题概述

人口老龄化使老年群体成为社会中一个数量庞大的群体，如何保障他们的基本生活，并为他们提供健康、娱乐和照顾服务等成为全社会必须加以重视的重大问题，所以世界各国都制定了相应的社会政策来应对人口老龄化的问题。

一、全球的人口老龄化及中国人口老龄化的特点和趋势

（一）全球性的人口老龄化的特点和趋势

根据《世界人口展望2019》的数据，2019年全球65岁以上的人口达到了7.029 35亿，占全球人口的比例达到了9.1%，预计到2050年这一数字将增长到16%。按65岁以上人口占总人口比例达到7%为标准，2002年已有68个国家进入老龄化社会；2015年增加到了89个。进入21世纪以后的20年间，世界80岁以上的高龄老人由0.717 15亿，增加到1.455 04亿；占总人口比例由1.2%增加到1.9%。预期到2020年、2030年、2050年，65岁以上的人口将分别达到7.276 06亿、9.974 88亿、15.488 52亿；65岁以上的人口占总人口的比例分别达到了9.3%、11.7%、15.9%。截至目前，日本是全球人口老龄化最严重的国家，65岁以上人口比例达到了27%，排名世界第一，而意大利以23%、德国以21%位居第二和第三名，如图6－1所示。因此，全球正步入老龄化阶段，人口老龄化有可能成为21世纪最重要的社会趋势之一。

---

① 按照这一标准，显然2001年中国已经步入老龄化阶段。

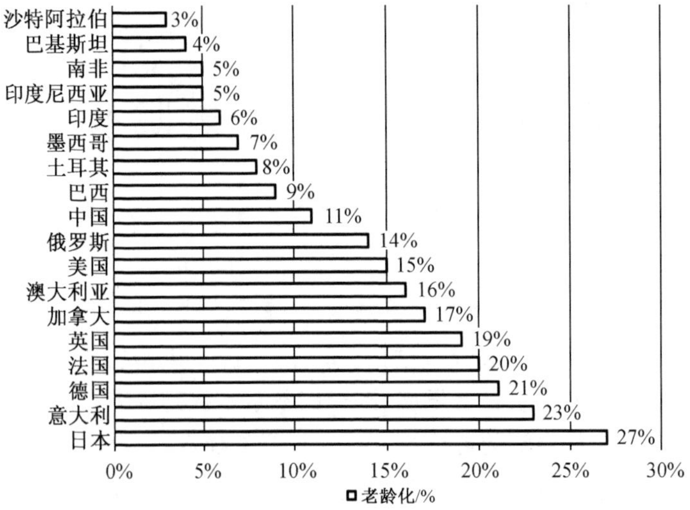

图 6－1　2019 年全球老龄化国家(部分)排行榜

为了应对老龄化问题,早在 1982 年联合国首次召开的老龄问题世界大会上就形成了《老龄问题维也纳国际行动计划》,提出在"健康和营养、保护老年消费者、住房和环境、家庭、社会福利、收入保障和就业、教育,以及研究数据的收集和分析"等方面加强具体服务活动。1991 年通过的《联合国老年人原则》和 2002 年通过的《老龄问题马德里国际行动计划》,都建议各国政府要优先考虑老年人和发展,增进老年人的健康和福利,为老年人创造良好的环境。从目前的情况来看,全球人口老龄化的趋势在相当长的一个时期内是不会发生逆转的,老龄化对全球经济社会发展的影响将越来越大。

(二)中国人口老龄化的进程及特点

1. 中国人口老龄化的进程

从我国国家统计局的数据和联合国数据综合来看,我国的人口老龄化较为严重,如图6－2、图 6－3 所示。到 2019 年我国 65 岁以上的老年人口达到 1.760 3 亿,是 2010 年1.189 4亿的 1.5 倍左右;占总人口比例达到了 12.6%,远高于 2010 年 8.9%。① 同时与其他国家和地区相比,较 2019 年全球 9.1% 的老龄化率、中等偏上收入经济体平均 10.4% 的老龄化率,要高出许多。

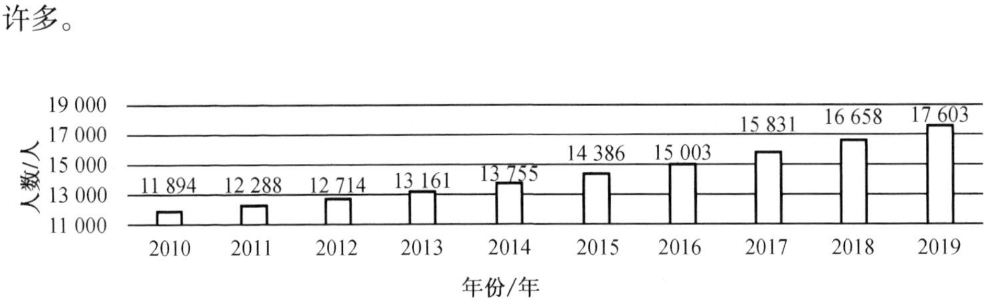

图 6－2　2010—2019 年我国 65 岁以上人口数量

① 国家统计局人口和就业统计司主编《中国统计年鉴 2020》,中国统计出版社,2020,第 31 页。

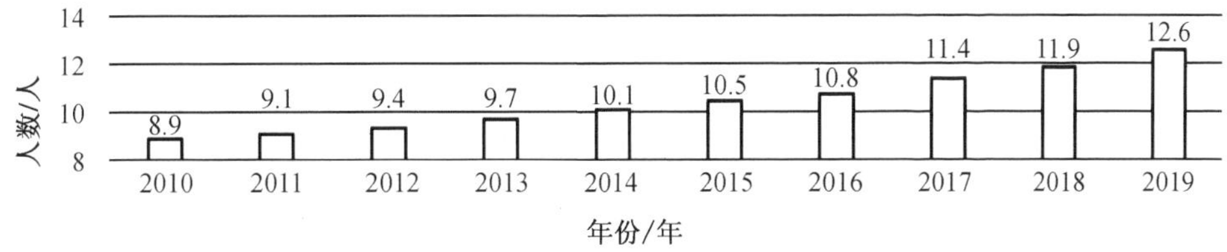

图 6-3　2010—2019 年我国 65 岁以上人口占总人口比例

2. 中国人口老龄化的特点

(1)人口老龄化发展超前于经济发展

2019 年我国老龄化程度在全球经济体中位居第 61 位。从老龄化程度与经济发展水平的国际对比来看,中国在 2000 年步入人口老龄化国家行列的时候,人均 GDP 为 7 942 元,与其他先期进入老龄化的国家和地区有较大的经济发展差距。就目前的老龄化程度而言,美国、日本、韩国、中国老龄化率达到 12.6% 的时间分别是在 1990 年、1992 年、2015 年、2019 年,当时人均 GDP 分别为 2.4 万、3 万、2.7 万和 1.09 万美元。可见,与其他先期进入老龄化的国家和地区相比,我国人口老龄化超前于我国的经济发展水平。

(2)人口老龄化速度和规模前所未有

根据国家统计局发布的数据,自 2000 年进入老龄化社会以后,2019 年末中国 65 岁及以上老年人口达到 1.76 亿人,占总人口的 12.6%,老龄人口和比例都较 2000 年增加了 1.5 倍左右。根据联合国《世界人口展望 2019》的数据统计,中国将在 2022 年进入 65 岁及以上人口占比超过 14% 的深度老龄化社会,2033 年左右进入占比超过 20% 的超级老龄化社会,之后持续快速上升至 2060 年的约 35%,也就是说我国用了 21 年的时间就进入深度老龄化社会;再于 11 年后即 2033 年前后进入超级老龄化社会。这大大超过了经历同样过程的法国(126 年、28 年)、德国(40 年、36 年),而与日本(24 年、11 年)相当。可以说,我国人口老龄化的速度和老龄人口的规模远远大于其他国家,一方面是因为经济增长和寿命延长带来的老龄人口绝对数量的增加,这是经济社会发展的必然结果;另一方面是由于长期较为严格的计划生育政策和当前生育养育成本高额,引发"少子化"带来的人口结构上的失调问题。

(3)养老压力严峻

人口老龄化使得社保收支矛盾日益凸显,养老金缺口将日益增加。养老保险在社保体系中占比 70%,2018 年养老保险基金实际盈余为 -4 504 亿元,实际盈余连续 6 年为负。其中我国城镇职工基本养老保险基金累计结余可支付时间,从 2012 年的 18.5 个月逐渐下降至 2018 年的 13.7 个月,其中黑龙江省养老保险基金从 2013 年开始持续"入不敷出",2016 年累计结余转负。同时,老龄化对医保基金的使用也带来了巨大的压力。尽管截止 2020 年底,我国医保基金历年滚存结余超过 3 万亿元,但在 2021 年 2 月《医疗保障基金使用监督管理条例》出台的新闻发布会上,国家医疗保障局副局长施子海指出:"随着人口老龄化的不断加剧,医疗相关逐支出的不断增长,医保基金收入增速低于支出增速将成为新常态,医保基金中长期平衡压力较大。"

二、人口老龄化的机遇与挑战

(一)人口老龄化的机遇

21 世纪,人口老龄化是很多国家都面临的问题,从全球范围来看,人口老龄化具有特殊性,在带来种种挑战的同时,也意味着带来了巨大的机遇。

第一,人口老龄化意味着平人类均预期寿命的延长,从而降低了人力资本的折旧率;低龄健康老年人大量增加,有利于现有人力资本存量的积累。同时,对老年人力资源的开发和使用,有利于延长人口红利的存续期。

第二,人口老龄化将促使企业寻求资本和技术替代劳动力,客观上有利于产业结构由劳动密集型产业为主向技术、资本、信息密集型产业为主转型;农村人口老龄化在客观上有利于土地流转和农业适度规模化经营,最终整体提高农业劳动生产率。

第三,人口老龄化使得老年人口消费需求快速增加,老年人口对养老服务、养老产品有大量需求,这将为医疗、健康养老、养生旅游、文娱活动等产业带来发展机遇,对于加快发展老年功能代偿产品市场,创新开发智慧健康产品等服务的发展也带来了机遇。

第四,老年人口在其长期的工作生活中积累了相当数量的金融资产和房产,他们对商业养老、医疗等保险产品较为旺盛的需求,对于"养老基金""以房养老"等金融创新产品也要一定的需求,可以为资本市场带来长期稳定的资金来源,对于资本市场的发展也起到了推动作用。

第五,伴随老年人口数量持续增加,高龄和失能失智老人数量不断提升,对专业化养老服务需求持续增长,对养老服务专业人员的服务能力和质量提出更高要求,推动专业养老服务产业的升级。同时,这一变化也必然推动了多层次养老保险制度、医疗保障制度、长期照护保障制度、社会福利和社会救助体系的完善,进而可以有效推动社会的整体进步和发展。

(二)人口老龄化的挑战

人口老龄化将会给每个社会成员个人和整个社会带来很多影响,尽管这些影响可以分为正反两个方面,但是在总体上看负面影响是主要的。

1. 人口老龄化对个人的挑战

人口老龄化对个人的影响是全面的,既包括老年人,也包括青壮年人。对于老年人来说,人生理机能、社会参与能力、收入与消费能力的持续下降,患病、失业等社会风险持续增大,使得老人生活生理性、精神性需求在不断增加,使得老年人在基本生存、健康、娱乐、照顾服务等方面面临一些特殊的需要和问题。对于青壮年人来说,在满足老年人不断增加的生存、医疗和精神慰介等需求的成本和难度也在加大。2010—2019 年我国总抚养比①已从

① 总抚养比也称总负担系数。指人口总数中非劳动年龄人口数与劳动年龄人口数之比。通常用百分比表示。说明每 100 名劳动年龄人口大致要负担多少名非劳动年龄人口。用于从人口角度反映人口与经济发展的基本关系。

34.2%提高到41.5%,老年人口抚养比[①]已从11.9%提高到17.8%。一是随着人口老龄化的来临,青壮年人口的减少,加速了传统家庭向核心家庭的转型,叠加计划生育政策的效果,使得家庭越来越呈现出"4+2+1"的结构,使得青壮年人在赡养老人的人力成本压力大大增加。二是随着人口流动的加快,相当数量老人处于"空巢"状态,使得青壮年人口在赡养老人的时间成本压力大大增加。三是随着老人生理的衰老,老人患病的风险和概率大大增加,使得青壮年人口在赡养老人的资金成本压力大大增加。

2. 人口老龄化对社会的挑战

第一,人口老龄化使得劳动力年龄人口在总人口中的比重下降,劳动力数量相对减少,这意味着劳动力价格和企业经营成本将不断提高。对于像我国这样的"未富先老"的发展中国家而言,人口老龄化意味着出口贸易竞争力下降,经济可持续发展能力降低,会给经济社会发展带来重大的影响。

第二,人口老龄化会影响一个国家总消费的趋势,一是在老龄教育、养老居住、护理等产业会得到较大的发展,在服饰、娱乐、旅游等方面的消费也会相应地增加,这能够起到一定促进消费的作用。二是老年人的消费能力、消费结构和消费欲望也难以与青壮年相比,加之退休收入也较在岗时期少,所以人口老龄化也使得社会总消费水平下降。三是老年人倾向于消费的保健、医疗和休闲娱乐等方面的需求所占比重增大,而电子产品、时尚消费和住房等方面需求相对减小,最终会导致整个经济结构的转变。

第三,人口老龄化对一个国家内部经济发展而言也是一把双刃剑,也会使得政府、社会和家庭在医疗、养老金等方面支出消费比重不断增大,用于再生产领域的社会总投资就会降低,进而会影响到经济发展。同时,老龄化也很会使市场中出现一些与老年人口消费相关的新领域,所以也会在一定程度上促进相关产业的发展,进而推动经济的发展。

综上所述,人口老龄化引发的问题如社会保险缺口、劳动力成本上升、经济结构失衡等经济问题;老人的心理健康、精神抚慰、疾病护理等社会服务问题;低收入老人赡养、失独老人等社会问题等,都需要政府和社会加以应对。

第二节　我国老年人社会服务政策的完善与发展

21世纪以来,我国的人口老龄化发展非常迅速,越来越成为我国的焦点社会问题之一,为了应对这个焦点问题,我国政府在应对人口老龄化这一领域制定了众多的社会政策。

一、老年人社会服务政策的基本含义及主要内容

(一)老年人社会服务政策的基本含义

老年人社会服务政策指政府或其他社会组织为满足老年人在基本生活、日常照顾服

① 老年人口抚养比也称老年人口抚养系数。指某一国家或地区人口中老年人口数与劳动年龄人口数之比。通常用百分比表示。用以表明每100名劳动年龄人口要负担多少名老年人。老年人口抚养比是从经济角度反映人口老化社会后果的指标之一。

务、医疗保健、维护合法权益等方面的基本需要,使老年人享有幸福愉快的晚年生活而向他们提供各种社会服务的政策。随着经济社会的发展,老人养老的需求增加和传统家庭养老功能日益弱化,政府和社会在老年人服务领域不能不加大投入,在老人社会服务方面都发挥着越来越多的作用。

(二)老年人社会服务政策的主要领域

1. 在老年人基本生活保障方面,除了老年人在工作期间必要的储蓄积累以外,老年人在丧失劳动能力以后如何获得必要收入,就是一个必须要在社会层面上加以考量的问题了,如养老保险、最低生活保障等政策的制定。

2. 在老年人公共医疗服务方面,老年人因为其生理原因必然存在长期的医疗服务需求,这就涉及两个问题,一是谁付款的问题,二是谁提供服务的问题。因为医疗服务的专业性,使得老年人在公共医疗服务方面的经济负担较重,且个人和家庭收入的增长也赶不上医疗费用增长的速度。因此有国家和社会干预的必要,主要用于解决老年人的公共医疗服务问题,使老年人能"老有所医"。

3. 在老年人日常照顾服务方面,人口老龄化使得需要得到日常照料的老人数量大大增加,但在社会财富总量和劳动力总量相对减少的情况下,可以投入到这个领域中的劳动力有限。同时,老年人在日常照料中还包括精神层面需求的满足,包括精神抚慰、文化娱乐等非物质层面的照料。因此,为了实现对老年群体的全方位的照料,需要从全社会的层面上来统筹资金和劳动力的使用,这就需要统一的社会政策行动来保障。

4. 在老年人合法权益保护方面,受自身能力、经济水平和社会大环境的影响,老年人合法权益面临被侵害的可能性较高,同时其自身还缺乏维护合法权益的能力。因此,就需要政府和社会建立健全帮助老年人的政策体系。

总之,满足老年人的基本生活需求,并向老年人提供各种社会服务是政府和社会都必须要解决的问题,都需要政府在提供老年服务方面发挥更多的作用。

二、我国老年人社会服务政策概况

我国在漫长的农业文明时期,儒家早就提出"老吾老以及人之老"的敬老思想,春秋时期管子提出了"九惠之教"中的"老老""问病"等优良的政策传统,并一直延续到清末民初的中国。民国时期尽管近现代意义上的社会政策已经开始出现,但其系统并不完整,执行也颇为不利。到了新中国成立以后,我国才建立了比较完整的老年人服务政策体系。计划经济时期,依托城市单位体制和农村人民公社制度建立起了比较完整的、以基本生活保障为标准的老年人保障和服务体系。尤其是近30年以来,伴随着我国经济体制的成功转型,面对人口老龄化的冲击和挑战,我国在加强对老年人的社会服务,维护老年人的合法权益,不断完善老年人社会服务政策。

(一)关于总体规划老年人社会服务的政策体系

为积极应对人口老龄化,根据历次《国民经济和社会发展规划纲要》《中华人民共和国老年人权益保障法》(1996)和《中共中央国务院关于加强老龄工作的决定》(2002),我国政府于2001年、2006年、2011年、2017年先后制定了《中国老龄事业发展"十五"计划纲要》《中国老龄事业发展"十一五"计划纲要》《中国老龄事业发展"十二五"规划》《"十三五"国家老龄事业发展和养老体系建设规划》。这些法律、计划和决定初步形成了有中国特色的老年人服务政策和行动体系，从顶层设计的角度规定了老龄人口的各项基本权利，明确了我国老龄工作的目标、原则和工作内容等，确保了全体老龄人口可以共享全面建成小康社会新成果提供了制度保障。

其中，《“十三五”国家老龄事业发展和养老体系建设规划》明确指出，到2020年我国要实现“多支柱、全覆盖、更加公平、更可持续的社会保障体系更加完善”“居家为基础、社区为依托、机构为补充、医养相结合的养老服务体系更加健全”“有利于政府和市场作用充分发挥的制度体系更加完备”“支持老龄事业发展和养老体系建设的社会环境更加友好”等老年人生活环境和条件的持续改善。同时，这一建设规划还确定了一系列我国老龄事业建设的量化评价指标体系（表6－1），为我国老龄事业的发展提供了一系列的具体可行的量化目标。

表6－1　“十三五”期间国家老龄事业发展和养老体系建设主要指标

类别	指标	目标值
社会保障	基本养老保险参保率	达到90%
	基本医疗保险参保率	稳定在95%以上
养老服务	政府运营的养老床位占比	不超过50%
	护理型养老床位占比	不低于30%
健康支持	老年人健康素养	提升至10%
	二级以上综合医院设老年病科比例	35%以上
	65岁以上老年人健康管理率	达到70%
精神文化生活	建有老年学校的乡镇（街道）比例	达到50%
	经常性参与教育活动的老年人口比例	20%以上
社会参与	老年志愿者注册人数占老年人口比例	达到12%
	城乡社区基层老年协会覆盖率	90%以上
投入保障	福彩公益金用于养老服务业的比例	50%以上

（二）老年人生活保障政策

1. 老年人生活保障政策的总体设计

新中国成立以来，我国《宪法》《婚姻法》《农村五保供养工作条例》《中华人民共和国老年人权益保障法》《城市居民最低生活保障条例》《国务院关于在全国建立农村最低生活保障制度的通知》等多部法律和行政法规，都在不同层面上明确了获得必要的生活保障是老年人的基本权益。尤其是《中华人民共和国老年人权益保障法》第二章明确规定，“老年人养老以居家为基础，家庭成员应当尊重、关心和照料老年人”；第十四条“赡养人应当履行对老年人经济上供养、生活上照料和精神上慰藉的义务，照顾老年人的特殊需要”；第十九条“赡养人不得以放弃继承权或者其他理由，拒绝履行赡养义务”。第三章第二十八条规定“国家通过基本养老保险制度，保障老年人的基本生活”。第四章第三十七条规定“地方各级人民政府和有关部门应当采取措施……对经济困难的老年人，地方各级人民政府应当逐步给予养老服务补贴”。从以上的内容来看，家庭、社区、单位、社会和国家都在不同程度上,负有帮助老年人获得基本生活保障的法定职责。从经济社会发展的现实上看,居家社区养老在相当长的一个时期还是我国老年人养老的主要形式。一方面,家庭可以为老年人的养老通过较为熟悉的居住环境,因血缘和亲缘关系形成的人际关系较为稳定和亲密,生活习惯、语言和交流方式上也不存在隔阂,有助于保持传统家庭的亲情关系。另一方面,家庭对老人基本生活的保障相对成本较低,也可以体现老人和子女之间的权利义务关系,推动尊老敬老优秀传统的传承。

当然我们也要承认,随着人口流动的加快、生活成本的增加,加之计划生育政策的影响,传统的居家养老也受到越来越大的冲击。空巢老人、失独老人、流动老人等新的老年人群体出现,再加上客观存在的、传统的"三无"老人群体,传统的居家养老体系已经遇到了前所未有的挑战。因此,国家和社会还要负担起越来越大的养老责任,尤其是法律规定的基本生活保障的责任,通过最低生活保障制度和农村五保供养制度结合起来,实现了对我国老年人口基本生活保障的"安全网"。

2. 老年人生活保障政策体系

为应对社会的发展和人口老龄化带来的挑战,我国政府在《"十三五"国家老龄事业发展和养老体系建设规划》指出,"多支柱、全覆盖、更加公平、更可持续的社会保障体系更加完善""居家为基础、社区为依托、机构为补充、医养相结合的养老服务体系更加健全""有利于政府和市场作用充分发挥的制度体系更加完备""支持老龄事业发展和养老体系建设的社会环境更加友好"的方针。《国家积极应对人口老龄化中长期规划》指出,积极应对人口老龄化的阶段性目标分别是:"到 2022 年,基本养老保险和基本医疗保险基本实现法定人员全覆盖,养老保障水平正常调整机制初步建立。多层次养老保险制度体系初步构建";"到 2035 年,基本养老保险和基本医疗保险应保尽保,实现法定人员全覆盖。构建起多层次养老保险制度体系";"到 21 世纪中叶,与社会主义现代化强国相适应的应对人口老龄化制度安排成熟完备"。其相关的政策安排如下:

(1)完善城乡养老保险制度。依据 2009 年 9 月的《国务院关于开展新型农村社会养老保险试点的指导意见》和 2010 年 10 月的《中华人民共和国社会保险法》,形成了我国城乡居民基本养老保险制度总体方案,为老年人养老提供了较为完善的基本资金保障;并构建包括职业年金、企业年金,以及个人储蓄性养老保险和个人税收递延型商业保险的多层次养老保险体系。

(2)健全城乡老年人社会福利制度。制定实施老年人照顾服务项目,鼓励地方丰富照顾服务项目、创新和优化照顾服务提供方式。着力保障特殊困难老年人的养老服务需求,确保人人能够享有基本养老服务。在全国范围内基本建成针对经济困难的高龄、失能老年人的补贴制度。对经济困难的老年人,地方各级人民政府逐步给予养老服务补贴。完善农村计划生育家庭奖励扶助和特别扶助制度。

(3)完善城乡老年人社会救助制度。一是根据 1999 年《城市居民生活最低生活保障条例》和 2007 年《国务院关于在全国建立农村最低生活保障制度的通知》,从而确保所有符合条件的城乡老年人按规定纳入最低生活保障、特困人员救助供养等社会救助制度保障范围。二是根据 2009 年《关于进一步完善城乡医疗救助制度的意见》,全面开展重特大疾病医疗救助,逐步将城乡低收入家庭老年人纳入救助范围,加强对老年人的"救急难"性质的临时救助工作,按规定对流浪乞讨、遭受遗弃等生活无着的老年人给予救助。

(4)发展专业化的社区居家养老服务。一是通过《中华人民共和国老年人权益保障法》等法律规范,明确城乡社区对本社区空巢老年人、失独老人、孤寡老人等由家庭提供日常照料的职责。二是通过《"十三五"国家老龄事业发展和养老体系建设规划》(2017)、《智慧健康养老产业发展行动计划(2017—2020 年)》(2017)等规范性文件,鼓励引进专业化团队,推动智慧养老的软硬件设施建设。三是鼓励专业化的居家社区养老服务项目团队参与社区养老服务活动,为老年人提供精准化个性化专业化服务;加快建立全国统一的服务质量标准和评价体系,加强养老服务行业自律和信用体系、服务评估制度建设;统筹规划发展城乡社区养老服务设施,大力推行政府购买服务;落实好对专业养老服务机构的投融资、税费、土地、人才等扶持政策,支持发展养老机构责任保险,提高养老机构抵御风险能力。

(三)老年人康复护理服务政策

1. 老年人的康复护理服务问题

根据国家卫健委的数据显示,我国居民 2018 年人均预期寿命是 77 岁,但是健康预期寿命仅为 68.7 岁,平均带病期 8.3 年,也就意味着 60 岁以上的老年人有 2/3 的时间处于带病的生存状态。全国老龄工作委员会办公室(以下简称老龄委)的调查数据显示,有超过 10%的老人存在大小便失禁的情况,有 15.2% 的老人需要护理,但其中利用专业医疗或者专业养老护理的仅仅占了 1.1% 。高龄的老年人寿命多伴随着各种慢性疾病,老年人比其他人需要更多的医疗保健和康复服务,但是受制于医疗保险、资金筹措机制不健全等缺陷,造成老年人的康复护理服务的难题难以解决。可见,我国人口老龄化的现实需求,就要求我国必须要加强老年人医疗服务政策体系的建设。

2. 老年人的康复护理服务政策体系

为应对社会的发展和人口老龄化给中国传统的城镇医疗保险和农村合作医疗模式带来的挑战,保证老年人"老有所医"。根据此前三个《中国护理事业发展规划纲要》和《全国护理事业发展规划(2016—2020 年)》(2016)将"老年护理服务体系的逐步健全"作为目标之一。同时,国务院发布的《"十三五"国家老龄事业发展和养老体系建设规划》(2017)中,明确提出了到 2020 年老年人健康素养提升至 10% ,二级以上综合医院设老年病科比例在 35% 以上,65 岁以上老年人健康管理率达到 70% ,90% 的街道和乡镇建立老年人基层体育组织的目标。其具体政策措施如下:

一是完善基本医疗保险和商业保险的制度设计。在基本医疗保险对老人群体的覆盖面的同时,实现门诊和住院医疗费用异地结算,推动长期护理保险政策设计;完善针对老年人的医疗救助制度,实现与重度残疾人护理补贴、经济困难失能老年人护理补贴等福利性护理补贴项目的整合衔接,满足老年人多样化、多层次长期护理保障需求。在 2016 年 6 月人社部印发《人力资源社会保障部办公厅关于开展长期护理保险制度试点的指导意见》,提出开展长期护理保险制度试点工作的原则性要求,明确河北省承德市、吉林省长春市、黑龙江省齐齐哈尔市等 15 个城市作为试点城市。2020 年 9 月,国家医保局会同财政部印发《关于扩大长期护理保险制度试点的指导意见》,将长期护理保险试点城市增至 49 个。长期护理险试点的推出,标志着国家层面推进全民护理保险制度建设与发展的启动,实现了我国老年人康复护理服务资金筹措的完善。

二是鼓励医疗机构、养老机构和社区多种力量投入到新型医养机构的建设之中。要求到2020年每个地市设立一所护理院，有条件的地区设立安宁疗护中心；政府运营的护理型养老床位占当地养老床位总数的比例不低于30%，65岁以上老年人健康管理率达到70%。在社区之中建设养老院和医务护理站点，对养老机构设置的医疗机构，符合条件的按规定纳入基本医疗保险定点范围。在医疗机构和养老机构的合作问诊转诊制度，为老年人提供非诊疗性健康服务、康复护理、日常生活照料以及临终关怀一体化服务。

三是加强老年人健康促进和疾病预防。要完善城乡基本健康服务体系的建设，完善各级服务机构。在具体服务方面，健全社区老年人医疗档案；宣传慢性疾病预防、医疗技术推广、健康保健理念、合理用药指导、建立合理的就医理念；开展中医药健康管理服务项目，加强老年严重精神障碍患者的社区管理和康复服务。根据《国务院办公厅关于印发医疗卫生领域中央与地方财政事权和支出责任划分改革方案的通知》(2018)，2019年1月1日起把"建立居民健康档案、健康教育、老年人健康管理、高血压和2型糖尿病等慢性病患者健康管理、老年健康与医养结合服务管理，卫生健康项目监督管理"等工作，纳入基本医疗卫生服务范畴。

四是发展老年医疗与康复护理服务。要求加强老年护理服务队伍和机构建设，逐步建立以机构为支撑、社区为依托、居家为基础的老年护理服务体系；要求加强社区护士培训，推进家庭医生签约服务制度，发展家庭病床和居家护理、医养结合、安定疗护等，为老年人特别是高龄、重病、残疾、失能老年人就医提供便利服务，广泛开展老年康复护理服务。

五是加强对老年人心理障碍的预防和治疗。老年人精神关爱。对于轻度心理和情绪问题，可以通过督促家庭成员、心理咨询师和社工开展情感关怀、心理疏导、危机干预志愿服务网络，通过培养兴趣爱好、加强人际交往等方式加以应对。另一方面，对于中重度心理疾病金额情绪问题，就要依靠专业心理咨询机构和医院心理科，进行专业化心理和精神治疗，实现对于老年人心理健康的保障。

（四）老年人就业促进与社会参与政策

1. 老年人的就业及社会参与问题

根据国家卫健委的相关统计数据，随着社会的发展和医疗保健水平的提高，人均预期寿命由2018年的77.0岁提高到2019年的77.3岁，健康预期寿命为68.7岁。因此，老年人在现有退休标准下退休以后，还有相当长的时期身体是健康的，在生理上和技能上仍然可以适应就业市场的要求，参与各项社会生活的能力。但在实现老年人的就业及社会参与权利方面却也存在较多的问题。一方面，老年人就业面对激烈的就业竞争，尤其是缺乏劳动技能的老年人一旦退休，就很难再有就业的机会。同时，传统思想的惯性和对老年人的刻板印象，也使得老年人本身的就业意愿不高和企业组织不愿意为老年人提供就业机会的现象普遍存在。另一方面，老年人的社会参与面临着老年人参与机会、参与能力、参与形式的诸多制约，使得老年人在参与社会活动的广度和深度方面都存在不足的问题。这不仅对老年人自身是一种就业与社会参与权利的丧失，而且对社会来说也是一种资源和人才的浪费。

2. 老年人就业促进与社会参与的政策体系

（1）关于退休年龄规定的修正

退休年龄是指劳动者依法离开劳动力市场的法定年龄，但各国关于退休的法律规定并不一致。其中发达国家普遍执行65岁以上的退休年龄，大多数发展中国家实行的是60～65岁的退休年龄。根据《国务院关于安置老弱病残干部的暂行办法》（1978）和《国务院关于工人退休、退职的暂行办法》（1978）文件所规定，我国现行退休年龄是为男性60岁，女干部和女工人分别为55岁和50岁，这在全球都属于退休年龄较早的国家。但随着人口老龄化问题的影响，早在2013年党的十八届三中全会通过《中共中央关于全面深化改革若干重大问题的决定》指出研究制定渐进式延迟退休年龄政策；2017年人社部就已明确提出延迟退休方案将在2022年正式实施。不管怎么说，延迟退休年龄并推进老年人积极参与就业，通过对老年人力资本的使用，将有助于缓解劳动力短缺问题。

（2）对老年人就业和参与社会生活权利的保障

《中华人民共和国老年人权益保障法》第六十六条规定："国家和社会应当重视、珍惜老年人的知识、技能、经验和优良品德，发挥老年人的专长和作用，保障老年人参与经济、政治、文化和社会生活。"第六十九条规定："国家为老年人参与社会发展创造条件。根据社会需要和可能，鼓励老年人在自愿和量力的情况下，从事下列活动：对青少年和儿童进行社会主义、爱国主义、集体主义和艰苦奋斗等优良传统教育；传授文化和科技知识；提供咨询服务；依法参与科技开发和应用；依法从事经营和生产活动；参加志愿服务、兴办社会公益事业；参与维护社会治安、协助调解民间纠纷；参加其他社会活动。"第七十条规定："老年人参加劳动的合法收入受法律保护"。

《"十三五"国家老龄事业发展和养老体系建设规划》（2017）和《国家积极应对人口老龄化中长期规划》（2019）指出，在老年人就业、人力资源开发和社会参与的促进上，一要完善老年人力资源使用的总体规划，鼓励专业技术领域老年人才延长工作年限，依法保障老年人在生产劳动过程中的合法收入、安全和健康权益。二要引导老年人树立终身发展理念，积极面对老年生活，参与社会发展，发挥正能量，做出新贡献。引导全社会正确认识、积极接纳、大力支持老年人参与社会发展。三要支持老年人发挥自身的优势，积极参与社会活动，促进老年人通过社会组织实现自我管理、自我教育、自我服务。四要支持改善老年人生活条件，如加强无障碍设施建设；在社区为老年人提供一站式便捷服务。五要加强老年社会组织的培育和政治参与，支持老年社会组织参加或承办政府有关人才培养、项目开发、课题研究、咨询服务等活动。

当然，老年人退休之后再就业创业，这应该是老年人自由自愿的选择而不能强制，也要给予他们同等标准的报酬，还需要在社会保险金和津贴方面给予必要的补助，可以在领取退休金的同时获得其他收入；也可以通过弹性领取社会保险的设计，增加社会保险金缴纳年限，使得老人在以后领取养老金的时候，能够获得更多的收益。

（五）老年人的教育及文化娱乐政策

1. 老年人的教育及文化娱乐需求

随着我国人口老龄化程度的不断加深，现有的老年教育与文化娱乐活动的软硬件条件还远远不能满足需要。我国的《中华人民共和国老年人权益保障法》第七十一条规定："老年人有继续受教育的权利。国家发展老年教育，把老年教育纳入终身教育体系，鼓励社会办好各类老年学校。各级人民政府对老年教育应当加强领导,统一规划,加大投入。"第七十二条规定:"国家和社会采取措施,开展适合老年人的群众性文化、体育、娱乐活动,丰富老年人的精神文化生活",这就从法律的角度明确了老年人在教育及文化娱乐方面的基本权益。在具体的实践中,"十二五"期间老年教育参与率仅为3.5%,与5%的规划目标相比,计划完成率为70%;老年协会城乡社区创建率为81.9%,与87.5%的规划目标相比,计划完成率为94%,都低于"十二五"规划的要求,尤其是在受教育方面本来不高的要求都无法完全实现。

2. 老年人教育和娱乐服务体系及相关政策

为满足越来越多的老年人的教育及娱乐需求,因此,在《"十三五"国家老龄事业发展和养老体系建设规划》和《国家积极应对人口老龄化中长期规划》中提出了"老年文化体育教育事业更加繁荣发展""构建养老、孝老、敬老的政策体系和社会环境,有利于满足人民日益增长的美好生活需要"等一系列新要求。其具体政策如下:

一是落实老年教育发展规划,扩大老年教育资源供给,支持鼓励各类社会力量举办或参与老年教育,整合不同形式的老年学习资源、推进老年远程教育。改善现有公益性老年教育机构办学条件,改善基层社区老年教育机构设施设备,探索"养、医、体、文"等场所与老年人学习场所的结合,到2020年全国县级以上城市至少应有一所老年大学。编辑出版有时代特色、科学内涵、文化品位,适应社会需要的老年教育系列教材。

二是完善覆盖城乡的老年文化娱乐机构建设。一方面,推动城乡博物馆、文化馆、图书馆和公园、景区等公共文化娱乐设施向老年人免费或优惠开放;利用网络技术强化数字文化和娱乐资源的建设,增加适合老年人的特色文化娱乐服务项目。另一方面,加强老年教育专职和兼职相结合的人才队伍建设,提升老年文化娱乐机构对老年人的服务能力。

三是丰富老年文化娱乐产品的形式内容。文化娱乐信息资源共享、农村电影放映、农家书屋等重大文化惠民工程,增加面向老年人文化娱乐产品的服务内容和资源。广泛开展群众性老年文化娱乐活动,培育老年文化娱乐活动品牌。鼓励创作发行老年人喜闻乐见的图书、报刊以及影视剧、戏剧、广播剧等文艺作品。鼓励制作适合微博、微信、手机客户端等新媒体传播的优秀老年文化作品。

四是开展适合老年人特点的教育活动。要通过举办各种讲座、报告、参观等形式的教育活动,帮助老年人保持正确的世界观、人生观、价值观;积极组织老年人学习科学文化知识和生产生活技术,破除迷信、移风易俗,增强就业和参与社会的能力;针对老年人在医疗保健方面的需求,积极组织康复、保健等方面的常识和知识的宣传,增强老年人的健康意识。

(六)老年人的权益保护政策

1. 老年人的权益保护问题

《中华人民共和国老年人权益保障法》第三条明确规定,"国家保障老年人依法享有的权益。老年人有从国家和社会获得物质帮助的权利,有享受社会服务和社会优待的权利,有参与社会发展和共享发展成果的权利。"今天我们强调的积极应对人口老龄化的目的之一,就是要充分保障老年人的合法权益,形成个人、家庭、社会、政府共同参与的保护老年人合法权益的大环境。但是在现代社会中,老年人在许多方面都容易受到伤害,涉及老年人权益的案件主要集中在:侵犯老年人继承权;遗弃、虐待老年人;侵吞老人房屋产权;老人再婚又离婚所引发的财产问题;独居老人的精神养老问题。《2019 年度全国涉及老年人案件情况研究》报告显示,在 2019 年所有涉及老年人权益的案件中,借贷纠纷案件共计 8.23 万件;2020 年《最高人民法院工作报告》指出"审结一审民事案件 939.3 万件,其中涉及教育、就业、医疗、住房、消费、社会保障等民生领域案件 144 万件";"严惩虐待、遗弃、伤害老年人犯罪,审结赡养案件 2.6 万件,维护老年人合法权益"。尤其是 2020 年在陕西省榆林市靖边县发生的"活埋"老人案件更是恶劣。这些侵犯老年人权益的现象不仅会伤害到老年人自身的生命财产安全,而且不利于整个社会的安全与稳定,因而成为中国社会需要应对和解决的社会问题。要解决这个问题,不能单纯地依靠道德和习俗的力量,必须同时利用社会制度、法律、道德和社会习俗等各种手段动员全社会的力量来进行。

2. 保护老年人合法权益的服务体系及相关政策

为维护老年人合法权益,确保老年人合法权益不受侵犯,我国颁布的《中华人民共和国老年人权益保障法》《国家积极应对人口老龄化中长期规划》和《"十三五"国家老龄事业发展和养老体系建设规划》指出,"构建养老、孝老、敬老的社会环境。强化应对人口老龄化的法治环境,保障老年人合法权益。构建家庭支持体系,建设老年友好型社会,形成老年人、家庭、社会、政府共同参与的良好氛围"。其具体政策措施如下:

一是加强老年人权益的法制保障。根据经济社会发展的实际,进一步完善老年人权益保障法及配套政策,促进老年人依法维护自身合法权益,加强老年人法律服务和法律援助。在政治生活中积极听取老年人的意见建议,研究建立老年人监护制度,加快老年人社会服务、社会优待、社会参与等制度建设。完善老年人社会服务组织运行的规范化,不断完善政策顶层设计,推进非本地户籍常住老年人与本地户籍老年人同等享受优待。到 2020 年,老年人优待制度普遍建立完善。

二是健全老年人权益保障机制。一方面,充分发挥各级党群组织和社区组织、社会组织作用,动员专业法律从业人员建立维权热线,加强法律援助服务,形成老年权益保障的法律援助体系。另一方面,对于严重损害老年人权益的案件,各级行政和司法机关加大执法力度,切实保护老年人合法权益。

三是加强对老年人权益保护观念和法律宣传教育。通过弘扬敬老助老美德、强化法治观念,使得全体社会成员都能主动维护老年人的合法权益,还可以通过学法、知法、用法,提高老年人依法维护自身权益的意识和能力。

四是完善老年人再就业的法律保障。要致力完善法律法规,企业要依法与就业的老年人签订劳务合同,明确报酬、医疗、其他待遇方面的权利和义务,为老年人就业撑起权益"保护伞"。

综上所述,通过健全可持续的多层次社会保障体系,完善养老服务体系和健康服务体系,构建养老、孝老、敬老的政策体系和社会环境,有利于满足人民日益增长的美好生活需要。通过加强老年人教育服务、文化娱乐服务、老年人力资本开发利用等,可以化被动为主动,从而对冲人口老龄化带来的不利影响。

第七章　基本医疗卫生服务政策专题

虽然在当代社会医疗技术和医疗服务水平都得到了飞速提高，但是由于不同社会群体在医疗资源、医疗成本和医疗机会获取中的竞争，人们的健康需要仍然没有得到有效地满足，疾病仍然严重威胁着许多人的健康，这就是所谓的疾病风险。因此，人们希望通过政府的干预，可以更加合理配置基本医疗卫生服务资源，来改善全社会（尤其是弱势群体）的基本医疗服务。因此，不断地根据经济社会发展水平和民众的需求，各国政府都在积极地调整和完善在基本医疗卫生服务领域的政府干预，以便更加有效地满足民众需要。

第一节　基本医疗卫生服务问题概述

一、当今全球基本医疗卫生服务问题概述

（一）全球预期寿命总体上升，但受经济发展水平因素影响国别差异性较大

根据《2020 年世界卫生统计》的数据，2000—2016 年，全球预期寿命增长了 8% 以上，但不同收入水平的国家预期寿命的长度是存在较大差异的。低收入国家的总体健康状况仍然落后于全球平均水平，2016 年低收入国家的预期寿命（62.7 岁）比高收入国家（80.8 岁）低 18.1 岁，低收入国家的人们受到下呼吸道感染、腹泻病、艾滋病、疟疾和早产并发症等疾病影响较大。由此可见，低收入国家受到其自身财力的影响，在基本医疗卫生服务方面还有很长的路要走。同时，面对新冠肺炎疫情的影响，世界各国都需要制定及时有效的卫生政策和干预措施，以避免受到新冠疫情给不同年龄人群预期寿命所带来的直接或间接影响。

（二）获取基本卫生服务的总体情况有所改善，但中低收入国家的服务覆盖范围和水平还很有限

在联合国可持续发展目标监测框架中，全球服务覆盖指数从 2000 年的 45 提高到 2017 年的 66，不过自 2010 年以来这一进展的速度已经放缓。2017 年全球只有 33% ~49% 的人口能够被基本卫生服务所覆盖，中低收入国家的服务覆盖率、卫生人员密度和疫苗接种覆盖率都低于高收入国家，这种差异阻碍了全民健康覆盖和可持续发展目标的实现。由于基本卫生服务覆盖的局限性，使得全球因自付医疗费用过高而导致贫困的人口大大增加，在 2000 年至 2015 年因医疗费用支出而陷入极度贫困线以下的人数有 8 970 万人；陷入相对贫困线以下的人口从 2000 年的 1.109 亿人增加到 2015 年的 1.832 亿人。

（三）孕产妇死亡率和儿童死亡率等现象总体缓解，但儿童面临的威胁依然很大

2000—2018 年，5 岁以下儿童死亡率从 76‰降至 39‰，新生儿死亡率从 31‰降至 18‰，已有 121 个国家实现联合国可持续发展目标中与 5 岁以下儿童死亡率有关的具体目标。2017 年全球孕产妇死亡率比 2000 年下降了 38%，全球孕产妇死亡率在 2000—2017 年年均下降 2.9%。但这种下降是不平衡的，2017 年死亡的 29.5 万名孕产妇中，撒哈拉以南非洲和南亚约占死亡总数的 86%。尽管大多数孕产妇死亡都是可以通过对孕期和分娩护理、扩大生育间隔等方式加以预防的，但 2014—2019 年的数据显示，在撒哈拉以南非洲地区只有 60% 的分娩由熟练的保健人员协助，远低于全球平均的 81%。同样截至 2017 年，全球还有 55% 的人口缺乏卫生的生活环境，40% 的家庭缺乏基本卫生设施，29% 的人口缺乏安全的饮用水。仅 2016 年受不安全的饮用水和环境卫生等影响，就造成了全球近 120 万人死亡，其中包括近 30 万名 5 岁以下儿童。此外，在 2019 年全球 5 岁以下儿童还有 1.44 亿人存在发育迟缓现象，有超过 4 700 万名儿童处于营养不良的状态。

（四）与在防治传染病方面取得的进展相比，在预防和控制非传染性疾病方面进展不足

全球艾滋病毒发病率在 2000 年至 2018 年期间几乎下降了两倍；结核病发病率逐渐下降，大多数国家的发病率在 1‰～4‰；疟疾发病率从 2000 年的 81‰降至 2018 年的约 57 例。自 2000 年以来，全球因艾滋病毒、结核病、疟疾和非传染性疾病导致的死亡率平均每年下降 2.4%～3.2%，全球在应对主要传染病方面正在取得稳步进展。与在防治传染病方面取得的进展相比，在预防和控制非传染性疾病方面进展不足。2016 年全球有 4 100 万人死于非传染性疾病，其中心血管疾病（1 790 万人死亡）、癌症（900 万人死亡）、慢性呼吸道疾病（380 万人死亡）和糖尿病（160 万人死亡）。在高收入国家，癌症已成为死亡的主要原因；低收入国家和中等偏低收入国家中，心血管疾病仍然是导致死亡人数最多的非传染性疾病。在发生新冠肺炎等突发卫生事件时，患有高血压和糖尿病等非传染性疾病的患者变得容易受到感染，而且死亡风险更高，这使得解决肥胖等预防非传染性疾病的风险因素变得更加重要。

（五）需要加强对国家卫生信息系统的投资，以提高数据的及时性

世界卫生组织（WHO）全球监测系统需要使用各国统计产生的数据，来评估全球的医疗卫生事业的状况。但由于各国统计系统及其生成的卫生数据存在局限性，如报告数据覆盖面可能不全、调查不具有全国代表性、病例报告不足或过度报告、数据采集频次不足等问题；数据信息在处理或报告过程中出现的错误、滞后，以及各国统计口径不同带来的额外困难等，都会导致数据过时、不完整或不准确，进而对决策者制定适当的政策、分配资源和确定干预措施的优先次序产生负面影响，阻碍了在基本医疗卫生服务领域公平的实现。

（六）新冠肺炎的流行使得世界基本医疗卫生服务政策偏离了现有追求可持续发展的轨道

2020 年新冠肺炎疫情使得世界各国基本医疗卫生服务政策和政策资源使用重点都发生了改变，使得全球在传统基本医疗卫生服务领域中的可持续发展受到了重大影响，这对

于联合国确定的2030年可持续发展目标的实现提出了一系列难题。因为新冠肺炎疫情在短期内没有结束的迹象,这对中低收入国家继续维持在基本医疗卫生服务方面已经取得的各项积极进展,持续保持在国家层面对基本医疗卫生服务领域的投入,变得越来越困难。

综上所述,从WHO近几年的《世界卫生统计》报告来看,在联合国可持续发展目标的引领下,在全球国家普遍关注基本医疗卫生服务投入和水平的提高下,诸多方面都取得了巨大的进步,尤其是广大中低收入国家在进展上总体高于世界平均水平。但是受到历史因素和经济发展水平的限制,中低收入国家在基本医疗卫生服务方面的实际水平还是与高收入国家有较大的差距。同时,中低收入国家的基本医疗卫生服务水平的提高也是不均衡的,东亚太平洋地区进展较快,撒哈拉以南非洲地区发展滞后。

二、当今我国基本医疗卫生服务问题

新中国成立以前,我国是一个基本医疗卫生服务体系和基本医疗卫生服务资源投入严重短缺的国家。但新中国成立以后,我国一方面不断学习世界各国在基本医疗卫生服务领域的先进经验,总结我国的教训,不断完善自身的基本医疗卫生服务体系。另一方面,我国不断从自身经济社会发展的实际出发,把人民群众的生命安全放在基本医疗卫生服务事业的首位,在力所能及的范围内尽全力提供基本医疗卫生服务,受到国际社会的广泛赞誉和肯定。改革开放以来,中国人均预期寿命从1981年的67.9岁提高到2020年的77.3岁,孕产妇死亡率从1990年的0.889‰下降到2019年的0.178‰,婴儿死亡率从1981年的34.7‰下降到2019年的5.6‰,居民的主要健康指标总体上优于中高收入国家平均水平,提前实现联合国千年发展目标。

(一)对基本医疗卫生服务事业的认识还需要进一步深化

2016年8月19日,习近平总书记在全国卫生与健康大会上正式提出"大健康、大卫生"理念,扩展了健康服务的类别、加强了对疾病预防的重视程度。2017年10月,党的十九大报告明确提出,实施健康中国战略,明确提出我国基本医疗卫生服务坚持"健康优先、预防为主、公益主导、公平普惠、共建共享"的理念。这就意味着我国"以病患为服务对象,以疾病为中心"的传统的基本医疗卫生服务,必须要向"以全民为服务对象,以健康为中心"为中心的现代基本医疗卫生服务转变。[①] 这一认识大大扩大了基本医疗卫生服务的内容和种类。但作为一个发展中的大国,受到经济发展水平和人口老龄化压力的影响,我国有限的公共卫生资源不得不将更多次源用来弥补长期遗留下来的医疗欠账,以实现对社会稳定和社会公平的维护。因此,这一理念要完全被接受,并转化为具体的行动还存在一个较长的过程。

① 习近平总书记指出:"要重视少年儿童健康,全面加强幼儿园、中小学的卫生与健康工作,加强健康知识宣传力度,提高学生主动防病意识,有针对性地实施贫困地区学生营养餐或营养包行动,保障生长发育。要重视重点人群健康,保障妇幼健康,为老年人提供连续的健康管理服务和医疗服务,努力实现残疾人'人人享有康复服务'的目标,关注流动人口健康问题,深入实施健康扶贫工程。"

(二)对基本医疗卫生服务管理体制还需要进一步理顺

1.基本医疗卫生服务管理体制还需要进一步整合

我国各级政府在基本医疗卫生服务管理中起着不可替代的作用,但我国政府不同部门对基本医疗卫生服务方面的权责还没有特别明确的划分,政府机构与社会参与、公共产品投入与产出等关系和矛盾,切实解决好治理的碎片化、状态的无序化问题。这是因为基本医疗卫生服务的管理广泛涉及医疗卫生、政治、经济、科技等诸多领域,需要政府部门和全社会的参与合作、广泛的资源整合。但整合必然触及各方利益及权力分配,基本医疗卫生服务领域中的政府管理已陷入一个"怪圈":当公共卫生危机事件来临时,政府部门、社会组织会加大合作;当威胁减弱后,基本医疗卫生服务问题的重要性下降,甚至被地区热点问题等所冲淡。这个"怪圈"循环往复,导致解决复杂难题的长期努力变成了"救火"的短期行为,极大限制了治理的效能。

2.基本医疗卫生服务队伍规模和分布有待改善

2019 年末,我国卫生技术人员 1 015.4 万人中,执业(助理)医师 386.7 万人、注册护士 444.5 万人;执业(助理)医师 27.7 人/万人,注册护士 31.8 人/万人。这个数字高于 2018 年全球的平均水平(15.6 人/万人和 37.6 人/万人),但是低于欧洲和美洲国家(34.1 人/万人和 81.3 人/万人、24 人/万人和 83.3 人/万人)。除了人员总数有限以外,人员分布也不均衡。从我国卫生人员机构分布来看,2019 年末在各级医院任职的有 778.2 万人(占总数的 60.2%),在基层医疗卫生机构任职的有 416.1 万人(占总数的 32.2%),在专业公共卫生机构任职的有 89.6 万人(占总数的 6.9%)。其中在乡镇卫生技术人员有 123.2 万人,农村村卫生室人员有 144.6 万人。截至 2019 年,我国城乡执业(助理)医师、注册护士分布情况有所改善,但是城乡不均衡的格局并没有根本改变,如图 7-1、图 7-2、图 7-3 所示。

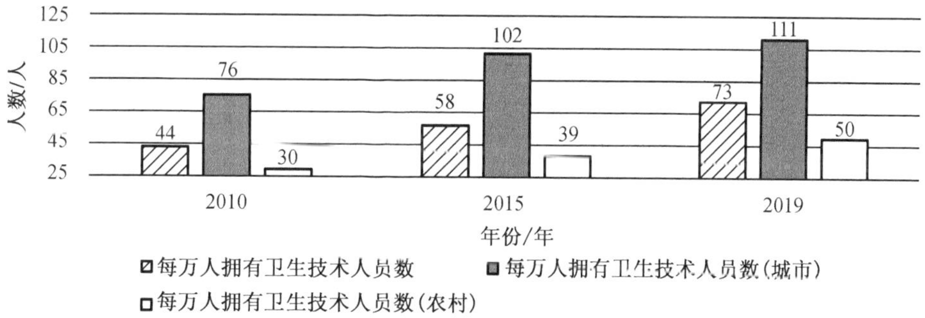

图 7-1　2019 年我国每万人拥有卫生技术人员数

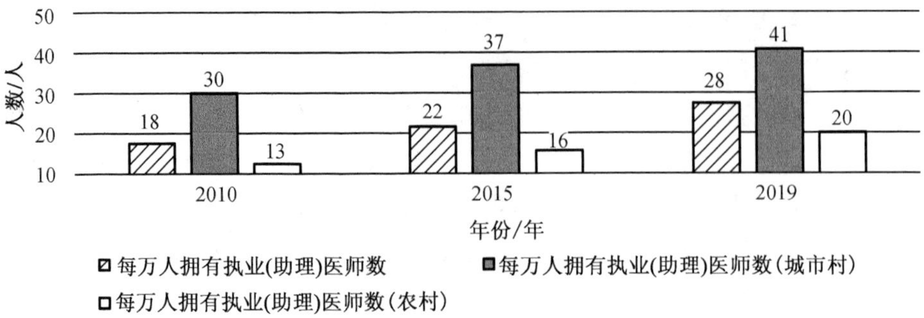

图 7－2　2019 年我国每万人拥有执业(助理)医师数

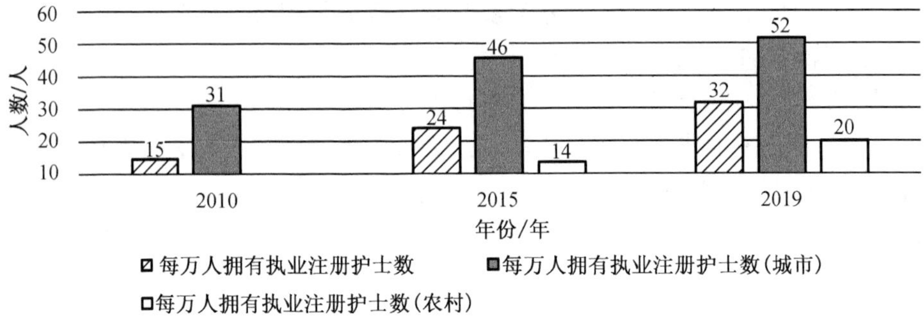

图 7－3　2019 年我国每万人拥有注册护士数

3. 基本医疗卫生服务法制建设不完善

基本医疗卫生服务法制化就是以法治手段保障公共卫生事业发展,以法律制度保障公共卫生安全。截至目前,我国已初步建立起公共卫生法律保障框架,包括《中华人民共和国基本医疗卫生与健康促进法》《中华人民共和国突发事件应对法》《中华人民共和国传染病防治法》《中华人民共和国食品卫生法》《中华人民共和国职业病防治法》《中华人民共和国国境卫生检疫法》《中华人民共和国药品管理法》《中华人民共和国疫苗管理法》《中华人民共和国献血法》等 30 余部法律。除这些法律外,还有《突发公共卫生事件应急条例》《重大动物疫情应急条例》《国内交通卫生检疫条例》《中华人民共和国进出境动植物检疫实施条例》《中华人民共和国传染病防治法实施办法》等部门规章和地方性法规规章等,这些法律法规为我国公共卫生法治建设打下坚实的基础。但从立法层面看,首先单行法律较多,缺少综合性基本医疗卫生立法;其次,法律之间衔接不够顺畅,法规政策条款过于原则和简单,有些法律条文之间存在相互矛盾的情况;最后,法规制定和执行的主体比较复杂,不同政府部门在政策执行中还存在较多的认识性和协调性问题。

4. 基本医疗卫生服务信息化还有待加强

目前我国已建立了国家级的传染病疫情直报系统,完成了全国的传染病监测管理。对居民健康档案、妇幼卫生保健、慢性病管理、老年人管理、卫生监督等服务内容也制定了相应的管理规范。但由于我国基本医疗卫生服务信息化发展起步较晚,加之区域经济发展的差异性、信息化建设的复杂性,也决定了目前公共卫生信息化建设存在着一些问题。

一是信息化标准规范存在问题。目前我国的信息化标准规范还没有出台,缺少信息系统开发中所需的标准数据元定义、标准业务流程定义、业务监管模式定义、业务数据质量控制标准、业务数据质量分析标准、业务数据价值利用标准。这些对系统开发带来了许多不确定因素，增加了开发难度、延长了开发周期、阻碍了数据交换共享。

二是信息化建设软件开发存在问题。我国的基本医疗卫生服务信息化建设还处于初期阶段，一方面信息系统建设分散于卫计委、民政、财政、人社等不同部门，信息收集的条目、范围、格式各异，导致统计软件低水平重复建设问题严重。另一方面，因技术积累缺乏、实际需要多变和功能水平的限制，使得我国基本医疗卫生服务信息系统建设中，缺乏权威性的软件供应商和软件品牌。

三是信息化建设部门协作问题。基本医疗卫生服务涉及不同政府部门间信息交互协调，一方面不同部门的信息化水平差异较为明显，如疾控、卫生、民政等部门信息化程度较高，而社区等基础性信息收集部门还广泛存在手工记录的状态。另一方面，不同部门间存在数据壁垒的同时，也存在因为统计口径、统计能力和工作态度导致的数据统计差异，导致同类型的基础数据信息出现了人为的数据错误。

四是投资不足导致的问题。一方面是因为后续研发资金投入不足，造成信息系统功能不完善、新功能难以添加、软件升级困难等情况。同时，一些运行正常的业务系统由于区域性信息化整合的要求也不得不中途搁置。另一方面，基层基本医疗卫生服务机构投入不足，会造成系统缺乏硬件支持和人员缺乏培训的情况，导致业务数据缺乏真实性、有效性受到影响。

综上所述，围绕《“健康中国 2030”规划纲要》和《健康中国行动(2019—2030 年)》的要求，信息的获取、公开中还要平衡公众健康知情权和个人信息保护，满足提高信息数据的可得性、有效性，满足监测评估需求。

(三)对基本医疗卫生服务资源的投入还需要进一步加大

基本医疗卫生服务是一种成本低、效果好的服务，但又是一种社会效益回报周期相对较长的服务，需要政府持续且大量的资源投入。但受经济利益驱动，政府往往会更重视一些可以获得短期收益的项目，从而削弱了政府对于基本医疗卫生服务的重视程度和行政干预力度。2019 年，根据国办《医疗卫生领域中央与地方财政事权和支出责任划分改革方案》，基本基本医疗卫生服务包括主要由基层医疗卫生机构承担的建立居民健康档案等 12 类项目，以及从原重大基本医疗卫生服务和计划生育项目中划入的地方病防治等 19 类项目(不限于基层医疗卫生机构实施)；基本医疗卫生服务项目人均财政补助标准从 2018 年的 55 元提高至 2019 年的 69 元。财政部《2019 年全国一般公共预算支出决算表》的数据显示，2019 年全国一般公共预算支出有 238 858.37 亿，其中卫生健康支出 16 665.34 亿(含公共卫生支出为 2 211.59 亿)，如图 7 - 4 所示，占总支出的 6.98%(0.93%)；人均支出概算为 1 190 元(158 元)。可见，近些年我国各级政府对公共卫生的投入力度不断加大，但财政投入不足、结构不够合理尚存在。2018 年中国人均医疗卫生支出费用为 4 237 元，与发达国家相比差距甚远。据 OECD 组织公布的数据，2018 年美国、英国人均医疗卫生费用支出 10 586.1美元、4 069.6 美元；日本和韩国的人均医疗卫生支出水平也达到 4 766.1 美元和 3 191.6美元的水平。

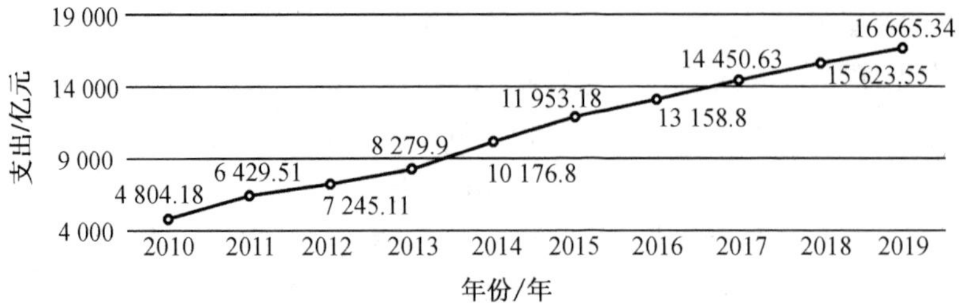

图 7－4　2010—2019 年我国卫生健康支出

从医疗卫生支出总额占 GDP 的比重来看,2019 年全国卫生总费用预计达 65 195.9 亿元,其中:政府卫生支出 17 428.5 亿元(占 26.7%),社会卫生支出 29 278.0 亿元(占 44.9%),个人卫生支出 18 489.5 亿元(占 28.4%)。人均卫生总费用 4 656.7 元,卫生总费用占 GDP 百分比为 6.6%。根据 2019 年 WHO 发布数据,2016 年全球医疗费达 7.5 万亿美元,约占各国 GDP 的 10%;2018 年美、英、日、韩的卫生支出占 GDP 的比分别为 16.9%、9.8%、10.9% 和 8.1%,相比之下我国医疗卫生投入增加未来发展空间较大。

综上所述,我国公共卫生领域还存在很多的问题急需改进,尤其是历次公共卫生危机事件都会充分暴露出现有基本医疗卫生服务体系的缺陷和短板,为了适应全社会日益增长的公共卫生需求,就必然要加快我国卫生医疗体制改革,不断完善在公共卫生领域的社会政策体系。

第二节　基本医疗卫生服务政策概述

对基本医疗卫生服务政策的研究也是社会政策学科中的重要内容之一,但是由于各国基本医疗卫生服务规模和体制的不同,这一领域在理论和实践上存在着差异。

一、基本医疗卫生服务政策的定义及基本内容

基本医疗卫生服务是预防疾病,延长生命和促进健康的科学和重要的手段;通过有组织、有方法的社会努力改善环境健康,控制传染病和教育人们改善个人卫生习惯,对疾病进行早期诊断和治疗服务,并确保每个社会成员维持健康的生活水平,并实现其固有的生命健康和长寿权利的活动。① 到了 20 世纪 50 年代,WHO 明确指出基本医疗卫生服务是包括预防监测和控制传染病与非传染性疾病、监测人口的健康状况、促进健康、职业健康、保护环境的方法、公共卫生立法、公共卫生管理以及特殊的公共卫生管理等八个部分在内的复杂体系。因此,我们可以看到随着全球对基本医疗卫生服务认识的深化,如何正确认识基本医疗卫生服务政策的内涵和外延,推动这一政策体系的建设也就成为我们必须要要关注的问题了。

---

① 兰迎春、王敏、王德国:《基本卫生服务均等化的伦理思考》,《中国医学伦理学》2017 年第 1 期。

（一）基本医疗卫生服务政策的定义

2020年6月实施的《基本医疗卫生与健康促进法》，第15条规定“基本医疗卫生服务，是指维护人体健康所必需、与经济社会发展水平相适应、公民可公平获得的，采用适宜药物、适宜技术、适宜设备提供的疾病预防、诊断、治疗、护理和康复等服务。基本医疗卫生服务包括基本公共卫生服务和基本医疗服务。基本公共卫生服务由国家免费提供”。因此，所谓基本医疗卫生服务政策是指政府在配置医疗卫生资源，解决医疗卫生问题，预防疾病，以促进、保护或恢复健康等方面的一系列规定和行动的总称。

（二）基本医疗卫生服务政策的基本目标

基本医疗卫生服务政策的基本目标是：降低各种疾病的发生和危害，满足社会成员的卫生需求，提高全社会的健康水平，并进而促进经济发展与社会进步。这一基本目标可以分为两个层次的具体目标：预防疾病和治疗疾病。

疾病预防是指通过政府行动而建立全社会的疾病控制体系，并增强社会成员的健康水平和防病抗病的能力。疾病治疗是指通过政府干预而提高全社会医疗技术水平和医疗服务质量；提高医疗服务的可及性，以尽可能公平的方式使尽可能多的人享有基本的医疗服务；降低医疗服务的价格，其核心是控制医疗服务的费用，进而满足人民群众不断提高的健康需要。

（三）基本医疗卫生服务政策的影响因素

第一，经济发展因素。基本医疗卫生服务所要消耗的资源，是政府通过对社会财富的再分配获得的，这也就要求在制定基本医疗卫生服务政策时，需要根据一个国家在不同的经济发展阶段制定或调整政策，这样才能有针对性的、较大限度地满足人民的基本需求。

第二，政治因素。基本医疗卫生服务的种类、水平均由政府来决定，政策资源如何在不同公共卫生领域和不同社会群体之间的分配，也是需要由政府来统一规划和执行。但受制于政府秉承的价值观和施政重点、职能部门分工等诸多政治因素，容易导致基本医疗卫生服务“政出多门”。因此，对公共卫生事务进行统一的协调和管理的实现，就需要在基本医疗卫生服务政策制定过程中充分考虑政治因素。

第三，利益相关者的博弈因素。尽管关于基本医疗卫生服务政策的政治博弈都以普及基本医疗卫生服务为目标，但由于各国历史传统、政治体制、决策模式等因素的影响，其结果往往存在较大的差异性。如我国能够参与基本医疗卫生服务政策的部门众多，且不同社会主体对基本医疗卫生服务政策的需求也有明显的差异性。因此，在医疗卫生改革过程中，要充分考虑利益相关者的博弈因素，建立良好的公众参与机制。尤其是公民个人应该积极加入医疗卫生服务政策的制定中，具体参与公共政策制定、执行和反馈的全过程，使公共政策能够更充分地代表自己的诉求。

第四，城乡二元结构因素。发展中国家城乡二元结构的存在，长期导致城乡基本医疗卫生服务资源分布的不均衡，因此基本医疗卫生服务政策就要破除城乡壁垒，实现人人享有基本医疗卫生服务的目标。这就决定了发展中国家的基本医疗卫生服务政策改革必须在尊重历史和现实的前提下，在城市和农村制定不同的干预政策，逐步缩小城乡在基本医疗卫生服务方面的差距。

二、当代各国基本医疗卫生服务政策的基本内容

从全球基本医疗卫生服务政策实践中来看,根据政策功能大体上把基本医疗卫生服务政策,分为针对全体社会成员的基本公共卫生服务政策、基本医疗服务政策,针对专门人群的基本医疗卫生服务政策三个组成部分。

(一)基本公共卫生服务政策的基本内容

由于各国对基本公共卫生服务内涵的不同理解,对基本公共卫生服务政策的基本内容的理解也不尽一致,但一般包括三个方面的内容:提供预防性卫生服务、促进健康服务和改善健康环境。因此,基本公共卫生服务政策的基本内容包括:

1. 预防性的基本医疗卫生服务政策,比如政府在预防接种、传染病及突发公共卫生事件报告和处理、地方病防治、职业病防治、人禽流感、严重急性呼吸综合征(SARS),防控、鼠疫防治、地中海贫血防控等方面制定的各种规范性文件。

2. 促进健康服务的基本医疗卫生服务政策,主要包括居民健康档案管理、健康教育、卫生计生监督、慢性病患者健康(包括高血压患者健康管理和Ⅱ型糖尿病患者健康管理)、重大疾病与健康危害因素监测、严重精神障碍患者、肺结核患者健康管理、中医药健康等方面制定的规范性文件。

3. 改善健康环境的基本医疗卫生服务政策,主要包括国家卫生应急队伍运维保障、食品安全标准跟踪评价、健康素养促进、国家随机监督抽查、人口监测、卫生健康项目监督等方面制定的各种规范性文件。

(二)基本医疗服务政策的基本内容

基本医疗服务是保障劳动者或社会成员基本的生命健康权利,使劳动者或社会成员在防病治病的过程中按照防治要求得到基本的治疗,就是对社会成员提供最基本的福利性照顾。在我国,解决劳动者或社会成员基本医疗服务的资金主要来自基本医疗保险,具体服务是由政府举办的医疗卫生机构提供,并鼓励社会力量参与提供。因此,基本医疗服务政策的基本内容主要包括医疗卫生机构和人员的日常管理、新药审批和国家基本药物目录管理、资金和价格管理、服务监督管理等。

1. 规范医疗卫生机构和人员的政策。具体内容包括建立现代医院管理制度,设定医疗卫生人员培养规划;推进基本医疗服务实行分级诊疗制度,整合医疗卫生资源建立医疗服务合作机制;建立家庭医生服务团队;建立健全符合医疗卫生行业特点的人事、薪酬、奖励制度。

2. 规范药品供应保障的政策。具体内容包括完善和实施基本药物目录制度,健全药品价格监测体系;健全药品审批制度,完善药品从研制到使用的全过程追溯制度;建立中央与地方两级医药储备,建立健全药品供求监测体系,加强对医疗器械的管理;加强中药的保护与发展等。

3. 规范基本医疗服务资金保障的政策。具体内容包括完善基本医疗服务资金的预算管理;建立以基本医疗保险为主,商业保险、医疗救助和慈善服务等为补充的、多层次的资金保障体系;健全基本医疗服务项目、基本药物和医疗器材采购的协商谈判机制,确定行政

区域基本医疗保险基金支付的具体项目和标准等。

4. 规范基本医疗服务监督管理的政策。具体内容包括健全行业自律、政府监管、社会监督相结合的医疗卫生综合监督管理体系；建立医疗卫生机构绩效评估制度，提高基本医疗服务的效率；建立公民个人健康信息保护制度，建立医疗卫生机构、人员等信用记录制度，建立医疗纠纷预防和处理机制等。

（三）针对专门人群的基本医疗卫生服务政策

1. 妇幼保健卫生政策，包括农村妇女“两癌”检查政策、增补叶酸预防神经管缺陷政策、国家免费孕前优生健康检查政策、基本避孕服务政策、孕产妇健康政策、0～6岁儿童健康政策等。

2. 老年医疗保健政策，包括老年病防治和为老年人提供更加优惠的医疗服务等、老年人健康政策、老年健康与医养结合服务政策等。

3. 残疾人医疗康复政策，包括残疾人保健康保险和长期护理保险政策、残疾人购置基本辅助器具资助政策、肢体（脑瘫）残疾儿童矫治手术与康复治疗政策等。

4. 针对低收入群体和其他一些特殊困难群体的基本医疗卫生服务政策，包括贫困地区新生儿疾病筛查政策、残疾儿童康复救助政策、贫困地区儿童营养改善政策、精神残疾人治疗康复救助政策等。

第三节　我国基本医疗卫生服务政策体系的沿革和发展趋势

在计划经济时代，我国依托城市单位体制和农村人民公社制度，建立了一套与计划经济相适应的基本医疗卫生服务政策体系，并通过群众性爱国卫生运动而推动了我国基本医疗卫生服务的发展。改革开放40多年来，我国城乡基本医疗卫生服务政策体系与计划经济时期相比，发生了天翻地覆的变化。尤其是21世纪以来，我国基本医疗卫生服务政策的改革进入了一个崭新阶段。

一、我国基本医疗卫生服务政策体系的历史沿革

（一）改革开放以前我国基本医疗卫生服务政策体系的历史沿革

1. 在基本医疗卫生服务政策的顶层设计方面

计划经济时期我国在基本医疗卫生服务方面出台的政策数量少且原则性较强。在政策目标上，这一时期我国在保障城市基本医疗卫生服务的前提下，尽可能地保障农村地区的基本医疗服务。在政策价值取向上，这一时期我国特别关注基本医疗卫生服务的福利性和公益性，在党和政府强调城乡“公费医疗”和“合作医疗”的基础上，体现了“平等化”和“福利化”的价值理念。在政策工具的选择上，突出政府直接干预，政府直接提供医疗卫生服务，建立城乡三级医疗卫生服务网络，对医疗服务价格和药品质量价格等进行价格管制。综上所述，1950年8月召开的全国第一次卫生工作会议，确立了“面向工农兵、预防为主、团

结中西医”的卫生工作方针,并逐步建立起政府主导的低水平福利性医疗保障制度。

2. 我国城乡基本医疗卫生服务政策设计方面

在城市基本医疗卫生服务政策方面,建立了以公费医疗制度为核心的免费医疗保障制度。1951 年《中华人民共和国劳动保险条例》确立了职工劳保医疗和家属半费医疗的规定,1952 年政务院发布的《关于全国各级人民政府、党派、团体及所属事业单位的国家工作人员实行公费医疗预防的指示》,建立了经费主要来源于各级财政的公费医疗制度。8 月又将享受公费医疗待遇的人员范围扩大到在乡干部和大专院校的在校生。同时,还制定了十一类西药和大部分中成药的基本药物目录、大型设备检查的规定及公费用药报销范围。1956 年卫生部出台《改进卫生财务管理》,进一步确立了各级医疗卫生单位的社会福利性质。1966 年 4 月,劳动部和全国总工会颁布《关于改进企业职工劳保医疗制度几个问题的通知》,针对劳保医疗制度包得过多、医疗工作紧张和药品浪费等情况,对城市职工劳保医疗进行了修订,细化了医疗费用的缴费责任。

在农村基本医疗卫生服务政策方面,1956 年全国人大一届三次会议通过的《高级农业生产合作社示范章程》中规定,合作社对于因公负伤或因公致病的社员要负责医疗,从而首次赋予集体介入农村社会成员疾病医疗的职责。1965 年 9 月,中共中央批转卫生部党委《关于把卫生工作重点放到农村的报告》,强调加强农村基层卫生保健工作,建立了具有中国特色的赤脚医生制度和合作医疗制度。此外,还在提供儿童免疫、控制传染病、寄生虫病和地方病等方面制定了具体政策。

尽管在计划经济时期,我国基本医疗卫生服务事业具有鲜明的公益性,获得了国际社会的广泛肯定。这一时期的不足主要在于:资金、设备和人员投入有限,基本医疗卫生服务总体技术水平较低,区域发展不平衡;收入分配制度僵化,医务工作者积极性受限;医保缺乏相应约束,易导致资源浪费;由于缺乏合理的经费筹集机制和稳定的经费来源,医疗保障社会化程度低。由于改革开放前受到经济发展水平和政府施政重点的不同,我国基本医疗卫生服务政策的一个重要特征,是政府主导的城乡二元制政策体系。总的来看,城市的政策水平明显高于农村。

(二)改革开放以后我国城乡基本医疗卫生服务政策的历史沿革

改革开放以前,我国城乡基本医疗卫生服务受到了严重的干扰,国民经济处于崩溃的边缘,基本医疗卫生服务缺乏足够的资金保障;基本医疗卫生服务医疗机构硬件设施落后、人员队伍老化、服务水平低下等问题突出。

1. 1979—1992 年是我国城乡基本医疗卫生服务政策的恢复时期

(1)我国政府在统筹城乡基本医疗卫生服务政策的制定方面,开始推动政策的法制化和权威化,先后制定了《中华人民共和国药品管理法》(1984)、《中华人民共和国母婴保健法》(1994)、《中华人民共和国传染病防治法》(1989)、《中华人民共和国国境卫生检疫法》(1987)、《中华人民共和国国境卫生检疫法实施细则》(1989)、《学校卫生工作条例》(1990)、《中华人民共和国传染病防治法实施办法》(1991)等法律法规。

(2)在城市基本医疗卫生服务政策方面,一是确定了市场化的改革方向。1979 年初卫生部提出“要用经济手段管理卫生事业”“卫生部门也要按经济规律办事”的提法,基本医疗卫生服务开始由“公益”向“商品”转变。1979 年 4 月 28 日卫生部、财政部、国家劳动总局联合印发《关于加强医院经济管理试点工作的通知》，将经济核算等手段应用到医疗体系的管理之中[①]，这些标志着我国基本医疗卫生服务市场化的开始。随后，卫生部相继下发了《关于允许个体开业行医问题的请示报告》（1980）、《关于加强卫生机构经济管理的意见》（1980）、《医院经济管理暂行办法》（1981）、《关于加强卫生机构经济管理的意见》（1981）、《全国医院工作条例》（1982）、《学校卫生工作条例》（1990）等政策，强调扩大医院自主经营权，为多种所有制形式并存的医疗服务机构奠定了基础。

二是服务资金筹措方式也在发生改变。一方面传统的公费医疗制度也没有取消，1979 年在《关于公费医疗两个问题的复函》中规定，“原享受公费医疗待遇的人员退休后，如异地安置，由新居住地方的卫生部门安排其公费医疗”；在《关于公费医疗几个问题的答复》中规定，“原来不享受公费医疗的行政事业单位的职工，凡是符合国务院退休办法，退休后由民政部门发退休金的，可以享受公费医疗待遇”“凡是退休后由原单位发退休金的，仍享受原单位医疗待遇，其医疗费用由原单位报销”。另一方面，政府开始探索新的医疗保险制度。1984 年颁布的《关于进一步加强公费医疗管理的通知》，提出要积极慎重地改革公费医疗制度。1989 年颁布的《关于公费医疗管理办法的通知》，在公费医疗开支范围内对具体的 13 种自费项目进行了说明，并在丹东等四城市进行医疗保险制度改革试点。

（3）在农村基本医疗卫生服务政策方面，1978 年 3 月通过的《中华人民共和国宪法》中明确写入了继续推动农村合作医疗的内容，随后《农村合作医疗章程（试行草案）》（1979）颁布，要求各地根据这个章程对农村基层卫生组织和合作医疗制度进行整顿，并改进资金筹集办法。但是，随着农村开始实行家庭联产承包责任制，集体经济逐渐解体，导致农村合作医疗基本濒临崩溃。

（4）在基本医疗药品管理方面，我国政府相继颁布《药政管理条例》（1978）、《新药管理办法》（1979）、《中华人民共和国药品管理法》（1984）、《新药审批办法》（1985）、《关于新药审批管理若干补充规定》（1988）、《关于药品审批管理若干问题的通知》（1992），从此我国的药品管理也进入了法制化阶段。

2. 1992—2002 年我国城乡基本医疗卫生服务政策的市场化改革时期

（1）在我国统筹城乡基本医疗卫生服务政策的总体设计方面。随着《关于深化卫生改革的几点意见》（1992）、《中共中央、国务院关于卫生改革与发展的决定》（1997）和《关于城镇医药卫生体制改革的指导意见》（2000）相继颁布，为我国推进卫生改革提出了总体要求，要求改革城镇职工医疗保险制度、改革卫生管理体制、积极发展社区卫生服务、改革卫生机构运行机制等。在法律法规层面上完成了《医疗机构管理条例》（1994）、《中华人民共和国执业医师法》（1999）、《中华人民共和国献血法》（1997）、《中华人民共和医疗器械监督管理条例》（2000）、《中华人民共和国职业病防治法》（2001）、《中华人民共和国人口与计划生育法》（2001）、《中华人民共和国药品管理法（修订）》（2001）等法律法规的制定，加强了我国城乡基本医疗卫生服务政策法制化的进程。

---

①　对医院可以实行“五定”，即定任务、定床位、定编制、定业务技术指标、定经费补助；国家对医院的经费补助准备实行“全额管理、定额补助，结余留用”的制度。

(2)在城市基本医疗卫生服务政策方面,政府发布了《关于加强医疗质量管理的通知》(1993)、《护士管理办法》(1993)、《医师资格考试暂行办法》(1997)、《传统医学师承和确有专长人员医师资格考核考试暂行办法》(1997)、《医师执业注册暂行办法》(1999)、《关于开展区域卫生规划工作的指导意见》(1999)、《关于城镇医疗机构分类管理的实施意见》(2000)、《关于卫生事业补助政策的意见》(2000)、《医院药品收支两条线管理暂行办法》(2000)、《关于医疗机构有关税收政策的通知》(2000)、《关于改革医疗服务价格管理的意见》(2000)、《关于实行病人选择医生促进医疗机构内部改革的意见》(2000)、《关于卫生监督体制改革的意见》(2000)、《关于深化卫生事业单位人事制度改革的实施意见》(2000)、《城市社区卫生服务机构设置原则》(2000)、《中外合资、合作医疗机构管理暂行办法》(2000)、《城市社区卫生服务基本工作内容(试行)》(2001)、《医疗事故处理条例》(2002)等,实现了将城市各级医疗机构和医务从业人员的管理工作纳入法制轨道的目标。同时,我国政府相继发布了《关于职工医疗保障制度改革扩大试点的意见》(1996)、《关于建立城镇职工基本医疗保险制度的决定》(1998)、《军人退役医疗保险暂行办法》(1999)、《关于铁路系统职工参加基本医疗保险有关问题的通知》(1999),明确了我国城镇职工和退役军人的医疗保险制度改革的目标任务、基本原则和政策框架,标志着我国原有的城镇公费医疗(劳保医疗)开始向医疗保险转变。

(3)在农村基本医疗卫生服务政策方面,在《关于建立社会主义市场经济体制若干问题的决定》(1993)和《加快农村合作医疗保健制度改革与建设》研究报告中,提出要"发展和完善农村合作医疗制度"的要求。为了切实推进农村新型合作医疗制度的恢复,1996 年召开的全国卫生工作会议再次强调了合作医疗的重要性,次年国务院颁发了《关于卫生改革与发展的决定》(1997)、《关于发展和完善农村合作医疗的若干意见》(1997)、《关于进一步加强农村卫生工作的决定》(2002),提出"积极稳妥地发展和完善农村合作医疗制度,并逐步提高社会化程度;有条件的地方可以逐步向社会医疗保险过渡"的要求,重建和恢复农村合作医疗,其目标是到 2010 年使农村居民人人都能享受初级卫生保健。

(4)在基本医疗药品管理方面,《关于进一步加强药品管理工作的紧急通知》(1994)、《药品价格管理暂行办法》(1996)、《关于继续整顿和规范药品生产经营秩序加强药品管理工作的通知》(1996)、《药品价格管理暂行办法的补充规定》(1997)、《关于完善药品价格政策改进药品价格管理的通知》(1998)、《药品临床试验管理规范(试行)》《新药审批办法》(1999)、《新生物制品审批办法》(1999)、《进口药品管理办法》(1999)、《仿制药品审批办法》(1999)、《新药保护和技术转让的规定》(1999)、《医疗机构药品集中招标采购试点工作若干规定》(2000)、《药品招标代理机构资格认证及监督管理办法》(2000)、《关于改革药品价格管理的意见》(2000)、《药品政府定价办法》(2000)、《药品政府定价申报审批办法》2000、《药品价格监测办法》(2000)、《医疗机构药品集中招标采购试点工作若干规定》(2000)、《药品招标代理机构资格认定及监督管理办法》(2000)、《药品管理法(修订)》(2001)、《药品管理法实施条例》(2002)、《药品注册管理办法(试行)》(2002)等规范性文件相继发布,借鉴了先进国家和地区基本医疗药品管理的经验教训,推进了我国基本医疗药品管理制度的建设,标志着我国的药品管理开始进行创新尝试。

综上所述,这一时期我国城乡基本医疗卫生服务政策改革的核心目标,是强调扩大我国基本医疗保险制度覆盖面；推进我国卫生行政部门转变职能，改革调整了我国公立医疗机构运行机制和分类管理制度；实行医药分开核算、分别管理，调整医疗服务价格，规范财政补助范围和方式；改革了药品流通体制。但随着城乡基本医疗卫生服务市场化改革的深入，政府责任逐渐淡化，在一定程度上忽略了农村卫生工作和卫生服务筹资的公平性，也影响了医疗机构公益性的发挥，“看病难、看病贵”的问题日益突出。

3.2003—2008 年我国城乡基本医疗卫生服务政策的公益化回归时期

（1）在突发公共卫生事件应对方面。2003 年“非典”疫情的爆发，使得我国开始大力强化应对突发公共卫生事件的政策体系建设，陆续出台《突发公共卫生事件应急条例》（2003）、《突发公共卫生事件与传染病疫情监测信息报告管理办法》（2003）、《国家突发公共事件总体应急预案》（2006）、《国家突发公共卫生事件应急预案》（2006）、《国家突发公共事件医疗卫生救援应急预案》（2006）、《关于全面加强应急管理工作的意见》（2006）、《关于加强领导完善机制全面推进卫生应急工作的通知》（2006）、《全国突发公共卫生事件相关信息报告管理工作规范（试行）》（2006）、《法定传染病疫情和突发公共卫生事件信息发布方案》（2006）、《全国卫生部门卫生应急管理工作规范》（2007）、《突发事件应对法》（2007）等政策和法律，完善预案体系建设、健全信息管理和发布平台、加强卫生应急管理体系，力图建立及时有效地处理突发公共卫生事件的机制，并进一步完善从中央到省、地、县的四级疾病预防控制体系。

（2）在城市基本医疗卫生服务政策方面。一是通过推动医疗保险和社会救助的普及，我国政府先后出台了《关于城镇职工灵活就业人员参加医疗保险的指导意见》（2003）、《关于推进混合所有制企业和非公有制经济组织从业人员参加医疗保险的意见》（2004）、《关于建立城市医疗救助制度试点工作的意见》（2005）、《关于构建社会主义和谐社会若干重大问题的决定》（2006）等政策。一方面将灵活就业人员、非公经济组织从业人员、进城务工人员纳入医疗保险范围，还进一步明确提出“建立以大病统筹为主的城镇居民医疗保险”。另一方面，推动在全国范围内建立起城市医疗救助制度，为处于极端弱势地位的社会成员提供最基本的医疗救助服务。

二是通过《关于加强医疗机构财务部门管理职能、规范经济核算与分配管理的规定》（2004）、《医院管理评价指南》（2005）、《医疗机构财务会计内部控制规定（试行）》（2006）、《 < 中外合资、合作医疗机构管理暂行办法 > 的补充规定》（2008）、《各级疾病预防控制中心基本职责》（2008）、《疾病预防控制工作绩效评估标准》（2008）等细化了对各级医疗机构医院的评价指标体系，提高了医疗服务机构的服务能力和服务质量。

三是通过《城市社区卫生服务机构设置和编制标准指导意见》（2006）、《关于发展城市社区卫生服务的指导意见》（2006）、《城市社区卫生服务机构管理办法（试行）》（2006）等政策，为社区卫生组织发展提供了政策支持，着力完善基层医疗机构的建设，普及分级诊疗制度的建设。

（3）在农村基本医疗卫生服务政策方面。2003 年开始，我国政府相继发布《关于建立新型农村合作医疗制度的意见》（2003）、《关于加强农村卫生人才培养和队伍建设的意见》（2003）、《乡村医生从业管理条例》（2004）、《乡村医生考核办法》（2008）、《关于加快推进新型农村合作医疗试点工作的通知》（2006），提出到 2010 年实现在全国建立基本覆盖农村居民的新型农村合作医疗制度的目标,明确政府在财政投入和促进医疗卫生服务均等化上的责任,使得我国农村合作医疗制度建设从此有法可依。同时,《关于解决农民工问题的若干意见》(2006)、《关于开展农民工参加医疗保险专项扩面行动的通知》(2006),提出“全面推进农民工参加医疗保险工作”,将农民工列为基本医疗保险的覆盖人群。这一进步也同时造就实际上的农村人口医疗保险双轨制,客观上存在重复缴费或保障空白的可能。

(4)在基本医疗药品管理方面,通过《关于进一步加强医药价格监管减轻社会医药费负担有关问题的通知》(2004)、《药品注册管理办法》(2005)、《药品生产质量管理规范认证管理办法》(2005)、《政府制定价格成本监审办法》(2006)、《药品注册管理办法(修订)》(2007),对药品价格进行了多次下降,但我国药品价格过高的问题,依然是我国医疗服务负担沉重的直接原因。

综上所述,在这一时期我国城乡基本医疗卫生服务政策拉开了向公益回归的过程。政策内容上,如何提高应对突发事件的能力,促进医疗卫生服务城乡均等化,着手解决过度市场化带来的问题。政策目标上,保障和改善民生成为主要目标,其中包含了“人人享有”“全民覆盖”“强化基层服务”,体现了公平的政策理念。政策工具上,政府开始纠正市场失灵问题,强调政府责任。尽管历时数年的改革并没有取得预期的成果,但是其对基本医疗卫生服务公益性回归的探索,为2009年开始的最新一轮医改提供了宝贵的经验教训。

4.2009年至今我国城乡基本医疗卫生服务政策的最新变化

2009年4月,《关于深化医药卫生体制改革的意见》正式向公众发布,标志着“新医改”正式拉开帷幕。随后《关于促进基本公共卫生服务逐步均等化的意见》(2009)、《“十二五”期间深化医药卫生体制改革规划暨实施方案》(2012)、《“十三五”深化医药卫生体制改革规划》(2016)、《关于进一步推广深化医药卫生体制改革经验的若干意见》(2016)、《关于以药品集中采购和使用为突破口进一步深化医药卫生体制改革若干政策措施的通知》(2019)等具有全局指导性的文件发布,提出了在减轻医疗费用负担和关注重点人群的前提下,面向全民、统筹城乡的基本医疗卫生服务体系的改革目标。

(1)在改革总体目标的指导下,我国政府相继颁布了《食品安全法》(2009/2015)、《母婴保健法》(2009/2017)、《职业病防治法(修订)》(2011/2016/2017)、《精神卫生法》(2012)、《传染病防治法(修订)》(2013)、《药品管理法(修订)》(2013/2015/2019)、《人口与计划生育法》(2015)、《基本医疗卫生与健康促进法》(2020)等事关全局的基本医疗卫生服务法律体系。同时还制定了《全国医疗卫生服务体系规划纲要(2015—2020年)》(2015)、《医疗机构设置规划指导原则(2016—2020年)》(2016)、《中国遏制与防治艾滋病“十三五”行动计划》(2017)、《“十三五”全国计划生育事业发展规划的》(2017)、《中国防治慢性病中长期规划(2017—2025年)》(2017)、《关于建立现代医院管理制度的指导意见》(2017)、《健康中国行动(2019—2030年)》(2019)等一系列的阶段性规划,这些法律和规划为我国城乡基本医疗卫生服务建设提供了总体或某一具体服务领域的指导作用,并且这些规范性文件也在相当大的程度上改变了政府和民众长期以来对基本医疗卫生服务的固有认识,开辟了我国基本医疗卫生服务政策的新思路和新领域,是前所未有的巨大进步。

(2)在城乡一体化基本医疗卫生服务政策方面。一是在具体领域的服务规范制定方面,相继颁布了《食品安全法实施条例》(2009)、《中央预算内专项资金项目县医院建设指导意见》(2009)、《中央预算内专项资金项目县中医院建设指导意见》(2009)、《中央预算内专项资金项目社区卫生服务中心建设指导意见》(2009)、《托儿所幼儿园卫生保健管理办法》(2010)、《关于疾病预防控制机构指导基层开展基本公共卫生服务的意见》(2012)、《女职工劳动保护特别规定》(2012)、《职业卫生技术服务机构监督管理暂行办法》(2012/2015)、《中医药健康管理服务规范》(2013)、《传染病防治卫生监督工作规范》(2014)、《关于做好流动人口基本公共卫生计生服务的指导意见》(2014)、《关于进一步规范社区卫生服务管理和提升服务质量的指导意见》(2015)、《关于推进分级诊疗制度建设的指导意见》(2015)、《职业健康检查管理办法》(2015)、《关于整合城乡居民基本医疗保险制度的意见》(2016)、《医疗质量管理办法》(2016)、《关于加强生育全程基本医疗保健服务的若干意见》(2016)、《公共场所卫生管理条例(修订)》(2016)、《地方病患者管理服务规范和治疗管理办法》(2019)、《关于提升社会办医疗机构管理能力和医疗质量安全水平的通知》(2019)等规范性文件,明确了我国政府和各级医疗机构需要承担的责任,以及它们具体的行为规范。

二是在城乡医疗机构和人员队伍建设方面,相继颁布了《护士条例》(2008)、《关于进一步鼓励和引导社会资本举办医疗机构的意见》(2010)、《关于建立健全基层医疗卫生机构补偿机制的意见》(2010)、《关于分类推进事业单位改革的指导意见》(2011)、《关于印发2011年公立医院改革试点工作安排的通知》(2011)、《关于建立全科医生制度的指导意见》(2011)、《关于加快发展社会办医的若干意见》(2013)、《关于全面推开县级公立医院综合改革的实施意见》2015、《关于城市公立医院综合改革试点的指导意见》(2015)、《关于印发推进医疗服务价格改革意见的通知》(2016)、《中医诊所备案管理暂行办法》(2017)、《关于支持社会力量提供多层次多样化医疗服务的意见》(2017)《关于进一步加强医疗机构、医师、护士电子化注册信息核查和管理工作的通知》(2019)、《关于全面推进社区医院建设工作的通知》(2020)、《新冠肺炎疫情社区防控与服务工作精准化精细化指导方案》(2020)等规范性文件,对于我国城市中各级医疗机构和人员队伍的准入条件、服务标准加以明确和规范。基层是基本医疗卫生服务的主战场,在"人员、运行、服务"三位一体、分级诊疗和集团化运营的原则下,强化基层医疗卫生服务网络功能,是深化医疗改革的重要任务。

三是在城乡医疗救助方面,在继续执行此前的各项医疗保险政策的基础上,我国政府又相继颁布了《关于进一步完善城乡医疗救助制度的意见》(2009)、《关于开展重特大疾病医疗救助试点工作的意见(2012)》《关于开展城乡居民大病保险工作的指导意见》(2012)、《关于建立疾病应急救助制度的指导意见》(2013)、《关于做好困难群体医疗救治工作的通知》(2013)、《疾病应急救助基金管理办法》(2013)、《关于整合城乡居民基本医疗保险制度的意见》(2016)、《关于进一步深化基本医疗保险支付方式改革的指导意见》(2017)等规范性文件,在保障医疗机构必要收入的同时,确保为城市中最为弱势的群体提供基本医疗卫生服务。

四是在应对人口老龄化方面,相继颁布了《关于深入推进医养结合发展的若干意见》(2019)、《关于建立完善老年健康服务体系的指导意见》(2019)、《关于加强老年护理服务工作的通知》(2019)、《关于印发医养结合机构服务指南(试行)的通知》(2019)等规范性文件,针对我国日益严重的人口老龄化问题而提出具有中国特色的老年人医疗服务体系和服务内容的设计。

(3)在重点强化农村基本医疗卫生服务政策方面。一是进一步强化了对农村基本医疗卫生服务的资金支持方面,相继颁布了《中央预算内专项资金项目中心乡镇卫生院建设指导意见》(2009)、《村卫生室建设指导意见》(2009)、《关于商业保险机构参与新型农村合作医疗经办服务的指导意见》(2012)、《关于做好新型农村合作医疗跨省就医费用核查和结报工作的指导意见》(2015)、《关于进一步加强农村贫困人口大病专项救治工作的通知》(2018)等规范性文件,有效地规范了中央和地方各类资金在农村基本医疗卫生服务领域中的使用,尤其是新型农村合作医疗转变为城乡居民基本医疗保险,为我国农村居民和城市居民享受同等保险保障提供了制度保障,这是消除城乡二元医疗卫生保障的重要举措。

二是重点完善农村基层医疗机构建设与医疗人员培养方面,相继颁布了《关于加强乡村医生队伍建设的意见》(2010)、《乡镇卫生院管理办法(试行)》(2011)、《关于县级公立医院综合改革试点意见的通知》(2012)、《全国乡村医生教育规划(2011—2020年)》(2013)、《村卫生室管理办法(试行)》(2014)、《扎实推进农村卫生和计划生育扶贫工作实施方案》(2014)、《关于进一步加强乡村医生队伍建设的实施意见》(2015)、《关于进一步加强贫困地区卫生健康人才队伍建设的通知》(2019)、《关于推进紧密型县域医疗卫生共同体建设的通知》(2019)等规范性文件,这些改革举措大大提高了农村医疗机构的数量和硬件条件的改善,提升了农村地区基本医疗卫生服务的覆盖面;对农村基层医务人员的准入和培训机制,对于农村基层义务人的素质和能力的提升也发挥了巨大作用。

(4)在基本医疗药品管理方面,相继颁布了《关于建立国家基本药物制度的实施意见》(2009)、《关于印发加强基本药物质量监督管理规定的通知》(2009)、《关于印发建立和规范政府办基层医疗卫生机构基本药物采购机制指导意见的通知》(2010)、《医疗器械监督管理条例》(2004/2014/2017)、《关于进一步改革完善药品生产流通使用政策的若干意见》(2017)、《关于进一步做好国家组织药品集中采购中选药品配备使用工作的通知》(2019)等规范性文件,在2017年全面取消药品加成、同步调整医疗服务价格的基础上,把降低基本医疗药品和医疗器材价格,作为本次改革的一个主要突破口。

新医改实施以来,我国城乡居民一体化医疗卫生保障的格局初步形成,特别是2018年城市居民医疗保险和新型农村合作医疗合并为城乡居民医疗保险以后,我国基本医保参保人数显著增加,对城乡居民医保财政补助标准也提高到2019年的人均520元/年,同时大病保险保障水平和报销比例显著提高。通过“推动分级诊疗”“完善基本医疗保险”“加强医药价格改革”等多层次的政策设计,初步扭转了基本医疗卫生服务过度市场化的问题,基本医疗卫生服务逐渐回归公益性,有效地缓解了我国基本医疗卫生服务领域的一系列矛盾和难题。

二、当前我国基本医疗卫生服务政策体系的发展趋势

2009年新医改以后,一方面我国基本医疗卫生服务领域的软硬件条件逐步得到改善,基本公共卫生服务能力、基本医疗服务能力和公共卫生危机应对能力迅速提高。另一方面,基本医疗卫生服务机构管理体制、运营方式和薪酬激励等变革,提高了医疗机构运营效率和医务人员工作积极性。但与此同时,我们也要承认的是困扰我国基本医疗卫生服务水平提高的因素还没有发生根本性的改变。党的十九大提出了“健康中国”战略,提出《“健康

中国2030”规划纲要》(2016)等规划,促进基本医疗卫生服务由“以治病为中心”向“以人民健康为中心”转变,从“注重疾病治疗”向“注重预防为主、防治结合”转变,开始新一轮的基本医疗卫生服务政策改革。

第一,基本医疗卫生服务政策目标回归公益性,注重理清政府、服务机构和服务对象三者的权责关系。对政府而言,在基本医疗卫生服务资源的筹措上看,资源统筹层级应该提高,中央和省级财政应该在资金筹措和分配上承担主要责任,成为基本医疗卫生服务资源的最主要提供者。在具体基本医疗卫生服务上看,地方政府要成为具体服务的项目规划者、监督者和评估者,具体服务资源的提供者和分配者。对基本医疗卫生服务机构和从业人员而言,推动多元化社会力量参与医疗机构建设,推动以分级诊疗制度为基础的综合诊疗改革,推动建立合理的补偿机制和薪酬分配机制改革,通过实现医疗市场的适度竞争和资源在城乡之间的合理分配,来实现对基本医疗卫生服务能力的提升,达到最终实现基本医疗卫生服务均等化的最终目标。对基本医疗卫生服务对象而言,基本医疗卫生服务存在明显的“信息不对称”,医疗机构及其从业人员在服务中处于明显地主导地位,患者往往处于相对被动的地位。因此,如何通过必要的政府干预和科学评价体系,使得我们的服务对象可以获得最为合理的服务。

第二,从具体基本医疗卫生服务政策内容上看,要积极推动具体政策的完善与创新。一是推动宏观层面上的政策顶层设计,这就需要党和国家对我国基本医疗卫生服务政策进行总体的规划,明确我国基本医疗卫生服务政策未来发展的长期目标、阶段性目标,明确改革的主要方向,政策对象范围和保障水平标准等政策基本问题。二是推动具体政策的完善。依据习近平总书记所提出“分级诊疗制度、现代医院管理制度、全民医保制度、药品供应保障制度、综合监管制度”等5个方面,来设计具体的基本医疗卫生服务政策。通过对分级诊疗方面的政策设计,实现整合服务资源、减少资源浪费的作用;通过现代医院管理方面的政策设计,实现医疗服务机构运作效率的提升;通过城乡医保和医疗救助政策的设计,为实现全民基本医疗卫生服务的均等化,提供较为充足的资金保障;通过药品定价和采购供应方面的政策设计,尤其是对长期存在的“以药养医”和药品价格畸高现象的纠正;通过综合监管方面的政策设计,保证整个基本医疗卫生服务过程能够得到有效的运行。三是推动具体政策在形式上权威性、稳定性和持续性。从我国现有的基本医疗卫生服务政策形式上看,法律和行政法规较少,各种层级较低的部门规章和“通知”“办法”“意见”等形式比较多,这在客观上降低了我国基本医疗卫生服务政策的权威性和稳定性。因此,我国在未来的具体政策设计方面,要尽可能地把行之有效的政策转化为形式较为严格的法律法规。

第三,从基本医疗卫生服务政策工具选择上看,一是要使用社会化的政策工具,促进医疗卫生服务供给主体和方式多元化,鼓励支持社会力量和社会资金,直接投向基本医疗卫生服务领域。二是要使用行政化的政策工具,坚持政府的统筹协调来推动公益化的服务能够顺利开展,特别是应急服务等领域的服务。三是继续使用市场化的政策工具,通过市场化的运作实现医疗服务资源使用的最大效率。

第四,基于互联网、大数据、云计算等先进技术,为我国基本医疗卫生服务的提升提供了便利。一是强化全国性基本医疗卫生服务信息和平台的标准化建设,实现全国范围内、系统内部的信息数据互联互通。二是加强全民健康信息数据库体系建设,完善全民人口数据、病案数据、健康数据等基础资源数据库建设，并能够实现部门之间的信息数据互联互通。三是推进基本医疗卫生服务信息发布，通过对于信息发布的及时性、权威性和查询便捷性的保证，能够有效地实现政府与全社会之间的有效沟通。四是改进基本医疗卫生服务信息数据传递、使用的手段，如针对2020年新冠疫情使用的电子健康码、大数据行程码、互动式云统计平台等。

综上所述，我国基本医疗卫生服务政策的发展方向，必须要顺应《健康中国“2030”规划纲要》的要求，从我国医疗卫生体制改革的全局角度，为健康中国战略的实施，提供充分的政策保障。

第八章　反贫困政策专题

贫困问题是一个长期困扰人类社会的问题，它并没有因为当今社会物质生产的极大丰富而消失，反而因为经济全球化、人口流动等因素的影响，应对贫困问题越来越超出了民族国家的范畴，成为世界各国需要共同面对的社会问题。因此，政府在反贫困领域中的社会政策成为一个必须要加以研究的重要内容，对于反贫困政策的研究也就成为很正常研究中的一个重要的焦点问题。

第一节　贫困问题概述

一、贫困的概念

（一）贫困概念的基本含义

关于什么是贫困？这是一个需要明确的核心问题，如果没有对于贫困的正确认识，也就不可能有后面我们对反贫困政策的正确认识。长期以来，我们认为的贫困往往都是从财富的占有和使用角度来加以认识的。世界银行和联合国开发计划署对贫困概念做出了比较权威的定义，指出"贫困通常是指福利被剥夺，从而导致个体或家庭收入或财富不足，无力满足基本需求的状态。"同时，它们还认为贫困是一个多维问题，还包括其他各种影响因素，如安全的食物和饮用水、优质的医疗和健康服务、清洁的住所、安全的社区环境、合格的义务教育和有效的社会融合等，在这些领域的政策行动有助于改善贫困状态。

时至今日，我们对贫困的认识进一步扩大。所谓贫困是指人在经济或精神上的贫乏窘困状态，是一种社会物质生活和精神生活的综合现象，其主要根源是物质生活条件缺乏与精神生活没有或缺乏出路。

（二）贫困产生的原因

1. 经济原因是贫困产生的根本原因

从历史上看，全球经济格局变迁、基本经济制度差异、经济增长速度快慢与贫困问题的关联性相当高。站在社会总体的层面上讲，贫困是一个社会总供给相对不足的外在表现，一是不合理的是贫困产生的首要经济原因。冲突学派和结构功能主义都认为，导致贫困的根本原因在于对资本占有的差异。贫困产生的原因并不完全是因为社会总财富的不足，而因为对资本占有差异导致剥夺的结果。二是经济发展速度的放缓是产生贫困的重要经济原因。一般而言，经济政治速度越快对于贫困率和贫困范围的减少就越有利，反之亦然。2020 年受到新冠疫情的影响，国际货币基金组织（IMF）于 2020 年 10 月预测全球经济增长速度将由2019年的2.3%，下降到2020年的-4.4%，由此世界银行认为全球贫困人口将增加1.19亿~1.24亿[①]。三是不合理的国际经济分工造成了贫困的全球化。经济全球化与一体化导致资本、人口等在全球的自由流动，这也就在实际上导致发达地区依靠其经济和技术优势，主导了全球的经济分工，使得传统的剥削由民族国家的范畴扩展到了全球。经济发展机会在区域、社会群体之间的配置难免存在不均衡的问题，获得较少发展机会的区域和社会群体，实际上陷入了欠发展的贫困境地。

2. 不合理的分配结构是贫困产生的直接原因

经济增长的成果能不能被全体社会成员公平地分配是影响贫困变化的重要因素。在市场经济条件下，多元化的初次分配必然导致分配注重了效率，而在一定程度上忽视了公平。部分拉美国家在经济高速增长的时候，由于没有处理好经济增长与收入分配之间的关系，出现了所谓"贫困的增长"的情况。由于世界各国都存在大量的非正规经济部门，这些部门脆弱性较强，加之各国社会保障制度不一，所以在缺乏私人储蓄、财产和足够的社会政策保障，这些暴露在风险之下社会成员经济不安全感就会很强烈。因此，健全以社会保险为核心的社会保障体系，实现有效的再分配和三次分配的制度设计就显得很重要。

3. 社会排斥是贫困产生的重要原因

贫困既是一个经济问题，也是一个社会问题。进入21世纪以后，越来越多的政策研究者都认识到贫困问题的应对不能仅仅局限在经济层面上，更要从社会层面上来寻找原因。因此，社会排斥对贫困的影响也越来越被重视。在经济发展过程中，由于如性别歧视、地域歧视、种族歧视、种姓制度等原因，往往会造成某些群体处于被排斥的地位，他们缺乏权利、经济地位和表达利益诉求机会。这会导致这些弱势群体只能从事收入微薄的工作，而处于贫穷的境地，甚至形成了贫困的代际传递。因此，反对社会排斥，实现社会平等是帮助这些弱势群体脱离其贫困境遇的应有之义。

4. 家庭结构功能与个人人力资本的差异是贫困产生的重要原因

对于每一个社会成员而言，能否获得各种经济机会要受到原生家庭和个人能力的影响。一方面，家庭结构不完整（单亲家庭、孤寡家庭、空巢家庭等）和家庭功能不健全（暴力管教、亲子关系紧张、情感忽视、不恰当的养育方式等）的家庭，往往会对个人的社会资本积累和社会支持网络构建产生负面作用，容易陷入贫困。另一方面，从人力资本培养的角度看，不同群体在贫困程度上的差异，很大程度上是在人力资本投资上的差异造成的，贫困产生的重要原因之一就在于个人人力资本投资的不足。通常来说，家庭结构功能与个人人力资本积累的差异在任何时候都是存在的，从而亦意味并因上述情况而导致的贫困现象不可避免。因此，在反贫困政策制定的时候，要充分考虑家庭和个人两个方面的因素，以社会政策行动的方式去弥补家庭结构功能和个人人力资本的差异，防范贫困的产生。

5. 自然环境和资源禀赋的差异是贫困产生的客观原因

自然环境和资源禀赋是制约个人收入与生活水平的重要因素，它们是贫困产生的长期性的客观原因。一是在这些自然条件较为恶劣的地区，生活的脆弱性非常大，生活在这种

① 世界银行在2021年1月版《全球经济展望》中，将新增的贫困人口的预估修正为8 800万人至1.15亿人之间。

自然条件的人们容易陷入贫困的境地。二是因为缺乏能够获得市场青睐的资源,使得当地居民难以获得市场性的支持。总之,在任何一个国家或地区,因缺乏水资源、土地资源、矿产资源和空气污染等,都会使得人们难以获得基本的生存和生产条件,因而陷入贫困的境地。

除了以上几个原因之外,战乱冲突、自然灾害、流行疾病等众多客观因素因素,历史传统、价值观、文化习俗等主观因素,都在或多或少地影响着贫困的发生。因此,我们通过对贫困产生原因的认识,就可以让我们更加充分地思考如何应对全球化时代的贫困问题。

(三)极度贫困与相对贫困

贫困的概念可以进一步划分为极度贫困与相对贫困。极度贫困(也被称为绝对贫困)是指获得的实际收入水平、拥有的消费资料和得到的服务,达不到维持其基本的生存需要的最低量的状况。相对贫困则是指收入虽能达到或超过维持生存和基本发展的需要,但与一定时期内社会经济发展水平相比较,仍是处于较低生活水准的状态。因此,极度贫困反映的是生存层面上的困境,而相对贫困在很大程度上反映了社会分配不平等的状况。

在对贫困问题的研究,最开始是以极度贫困为主进行的。政府的反贫困政策行动就是要为难以维持基本生存的个人和家庭提供援助(包括现金和实物),而且认为贫困问题可以随着经济发展逐步消灭。由此可见,我们发现极度贫困概念是与以社会救济为核心的消极社会福利行动联系在一起的,体现了反贫困政策作为最后安全网的特征。进入 20 世纪 40 年代中期以后,随着战后经济繁荣和全球化趋势加深,全球经济有了长足的发展。但是社会总财富的增加,并没有导致极度贫困现象的消灭,在发达国家和地区也是如此。随着经济发展的同时,社会成员的基本需求也日益增长,衡量极度贫困的经济标准也在不断上升。因此,无论在理论上还是在实践上,都不能简单地以极度贫困来作为认识贫困问题的依据,相对贫困的概念越来越得到政策决策者和研究者的重视。历史证明,与极度贫困概念相比,相对贫困概念显然具有更大的发展意味。相对贫困概念的提出,可以让政策决策者根据经济社会发展的具体情况,以较高的标准来调整反贫困政策,使得我们的反贫困行动可以更加具有前瞻性,并能够更好地去实现生活的公平正义。

(四)衡量贫困的标准

贫困的衡量问题是一个既简单又复杂的现象。说它简单,是因为我们可以为它提供一个相对能够得到共识的收入标准,也就是我们平时所说的“贫困线”。说它复杂,是因为贫困从来就不是一个简单的经济收入的问题,尤其是当代社会贫困已经超越了单纯的经济收入,它还涉及文化、机会平等、主流价值观念等非经济领域的因素。

1. 贫困线标准

贫困线是在一定的时间、空间和社会发展阶段的条件下,维持人们的基本生存所必需消费的物品和服务的最低费用。贫困线是衡量贫困问题的救济标准,分为极度贫困线和相对贫困线,其中极度贫困线亦称最低生活保障线,是指按维持劳动者及其所赡养人口的生存所需的人均最低生活费用。根据各国经济发展水平和政府施政重点的差异,极度贫困线各国往往差异较大。在各国的反贫困实践中,广大发展中国家在衡量贫困问题时多倾向采取极度贫困的标准。相对贫困线是指个人或某群体、某地区相对社会上其他个人、群体、地区的收入水平或实际生活水准而确定的贫困线。相对贫困线往往多采取“收入中位数50%”的原则来确定相对贫困线，发达国家和地区在衡量贫困问题的时候往往采取相对贫困的标准。

相对于国别贫困线，早在1976年经合组织就开始探讨国际贫困线的确定，从经合组织的实际出发采用相对贫困的概念，确定了较早的一个国际贫困线。随后，世界银行采用极度贫困的概念，使用购买力平价法在1990年确定了“人均日消费低于1美元”的国际贫困线，2005年、2015年这一贫困线标准相继提升到了1.25美元和1.9美元。这个标准首先反映了世界上最贫穷国家的极度贫困标准，其次它对应着所有国家相同的实际福祉水平。因此，这一标准可以更准确地描述不同国家的实际生活成本，使得不同国家的极度贫困问题可以在统一标准下加以衡量。可以说，国际贫困线标准出现以后，联合国“千年发展目标”和“2030年可持续发展议程”在反贫困方面设定的一系列目标，都是与这个标准相联系在一起的。

2. 多维贫困标准

贫困线标准有比较明显的优点，就是在于可以简单明了地让政策决策者认识到贫困的现状。但其具体数额的规定难以适应所有国家的需求，极度贫困标准难以和发达国家的设计相适应，而相对贫困又难以适应符合广大发展中国家的实际需求。也就是说，由于世界各国在经济社会发展水平上的差异，使得我们难以使用统一的量化标准来衡量全球性的贫困问题。在对世界各国贫困问题的具体应对中，我们又可以发现尽管各国量化的贫困线并不一致，且数额差异巨大；但是影响贫困的主要因素却是颇为一致的。因此，世界银行和联合国开发计划署在20世纪90年代就提出了多维贫困的理念，并于2010年正式使用了多维贫困指数来评价全球性的贫困问题。

多维贫困是指人的贫困不仅仅指收入贫困，还包括许多非经济的维度，诸如基本公共服务的提供、可获得的社会福利及保障水平等。多维贫困指数（MPI）[①]是衡量多维贫困的指标，可以反映多维贫困发生率和发生强度，其选取的“健康”“教育”和“生活标准”等3个维度的10个指标组成，这就导致了政府对贫困标准、贫困人口构成和贫困程度等认识发生了变化。因此，联合国《2030年可持续发展议程》在“目标1 在全球消除一切形式的贫困”中，提出的到2030年要达到的反贫困目标，就是包括了完善社会保障、反对社会排斥、实现性别平等、提供普惠式的基本公共服务、增加社会投资等几个方面的内容。

综上所述，通过对多维贫困理念的提出，能够使我们避免单纯地量化指标在全球性贫困问题认识中存在的普遍适应性不足的问题，能够对是我们对贫困问题的现状的认识逐渐深化，能够使我们更好地去制定符合经济社会发展需求的反贫困政策体系。

二、当今全球贫困问题现状

从联合国开发计划署和牛津大学贫困和人类发展倡议共同编纂的《2019全球多维贫困

① MPI取值越小，说明该个体或家庭贫困程度就越低，相反则越高。根据MPI的指数大小，将“在至少三分之一的权重指标中得分很低”的人群定义为多维贫困，进一步，如果该个体或家庭在一半的权重指标中得分都很低，则被认定为“极度多维贫困”。

指数》报告中,我们可以看到尽管在20世纪90年代以来,全球的贫困人口数量已经有很大的减少,从总体趋势上看是好的。但是联合国开发计划署《2020全球多维贫困指数》和世界银行《贫困与共享繁荣2020》、2021年1月版《全球经济展望》中,均指出受到新冠疫情影响,全球贫困人口数量和贫困发生率都将出现少见的增长,预计新增贫困人口数量将在8 800万~1.15亿人。由此可见,全球反贫困事业依然任重道远,现有的反贫困成果还十分脆弱。从总体来看,全球的贫困现状如下:

第一,尽管全球减贫的趋势并没有发生根本性改变,但贫困现象出现反弹。受到新冠疫情影响,全球贫困人口数量和贫困发生率都将出现少见的增长。预计2020年的贫困人口数量会反弹到7.03亿~7.29亿,2021年贫困人口依然会达到6.97亿~7.36亿;预计2020年贫困率范围将在9.1%~9.4%,2021年贫困率范围将在8.9%~9.4%。

第二,全球贫困率和贫困人口数量下降速度在减缓。截至2017年全球的贫困率已经由1990年的36.2%,降低到2017年的9.2%;全球贫困人口的数量也从1990年的19.124亿减少到2017年的6.891亿。但全球减贫的速度并没有随着经济发展的速度同步,反而出现减缓的局面。这充分说明减贫面临的难度越来越高,剩下的贫困人口的减贫工作面临越来越多的挑战。同时,从全球反贫困的角度上看,不同的地区的贫困人口分布是不均衡的。东亚和太平洋地区的减贫工作进展是最快的,贫困率从1990年的60.9%下降到2018年的1.2%,贫困人口数量反而从1990年的9.769亿下降到2018年的0.445亿;撒哈拉以南非洲地区的减贫工作进展最为缓慢,贫困率虽然从1990年的55.7%下降到2018年的40.2%,但是因为该地区人口增长远快于全球水平,贫困人口数量反而从1990年的2.838亿增加到2018年的4.334亿。

第三,全球多维贫困的现象突出,且国家差异显著。尽管全球减贫事业取得一定进展,贫困人数和多维贫困指数历年都有所下降,但是全球多维贫困人口中的不平等正和地区差异性显著。截至2017年,全球处于多维贫困状态带中的人口占全球总人口的14%,远高于按极度贫困线(人均日消费低于1.9美元)统计的9.1%。从地区上看,欧洲和中亚地区的多维贫困人口比例最低为1.6%,撒哈拉以南非洲地区的多维贫困人口比例最高为53.8%;中低收入和低收入国家处于多维贫困的人口数量也远远高于高收入国家,这都说明多维贫困与经济发展水平的相关性是很高的。

第四,儿童在全球贫困人口中占据的比例在上升,儿童贫困急需解决。从总人数上看,2015年儿童占全球贫困人口的46.6%,占全球总人口的26.6%。2015年到2018年全球0~14周岁以下的儿童占全球人口的比例下降了1.5%,但在全球贫困人口的比例却增加了1.4%。通过分地区数据来看,所有的地区儿童在贫困人口中所占的比例几乎都是最高的,这些数据都说明儿童作为最为弱势的群体,受到贫困的威胁是最大的。因此,政府的反贫困政策必须要重视儿童群体,注意对儿童以及儿童的家庭的投资比例,为它们未来的发展创造良好的外部环境。

综上所述,虽然全球贫困率在过去30年经历了较为快速的下降,但人类依然面临紧迫和复杂的挑战。一方面,随着我们对于贫困问题认识的日益深入,多维贫困开始逐渐取代了单纯的经济贫困,社会不平等、社会排斥等日益成为阻碍反贫困政策发挥作用的主要障碍性因素,也成为全球反贫困事业重点关注的内容。另一方面,全球经济发展因经济危机和新冠疫情的影响,全球反贫困事业面临了越来越多的不确定性。因此,终结“极度贫困”(贫困率降低到3%以下)和促进“共享繁荣”(促进各国处于底层的40%人口的收入增长),实现全球的可持续增长,面临越来越多地挑战。

第二节 反贫困政策概述

一、反贫困政策的定义与特点

(一)反贫困政策的定义

反贫困政策是指政府或其他社会公共权威组织遵循法定的程序,动员、使用、分配与再分配各种社会资源,为贫困群体提供社会救济的规则体系和行动体系的总和。狭义上反贫困政策是指根据政府设定的贫困线,给那些生活在贫困线下的个人和家庭提供社会救助。狭义的反贫困政策具有非常明确的政策对象,政府主要侧重于从经济的角度来满足贫困群体的物质性需求,政策的执行较为简单。而广义反贫困政策除了对贫困群体的经济救济以外,还包括制定促进区域经济发展、积极促进就业和增加基本公共服务供给等内容,使用提高个人人力资本投资、强化家庭概念、社会保障等措施来预防和缓解贫困问题。

(二)不同福利模式下反贫困政策的特点

在人类同贫困做斗争的过程中,对反贫困的表述主要有三种:减少贫困、减缓贫困和消除贫困。减少贫困强调减少贫困人口的数量;减缓贫困强调反贫困的重点在于减缓贫困程度;消除贫困则强调反贫困的目的是最终消除贫困,也是反贫困得最终目标。由于各个国家社会政策模式的不同,使得各个国家在反贫困政策的制定中都具有自己的特点。

1. 剩余型社会政策模式下的反贫困政策

剩余型社会政策模式(又称为补救型或残补型社会政策模式),是指对于社会成员的各种需要和各种社会问题的解决,首先由其他各种方式(包括通过市场、就业或通过家庭、社区、民间组织等)去满足人们的各种需求,只有当这些方式都失效时,才由政府通过社会福利的方式去解决。这种模式下的反贫困政策,往往主张在最大限度上减少政府的干预,反贫困政策的作用就是为贫困群体编织最后的“安全网”,为贫困群体提供最为基本的,甚至是带有一定“标签化”或“惩罚性”的社会救济。由此可见,剩余型社会政策模式下个人需求的满足主要依靠个人、家庭、社区和社会组织的互助,依靠个人能力在市场中实现。很显然,剩余型社会政策模式下的反贫困政策对贫困群体保障程度是较低的,其对公共财政带来的压力也是最小的。但是,我们也要看到,实现这样的反贫困政策的国家,主要是受到自身经济发展模式和经济发展程度的影响,尤其是实行出口导向型经济模式的、中低收入的国家乐于使用这种反贫困政策。

2. 制度型社会政策模式下的反贫困政策

制度型社会政策模式认为政府的社会政策应该涵盖每个人,为他们提供普遍的福利和社会服务,该模式以公民权利和社会公平作为其秉承的两个核心概念。在这种社会政策模式下,反贫困政策制定者往往以实现社会公平正义、保护公民基本人权为出发点设计反贫困政策。反贫困政策往往偏向于政府在经济和社会两个方面实行广泛的干预,实现反贫困政策的普遍覆盖,实现对贫困群体的长期制度化的支持。制度型社会政策模式下的反贫困政策,一方面,对于有劳动能力的贫困群体,通过必要的社会保险制度设计,为其在失业或退休以后的生活保障提供资金支持。通过国家在相关领域的再分配性质投入,保障基本公共服务的稳定供给;通过雇主和劳动者缴费的形式,平衡个人权利与义务的矛盾,从而把政府的责任保持在一个较低的水平上。另一方面,对于缺乏或没有劳动能力的贫困群体,通过设计社会救助政策,无偿地为这些群体提供物质或非物质的援助,以保障贫困群体的基本人权和社会的稳定。

当然,在制度型社会政策模式下的反贫困政策在各个国家的具体表现也不相同。偏向国家干预主义的法国、德国和北欧国家,往往在反贫困领域政策设计和执行较为严密,本国的贫困人口相对较少,社会也较为稳定。缺点是就是政府投入较大,对公共财政的压力比较大。与之相反,偏向与自由主义的美国、英国和部分拉美国家等,反贫困政策的设计和执行往往存在一定的不足,导致政策覆盖面、政策资源筹措和政策执行力度等难以满足贫困群体的需求,从而导致贫困人口相对较多,社会稳定性差。但其优点在于能够更好地体现个人和家庭的责任,减少公共财政的负担,最大限度地避免福利依赖。

3. 发展型社会政策模式下的反贫困政策

发展型社会政策模式是在应对经济全球化和福利国家危机带来的种种社会风险而形成的,力图在不断追求经济发展的同时,实现生活的和谐稳定。发展型社会政策模式下的反贫困政策特别强调从社会投资的角度来重新认识反贫困政策的作用,将反贫困政策与可持续发展联系在一起,通过对于贫困群体人力资本的投资,来提高贫困群体的劳动能力和对市场适应能力,实现依靠自身的能力摆脱贫困境地。同时,发展型社会政策模式下的反贫困政策,一是关注于儿童和儿童家庭的支持,从前面我们在分析当今全球贫困问题的现状的时候,我们就可以看到儿童在贫困人口中占的比例是最高的,而且作为诸多贫困群体中最为弱势的群体,必然要成为反贫困政策的重点对象。同时,儿童群体也是最有发展潜力的群体,通过对儿童和儿童家庭的投资和支持性服务,可以在儿童成年以后获得数倍的回报。二是,从多维贫困的视角,围绕为贫困群体提供就业和工作支持,强调提升贫困群体的就业能力和就业机会,使贫困群体通过工作或市场来满足自己的基本需要。三是,在坚持政府在反贫困领域中的政策执行主体和资源筹措主体地位的前提下,强调政策执行主体和政策资源的多元化。尤其在政策资源除了公共财政、社会保险等传统形式以外,还通过税收优惠等措施鼓励多元化资源投入反贫困政策领域。

综上所述,不同的社会政策模式下,各国的反贫困政策选择与各自所要面对贫困问题、可持续发展需求有明显的关联。同时,又受制于不同国家在经济发展模式、经济发展水平、历史文化传统、主流意识形态等因素的影响,对反贫困政策的选择并不是随意的。我们今天在制定反贫困政策时,更多地需要从增强贫困群体的发展能力建设出发,去应对其面对的贫困问题。

二、迈向整合的反贫困政策

贫困是人类发展过程中长期面临的问题和现实难题。由于受资源禀赋、发展水平与发展策略、经济结构、人力资源状况等因素的影响,世界各国均存在不同程度的贫困问题。消除贫困,促进人类社会全面发展、进步与繁荣是国际社会共同的追求。2015 年 9 月联合国颁布了《变革我们的世界:2030 年可持续发展议程》,其中"消除一切形式的极端贫困"位列 17 项可持续发展目标之首,提出"到 2030 年,在全球所有人口中消除极端贫困,极端贫困目前的衡量标准是每人每日生活费不足 1.25 美元①;到 2030 年,按各国标准界定陷入各种形式贫困的各年龄段男女和儿童至少减半;执行适合本国国情的全民社会保障制度和措施,包括最低标准,到 2030 年在较大程度上覆盖穷人和弱势群体;到 2030 年,确保所有人,特别是穷人和弱势群体,享有平等获取经济资源的权利,享有基本服务,获得对土地和其他形式财产的所有权和控制权,继承遗产,获取自然资源、适当的新技术和包括小额信贷在内的金融服务;到 2030 年,增强穷人和弱势群体的抵御灾害能力,降低其遭受极端天气事件和其他经济、社会、环境冲击和灾害的概率和易受影响程度。确保从各种来源,包括通过加强发展合作充分调集资源,为发展中国家、特别是最不发达国家提供充足、可预见的手段以执行相关计划和政策,消除一切形式的贫困。根据惠及贫困人口和顾及性别平等问题的发展战略,在国家、区域和国际层面制定合理的政策框架,支持加快对消贫行动的投资"。

(一)反"社会排斥"实践推动了反贫困政策转型

自 2010 年"多维贫困"和"多维贫困指数"的概念被联合国等国际组织广泛接受以后,无论是学术研究领域还是政府政策决策领域,都越来越强调从传统的经济减贫、事后补救型减贫政策,向更加具有综合性、发展性的方向转变。其中非常重要的就是对于贫困内涵和外延认识的转变。长期以来,反贫困政策领域的研究者都认为,贫困主要是经济上的基本需求不能被满足的生活状态,反贫困就是在于满足贫困人口的基本需求。但随着多维贫困概念被广为接受,研究者越来越认为影响贫困问题的因素是多样化的,而且根据不同国家的国情来看,这些影响因素与贫困问题的因果关系也是错综复杂的。

近年来,有关贫困及社会不平等的研究都把注意力投向反对社会排斥,增进社会融合的问题上。从社会政策的视角上看,社会排斥是因为某些社会共识而形成的,主导性的社会群体对边缘社会群体的偏见和人为阻隔的状态。这种状态的存在,在客观上对边缘社会群体都带来物质上和精神上的损害或负面评价。正是因为社会排斥的广泛存在,使得被"污名化"的边缘社会群体,不但经济源资匮乏,还包括人在社会关系上、心理上、文化上和政治参与上被长期隔绝的情况,进而导致形成持久的多重"社会性剥夺",导致边缘社会群体社会纽带的断裂,而这种断裂不可能依靠提供经济援助和保障救济来赋予。

因此,对社会排斥的研究大大丰富了对贫困问题的研究思路和应对对策,尤其是对非物质性的机会剥夺、权力剥夺等现象认识的加深,使得今天世界各国的反贫困政策在设计的时候,不仅仅要使用传统的社会救助之类的政策工具,还要从贫困群体未来发展所需要的人力资本积累、市场适应性和参与经济社会机会的获得等方面选择和规划政策工具。

(二)"综合性"成为反贫困政策新导向

对于贫困人口数量和比例都高于发达国家的发展中国家,在反贫困政策领域的政策设

---

① 2015 年 10 月世界银行将贫困线调整为每人每日生活费不足 1.9 美元。

计的单一性倾向比较明显。一方面是因为发展中国家往往在社会政策领域存在较多的历史欠账，而社会政策可以在使用资源相对有限的情况下，反贫困政策虽然在各国政府决策中的排名是靠前的，但是出于不同领域社会政策的均衡需要，政府在反贫困政策中的投入必然也是有限的。尽管贫困人口有多样化的需求，但发展中国家政府往往只能侧重于满足他们的基本生存需求，采取的多是物质性的经济援助。对于较高层次的发展性需求的满足，往往比较少考虑。另一方面，因为发展中国家在政治体制和管控能力上存在不足，政府不同部门之间、不同政策之间的协调性还有一些欠缺，所以在反贫困领域缺乏足够的部门协调和政策和政策协调。反贫困政策往往局限于贫困群体和社会救济，和经济政策、住房政策、教育政策等融合的不够。所以，在未来的反贫困政策设计时就更需要加强不同政策的协调，把为贫困人口提供更加完善的公共服务，为贫困人口创造改变其自身贫困处境，创造足够好的机会、生活环境与资源保障是非常重要的。

综上所述，在未来的反贫困政策的中应该更多地秉承发展理念，可以说消除极度贫困主要还是要靠经济发展。所以，反贫困政策在保持底线的社会救助的同时，为贫困群体提供他们所缺少的生产要素（如资本、技术、管理经验等），改变贫困群体生活环境中的致贫因素去消除极度贫困是可行的。

第三节　我国城乡反贫困政策概述

一、我国的贫困问题概述

我国的贫困问题由来已久。一方面，因为近现代以来长期遭受帝国主义、封建主义和官僚资本主义的压榨，使得在新中国建立之初就面临了严重的贫困问题。新中国建立以后，尽管我国政府采取了力所能及的政策措施来应对严重的贫困问题，初步解决了“吃饭”问题。但在大环境下，我国经济发展长期处于一个较低的水平线上，使得我国政府始终没有办法对国内的贫困问题予以全面的应对。随着我国人口的快速增长，导致大规模的贫困现象长期存在。另一方面，在冷战的大背景下为了保证国家安全，通过政府对全部社会资源的掌握，可以在最大限度上集中有限的资源投入到最为紧要的行业领域中去。正是因为计划经济体制的建立，我国才能够从一个落后的农业国，转变为一个建立了初步工业化基础的国家。但是在计划经济的运行之中，其弊端也越来越多地展现出来，尤其是过于僵化的管理体制和畸形的资源使用，使得我国 20 多年的经济发展成果并没有被全体民众充分地享有。综上所述，由于我国经济社会发展的历史，以及对工业化的执着，使得我国的贫困问题和其他发展中国家存在贫困问题，在形成中存在较大的不同，如人为形成的城乡二元体制、地区发展不平衡、经济体制转型产生的贫困问题等，这些都使得我国的贫困问题有一系列独特的特点，需要我们加以认识。

（一）我国农村贫困问题

我国是一个“三农问题”严重的国家，受制于经济发展水平和政府施政重点的限制，我

国农村的贫困问题始终是我国反贫困政策要加以应对的最主要的对象。长期以来,我国农村的贫困现状主要包括:

一是农村贫困标准相对较低,使得我国反贫困政策主要关注极度贫困群体。1978 年以后,我国的农村贫困标准主要主要有三个,分别是 1985 年标准①、2009 年标准②和 2011 年标准③。很显然 1985 贫困标准是一个很低的标准,长期低于国际上公认的"人均日消费 1 美元"的极度贫困线④,在我国也就仅仅能保障农村贫困人口的基本生存。随着我国经济发展水平的逐步加快,到了 2009 年我国政府确定了 1 196 元/年的新标准,2011 年中央扶贫开发工作会议又决定把农村贫困标准上调到 2 300 元/年,大致相当于 1 美元/天(2004 年以前国际贫困线)的标准。随着世界银行相继把国际贫困线上调到 1.25 美元/天(2008 年)和 1.9 美元/天(2015 年)以后,虽然从数字上看我国的农村贫困标准实际上和国际公认的极度贫困标准还是存在一定差距,但从我国与世界银行的不同统计口径上看,我国现有的贫困标准与国际上极度贫困标准相比还是略高一些的(图 8-1)。当然,我国现行农村贫困标准与世界银行发展中国家 3.2 美元/天和发达国家 5.5 美元/天的贫困标准还有一定差距,根据世界银行《东亚和太平洋经济》(2019 年 10 月版),按 5.5 美元/天的标准来看我国的贫困人口还有 2.238 亿。

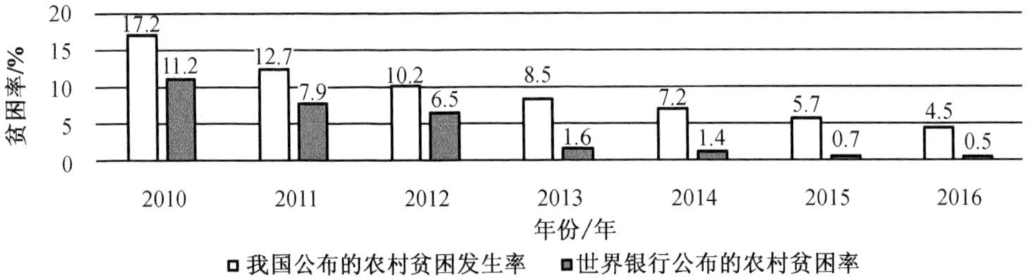

图 8-1　我国农村贫困标准与世界银行极度贫困线标准下贫困率对比

二是我国农村贫困问题存在时间长、减贫难度大,但在我国政府的努力下,近十年的减贫效果十分明显。根据历年《中国统计年鉴》的数据,我国农村居民的人均可支配收入节节提高,从 2013 的 9 430 元提高到 2019 年的 16 021 元,7 年间提高了 69.9%;并且实现了农

---

① 我国农村贫困标准的计算方法是长期采用 2 100 大卡热量作为农村人口贫困的必须营养标准。(2)用最低收入农户的食品消费清单和食品价格确定达到人体最低营养标准所需的最低食物支出,作为食物贫困线。(3)假设靠牺牲基本食物需求获得的非食品需求是维持生存和正常活动必不可少的,也是最少的。并根据回归方法计算出收入正好等于食品贫困线的人口的非食物支出(包括最低的衣着、住房、燃料、交通等必需的非食品支出费用),作为非食品贫困线。(4)用食品贫困线(约 60%)与非食品贫困线(40%)相加得到贫困人口的扶持标准。1985 年贫困标准是指按 1984 年价格确定的每年人均纯收入 200 元的贫困标准 。

② 2009 年农村贫困标准是指按 2008 年价格确定的每年人均纯收入低于 1 196 元的贫困标准。

③ 2011 年农村贫困标准指按 2010 年价格确定的每年人均纯收入低于 2 300 元的贫困标准。

④ 世界银行现在有三个贫困线标准,分别是 1.9 美元/天、3.2 美元/天、5.5 美元/天,分别对应低收入国家、中等偏下收入国家和中等偏上收入国家,其中 1.9 美元/天的标准又被称为极度贫困线。

村居民人均可支配收入增长率,连续7年均高于城镇居民人均可支配收入增长率的情况,说明我国城乡居民的收入差距逐渐缩小,城乡发展不平衡的情况在逐渐减小(图8-2、图8-3)。我国的贫困人口从2010年1.6567亿人,减少到2019年的551万人;贫困发生率也从2010年的17.2%,下降到2019年的0.6%。随着2021年的来到,我国政府庄严宣告我国已经基本实现了对现有贫困标准下的农村贫困人口的全部脱贫,贫困县全部摘帽,消除了极度贫困和区域性整体贫困,提前10年实现《联合国2030年可持续发展议程》的减贫目标。这对于我国这样的一个发展中大国而言,是非常难得的一个成就。

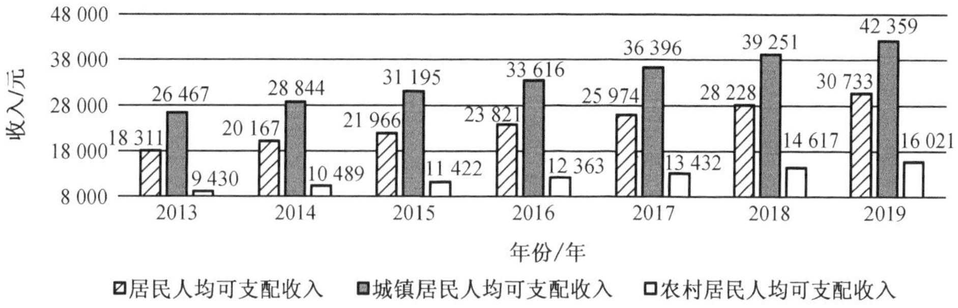

图8-2　2013—2019年我国人均可支配收入数据

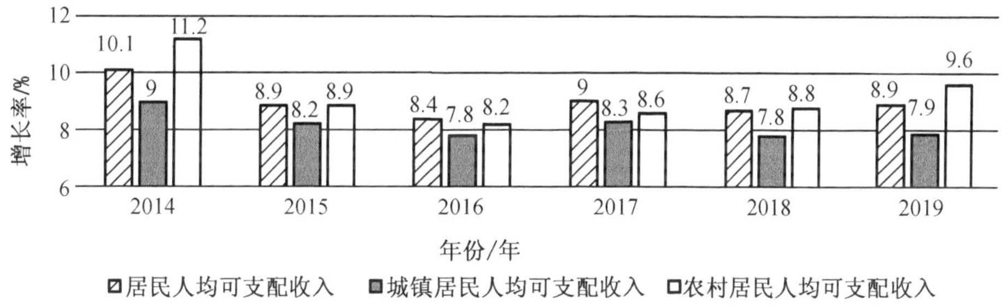

图8-3　2013—2019年我国人均可支配收入增长率数据

在贫困人口数量下降的同时,我国的基尼系数和贫困差距也在降低,根据我国国家统计局的数据,我国2003年至今的基尼系数还保持在较高的位置上。但根据世界银行的统计数据,我国的基尼系数从2010年的0.437下降到2016年的0.385(图8-4),贫困差距从2010年的2.7%下降到2016年的0.1%(图8-5)。这两个方面的数据都在一定程度上说明了,我国减贫事业在质和量两个方面都取得了一定成果。

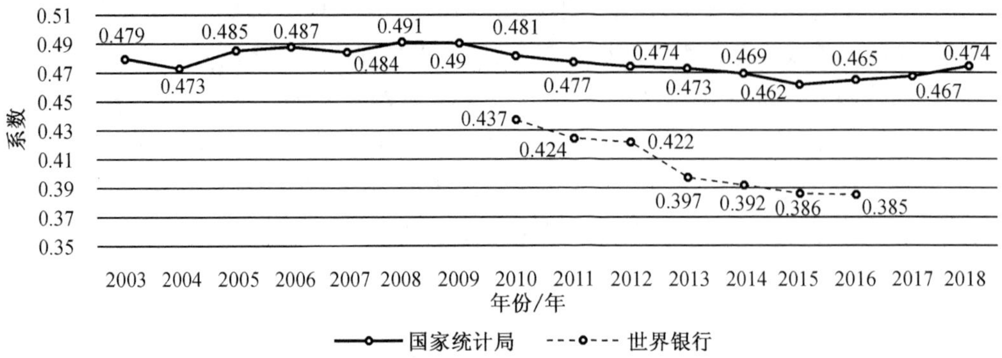

图 8－4　2003—2018 年我国基尼系数走势

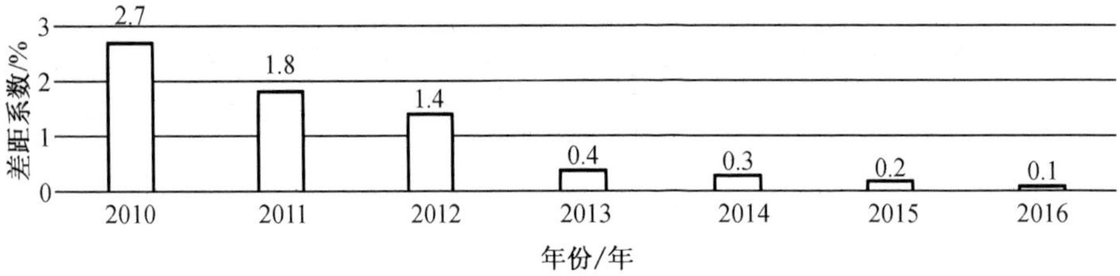

图 8－5　2010—2016 年世界银行统计中国贫困差距数据

三是进入 2010 年以后，随着我国经济发展和反贫困政策力度的加大，我国农村贫困人口的数量和贫困发生率都在快速下降（图 8－6、图 8－7）①，特别是在 2020 年底我国已经基本实现了对现有贫困标准下的农村贫困人口的全部脱贫。但我们也要看到有相当数量的极度贫困人口，是因为政府的社会救济政策的“兜底”作用而被消除的（图 8－8）②，所以这并不意味着所有的贫困问题都被消灭，反贫困效果还需要长期的巩固。同时，我国未来农村贫困标准由极度贫困向相对贫困过渡，相对贫困将一直存在，也成为我国未来反贫困工作的重点内容。

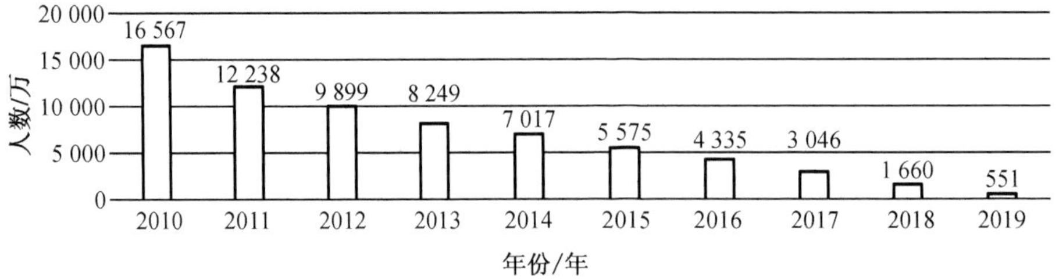

图 8－6　2010—2019 年我国农村贫困人口数量

① 依据历年民政事业发展统计公报数据整理而成。

② 依据历年民政事业发展统计公报数据整理而成。

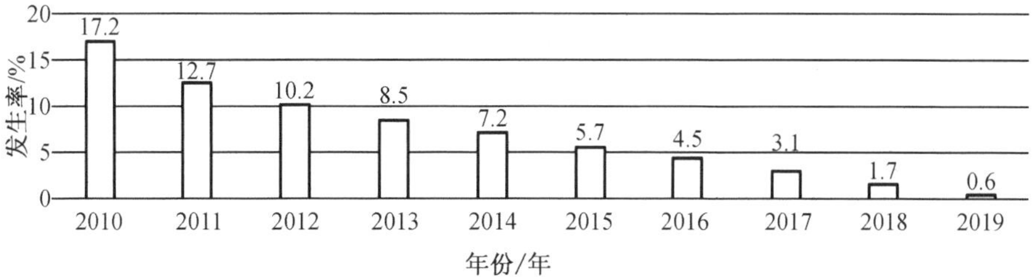

图 8－7　2010—2019 年我国农村贫困发生率

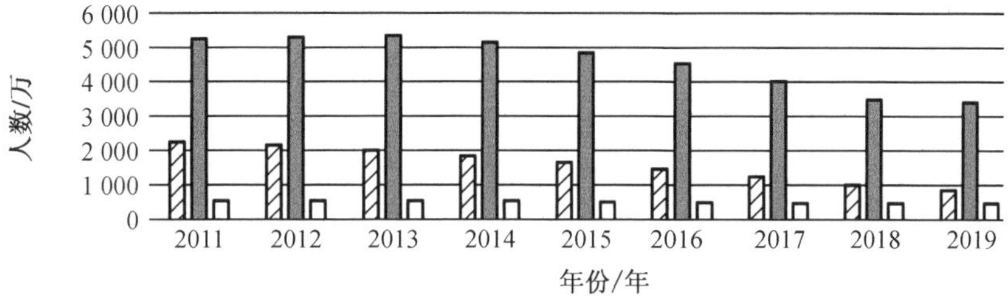

	2011	2012	2013	2014	2015	2016	2017	2018	2019
城市低保人数	2 276.8	2 143.5	2 064.2	1 877	1 701	1 480.3	1 261	1 007	860.9
农村低保人数	5 305.7	5 344.5	5 388	5 207.3	4 903.6	4 586.5	4 045.2	3 519.1	3 455.4
城乡特困人员人数	570.3	555.5	545.8	536.7	523.6	506	492.3	482.7	468.6

图 8－8　2010—2019 年我国城乡低保对象、城乡特困人员情况

四是我国农村贫困地区基本公共服务严重匮乏的局面得到了有效地缓解，地区和城乡之间经济社会发展二元化的问题得了很大改善，我国农村的多维贫困问题得到了有力缓解。具体表现：在教育方面，2017 年农村幼儿园增加到 90 182 所，占全国幼儿园数的 69.03%；入园儿童 2 893.29 万人，占全国入园儿童的 62.90%。农村义务教育普及率接近 100%，义务教育阶段师资也不断改善，小学和初中生师比为 15.662∶1、11.192∶1，均低于城镇学校；农村小学和初中办学条件达标率为 83%～88% 和 89%～93%，与此前相比具有大幅提高。[①] 在医疗卫生服务方面，农村新生儿和孕产妇死亡率等都快速下降，农村新生儿死亡率由 2010 年的 10‰下降到 2019 年的 4.1‰；婴儿死亡率由 2010 年的 16.1‰下降到 2019 年的 6.6‰（图 8－9）；孕产妇死亡率由 2010 年的 0.301‰下降到 2019 年的 0.186‰（图 8－10）。[②] 在农村互联网建设、道路建设、用电用水方面，截至 2020 年我国基本实现了网络、道路建设和电力设施的村村通；8 成以上的农村人口用上了自来水，贫困人口饮水安全问题得到全面解决，水质明显得到改善。

① 邬志辉、秦玉友主编《中国农村教育发展报告 2019》，北京师范大学出版社，2020，第 109 页。

② 根据国家统计局历年统计数据整理而成。

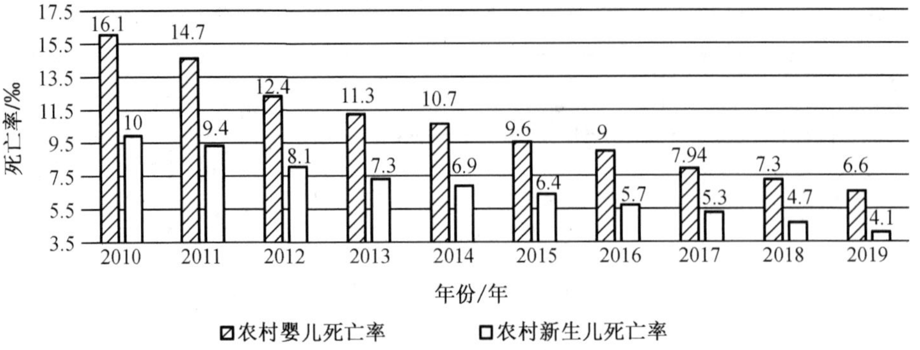

图 8－9　2010—2019 年我国农村婴儿和新生儿死亡率

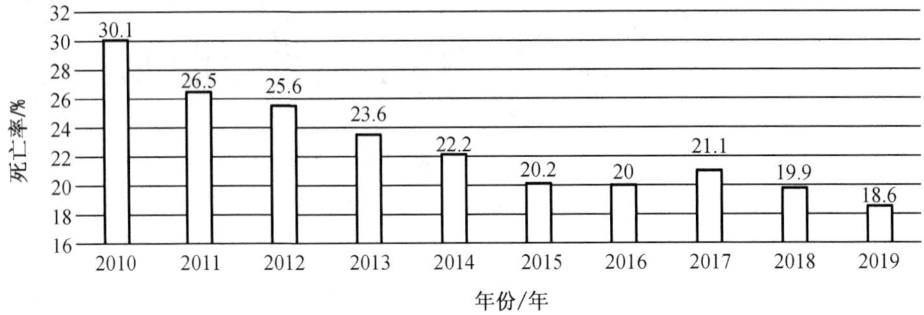

图 8－10　2010—2019 年我国农村孕产妇死亡率

（二）我国城市贫困问题现状

我国的城市贫困问题和农村贫困问题有比较相同的历史背景，因为长期帝国主义的经济侵略、本国反动统治阶级的压榨，加之长期战争的破坏，新中国成立初期，我国国内存在非常严重的城市贫困问题。随着我国新政权的逐渐巩固，政府通过在城市中构建社会主义计划经济体制和以户籍制度为基础的城市社会福利体系，建立一套与农村相隔绝的城市反贫困系统，一直运行到 20 世纪 70 年代末。较之新中国成立以前城市中广泛存在的贫困现象，我国计划经济时期的反贫困行动虽然存在这样那样的问题，但是因为计划经济时期存在全民就业、公费医疗、单位福利等带有平均主义倾向的制度设计，所以在大体上还是保障了全体城市居民的基本生活，城市贫困问题并不突出。世界银行发布的《1990 年世界发展报告》指出：1980 年中国"城市贫困人口规模为 400 万左右，贫困发生率为 2%"。根据《中国民政统计年鉴》的数据，1989 年我国城市贫困人口规模更是下降到 100 万左右，贫困发生率为 0.4%，贫困人口主要是"三无"人员。

但是随着计划经济的转型、单位体制的解体和基本公共服务的市场化改革，我国的城市贫困问题尤其在 20 世纪 90 年代末期的国有企业改革的过程中变得日益激化，其间产生了一系列严重的失业问题、城市贫困问题和犯罪问题。在这样的背景下，从 20 世纪 90 年代中期开始，我国开始在城市中实行最低社会保障制度，开始把对城市贫困问题的应对作为政府重要的一个工作领域。目前我国城市贫困问题呈现出以下几个方面的特点：

一是我国城市贫困人口数量持续保存高位运行，但是减贫效果较为明显。由于最低生活保障制度是我国政府应对城市贫困问题的主要政策，因此研究者都把享受最低生活保障待遇的人员等同于城市贫困人口，所以我国城市贫困人口的数量就是享受低保的人数。从国家统计局历年的统计数据上看，我国贫困人口数量在进入21世纪以后迅速上升，在2002—2013年一直维持在2 000万以上的高位持续运行。但在2009年到达顶峰以后，我国政府不断加大反贫困的力度，城市贫困人口数量开始了为期10年的稳定下降，截至2019年我国的城市贫困人口下降到860.9万人，如图8－11所示。

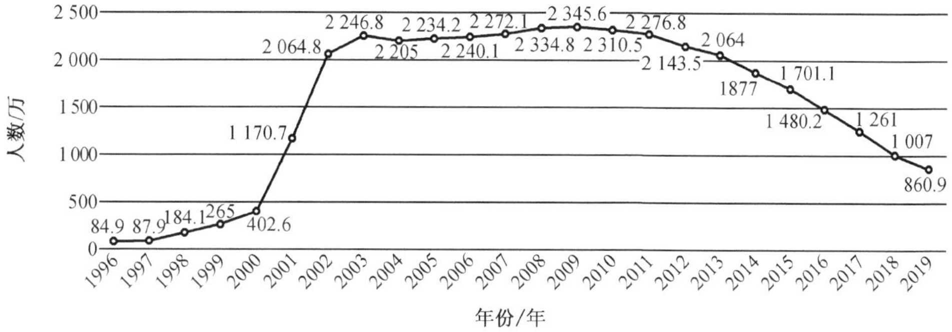

图8－11　1996—2019年我国城市居民最低生活保障人数

二是我国城镇登记失业人口绝对数不小，但城镇登记失业率保持在合理区间内。尽管对我国的城镇失业登记还存在一些效率上的争论[①]，但是作为一种通行的反贫困政策设计，它还是政府和研究者掌握失业情况最为权威的数据来源。从国家统计局提供的数据来看，近10年我国失业人口始终维持在近千万的高位，这是和我国经济发展逐渐进入新常态有关，如图8－12所示。从城镇登记失业率来看，尽管我国失业人口总量不小，但失业率却逐渐回落到充分就业的区间内，截至2019年我国登记失业率下降到3.6%，达到了国际通行的4%的充分就业线，如图8－13所示。

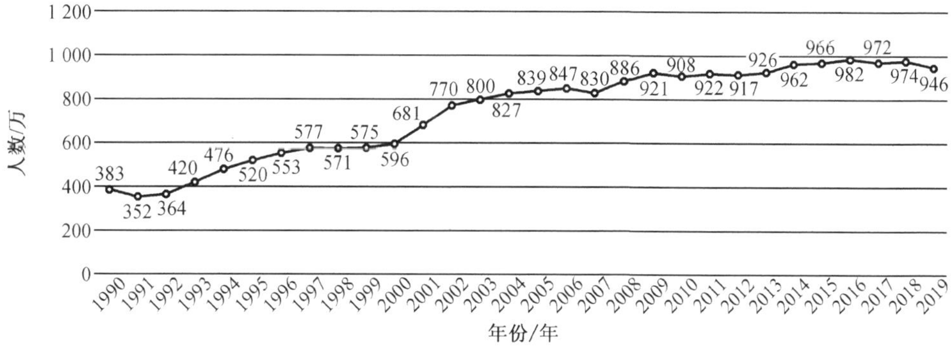

图8－12　1990—2019年我国城镇登记失业人数

① 城镇失业登记制度由于其统计的是符合一定条件，且自愿主动前往就业服务机构进行登记的失业者，因此在我国快速发展变化的经济社会环境下越来越难以全面反映失业状况。但随着失业登记与低保、就业培训、创业补等政策的协调配套，主动进行失业登记的人越来越多。

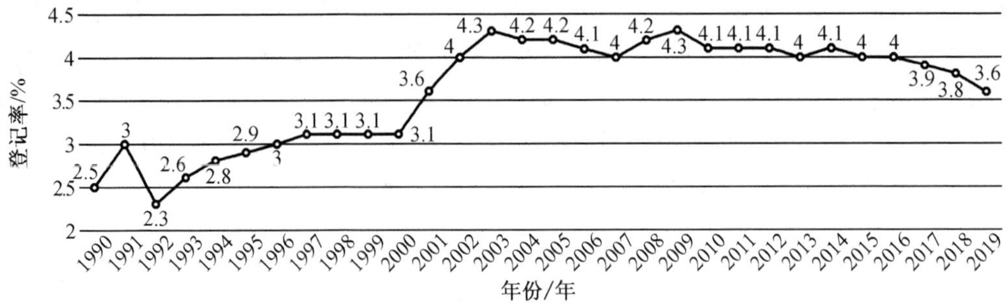

图 8－13 1990—2019 年我国城镇登记率

三是由于我国户籍制度改革与人口流动的加快,我国城市贫困人口呈现出多元化的趋势。随着户籍制度的放松、人口流动的加快,我国城市中的贫困人口主体已经从“三无”人员、残疾人等传统的贫困群体,转变为包括城镇登记失业人员、低收入人员、常住的流动人口等群体。同时,伴随着产业结构升级和高等教育扩张,也使得我国就业结构与人才培养结构逐渐也存在较大的协调问题,富余的初级劳动力和未就业的大学毕业生也成为我国贫困群体的新的重要组成部分。

四是极度贫困基本被消除的今天,我国的相对贫困、多维贫困等问题还将长期存在。通过我国自 2009 年开始的城市居民最低生活保障制度已经实现了“应保尽保”,基本消灭城市居民的极度贫困。但因为我国城市生活成本的上升和城市低保标准较低的矛盾,加之基本公共服务的均等化还没有完全实现,使得我国城市贫困人口在教育、医疗卫生、住房等方面的基本需求还不能得到完全地满足。

五是我国城市贫困群体阶层固化的趋势较为明显。从我国居民收入的分配来看,我国的收入基尼系数长期高位运行,这就说明我国新增的社会财富能够惠及贫困和低收入群体的份额较少。同时,全社会在教育、医疗卫生等公共服务支出的持续上涨,增加了家庭在相关领域的负担。这种情况如果长期持续,必然会导致贫困群体因为资源和机会的丧失,难以获得向上流动的渠道,从而导致贫困的代际传递。

综上所述,在我国经济发展进入新常态,全球经济发展在因为经济危机和贸易战而不确定性日益增多的情况下,再叠加新冠疫情的影响,我国将面临一个相当复杂的发展环境和发展挑战。所以,如何消除贫困、保持社会的安全和稳定就显得非常重要。

二、我国反贫困政策的实践历程

(一)1949—1978 年的城乡反贫困政策

新中国成立以后,我国政府在城乡进行了积极的社会救济行动,并在此后几年进行了土地改革和对资本主义工商业的社会主义改造,以恢复和发展生产的形式在一定程度上缓解了极端贫困的局面。但是据不完全统计,1952 年全国 152 个城市常年得到定期救济的人口达 120 多万,得到冬令救济的约达 150 多万。有的城市享受社会救济的人口竟达 20% ~ 40% 。同时,长期破败的农村也受到战争、自然灾害等因素的影响,处于贫困的边缘。在这样背景下,1954 年颁布的《中华人民共和国宪法》中提及“劳动者在年老、疾病或者丧失劳动能力的时候,有获得物质帮助的权利。国家举办社会保险、社会救济和群众卫生事业,并且逐步扩大这些设施,以保证劳动者享受这种权利。”这些法律规定成为这一时期我国城乡反贫困政策的总纲。

随后在农村反贫困方面,我国政府相继颁布《土地改革法》(1950)、《城市郊区土地改革条例》(1951)、《关于合作社的若干问题》(1951)、《中共中央农村工作部关于农业生产合作社收益分配问题给各级党委农村工作部的指示》(1953)、《中国共产党中央委员会关于发展农业生产合作社的决议》(1954)、《1956—1967 年全国农业发展纲要》(1956)、《高级农业生产合作社示范章程》(1956)、《中共中央、国务院关于农业生产合作社秋收分配中若干具体问题的指示》(1956)、《中共中央关于在农村建立人民公社问题的决议》(1958)、《关于人民公社若干问题的决议》(1958)等文件,提出通过合作运动使社员收入在 1962 年前后,赶上或者超过当地富裕中农的收入;一般要使 90% 以上的社员收入比上年有所增加,其余社员的收入比上年也不致减少。同时,主张依靠人民公社去实现对公共食堂、托儿所、小学校、卫生院等公共服务设施的建设,并确认实施农村五保供养制度和农村合作医疗制度①。

在城市中,国家通过与计划经济相配套的单位福利制度,《中华全国总工会关于劳资关系暂行处理办法》(1949)、《中华人民共和国劳动保险条例》(1953)、《中央人民政府政务院关于劳动就业问题的决定》(1952)、《国务院关于工资改革的决定》(1956)、《国务院关于工人、职员退休处理的暂行规定》(1958)对企业员工及其亲属的基本生活加以保障,在最大程度上减少城市贫困人口。同时,通过《政务院关于改善各级学校学生健康状况的决定》(1951)、《市镇粮食定量供应暂行办法》(1955)、《中共中央批发中共湖北省委 <关于做好当前人民生活的几项工作的规定>》(1958)等规范性文件,规定了我国各级政府在城市反贫困中的主要工作领域。

这个时期我国反贫困政策数量不多且内容较为简单,主要试图通过发展经济和改革分配制度的方式为城乡贫困人口提供基本的社会保障。对于缺乏劳动能力的老人、儿童和妇女等群体,主要使用传统的家庭互助、单位福利和社会救济等手段来实现其基本生活的保障。当然,这一时期受到种种客观因素的影响,我国反贫困政策的效果和我们的目标之间还存在较大的差距,尤其使农村地区的贫困问题十分严重。

(二)1978—1993 年的城乡反贫困政策

20 世纪 70 年代末,我国的反贫困政策的发展进入了一个重要的转折阶段。伴随着各项经济改革措施的推进,我国的城乡生产生活环境发生了巨大的变化,原来依靠城市单位体制和农村人民公社体制来进行的传统救济发生了一些改变,急需政府从国家和社会的层面进行新的反贫困政策体系的设计。同时,改革开放之初我国经济的快速增长对城市贫困问题的缓解,也使得政府认为只要保持经济发展,就可以让全体社会成员在经济发展的过程中去分享成果。因此,1986 年我国政府成立国务院贫困地区经济开发领导小组,并把“扶贫开发”列入了“七五计划”。在这个时期,随着我国社会管理规范化和法制化的进程的开

① 佚名:《关于人民公社若干问题的决议》,上海教育出版社,1958,第 751 – 767 页。

始，我国政府的反贫困政策也逐渐丰富和健全。

在反贫困政策制定方面，我国政府依然以农村为反贫困的重点，相继颁布《关于加快农业发展若干问题的决定》(1978)、《全国农村工作会议纪要》(1982)、《关于认真做好扶助农村贫困户工作的通知》(1982)、《关于帮助贫困地区尽快改变面貌的通知》(1984)、《关于进一步活跃农村经济的10项政策》(1985)、《关于开展科技扶贫工作的通知》(1985)、《关于成立国务院贫困地区经济开发领导小组的通知》(1986)、《关于加强贫困地区经济开发工作的通知》(1987)、《关于进一步加强农业和农村工作的决定》(1991)等一系列政策文件。这些政策文件，一方面提出"开发式扶贫"的减贫战略，要求把反贫困的重点放在极度贫困群体和极度贫困地区，鼓励农民通过利用和开发本地资源，走上自力更生、发展生产、改善生活的减贫道路。另一方面，通过改革农村反贫困管理体制，将"条块分割"的反贫困管理体制，改为以国务院贫困地区经济开发领导小组为核心的多部门协调机制。通过部门间的有效协调，可以更加有效地使用反贫困资源，从单纯地物质救济向综合使用经济、教育、卫生、生态环保等多种政策工具转变。

总的来看，整个20世纪八九十年代得益于改革红利，我国城乡经济的快速恢复和发展，使得城乡贫困人口出现了数量的大大减少，极度贫困人口由1978年的2.5亿降至1993年的0.8亿左右，开发式减贫取得了巨大的成功。

(三)1994—2012年的城乡反贫困政策

因为城乡差距、地区差距、阶层差距引发的收入不平等程度加剧，贫困群体越来越难以凭借自身的奋斗，在市场经济中获得足够多的收益实现脱贫，使得城乡贫困人口对于政府介入减贫领域，今早实现脱贫的愿望日趋强烈。同时，我国城乡单位体制和人民公社体制彻底解体以后，政府必须直面改革中产生的国有企业破产、失业和贫困等社会问题，使得我国的反贫困工作进入了一个异常复杂的时期。

在农村反贫困政策方面，我国政府先后颁布《"八七"扶贫攻坚计划(1996—2000)》(1994)、《关于尽快解决农村贫困人口温饱问题的决定》(1999)提出，通过增加扶贫投入、开展东西部扶贫协作等方式，到2000年基本解决农村贫困人口的温饱问题。随后，我国政府进一步颁布《关于进一步加强扶贫开发工作的决定》(1999)、《中国农村扶贫开发纲要(2001—2010年)》(2001)、《关于进一步推进西部大开发的若干意见》(2004)、《关于促进农民增加收入若干政策的意见》(2004)、《关于切实加强农业基础建设 进一步促进农业发展农民增收的若干意见》(2009)、《中国农村扶贫开发纲要(2011—2020年)》(2011)、《全国连片特困地区分县名单及其说明》(2012)等对农村反贫困总体设计的政策文件。在这些政策文件中进一步提出以集中连片特困地区、国家级贫困县和贫困村作为减贫工作的主要工作地区，开发式扶贫方针和扶贫到村到户方式是这一阶段减贫的主要策略。

在农村开发式扶贫的同时，我国政府并没有放弃对社会救济等传统减贫政策工具的使用，尤其是针对因病致贫的情况，我国政府相继颁布《关于进一步加强农村卫生工作的决定》(2002)、《关于实施农村医疗救助的意见》(2003)、《关于建立新型农村合作医疗制度的意见》(2003)、《农村医疗救助基金管理试行办法》(2004)、《关于加快推进新型农村合作医疗试点工作的通知》(2006)、《关于在全国建立农村最低生活保障制度的通知》(2007)、《关于进一步完善城乡医疗救助制度的意见》(2009)等,这些政策文件以医疗救助为核心,主要是针对农村缺乏劳动能力的极度贫困群体,为他们提供了最为基本的安全网。

在城市反贫困政策方面,由于受到国有企业改革和人口流动的影响,长期以来以单位福利为核心的反贫困行动难以维持,使得我国的城市贫困问题日趋严重。我国政府针对城市贫困问题的实际需要,连续颁布《关于在全国建立城市居民最低生活保障制度的通知》(1997)、《城市生活无着的流浪乞讨人员救助管理办法》(2003)、《关于做好城镇困难居民参加城镇居民基本医疗保险有关工作的通知》(2007)、《关于解决城市低收入家庭住房困难的若干意见》(2007)、《关于进一步加强城市街头流浪乞讨人员救助管理和流浪未成年人解救保护工作的通知》(2009)、《关于进一步完善城乡医疗救助制度的意见》(2009)、《社会保险法》(2010)、《关于加强和改进流浪未成年人救助保护工作的意见》(2011)、《最低生活保障审核审批办法(试行)》(2012)、《城乡医疗救助基金管理办法》(2013)等政策文件。通过这些政策文件的颁布,我国以社会救助制度为核心的反贫困政策体系逐步健全,有效地弥补了单位体制解体以后,城市反贫困在政策、资源和组织管理上的空白领域,形成了以社会救助政策、就业促进政策和其他专项救助政策为核心的城市反贫困政策体系

在这个阶段的反贫困行动中,我国农村贫困人口在1994至2007年下降了78.9%(按1985年农村贫困标准);2008至2010年下降了32.9%(按2009年农村贫困标准);2011至2013年下降了32.6%(按2011年农村贫困标准)。在城市中随着1996年城市居民最低生活保障制度的建立,到2013年有2064万城市贫困人口享受到了基本生活保障。

(四)2013年至今的城乡反贫困政策

当时间进入21世纪第二个十年以后,全球对贫困问题的认识也发生了改变,多维贫困成为得到越来越多国家认同的,对贫困问题加以研究的新视角。随着我国政府对贫困问题认识的逐步深入,我国政府开始在实现中华民族伟大复兴的高度上,来应对对贫困问题。2015年11月,我国政府发出《关于打赢脱贫攻坚战的决定》,提出"到2020年,确保我国现行标准下农村贫困人口实现脱贫,贫困县全部摘帽,解决区域性整体贫困"的总目标。这标志着我国的反贫困工作进入了最终消灭极度贫困的攻坚阶段,反贫困政策大量出台,我国统筹城乡的反贫困政策体系日趋完善。

1.在城乡统筹反贫困政策方面

在城乡统筹社会救助政策方面,我国政府颁布了《社会救助暂行办法》(2014)、《关于全面建立临时救助制度的通知》(2014)、《贫困残疾人脱贫攻坚行动计划(2016-2020年)》(2016)、《关于进一步健全特困人员救助供养制度的意见》(2016)、《关于加强和完善建档立卡贫困户等重点对象农村危房改造若干问题的通知》(2017)、《关于在脱贫攻坚三年行动中切实做好社会救助兜底保障工作的实施意见》(2018)、《深度贫困地区特困人员供养服务设施(敬老院)建设改造行动计划》(2018)、《关于做好因洪涝地质灾害影响贫困农户住房安全保障工作的通知》(2020)、《关于扎实做好疫情防控常态化背景下残疾人基本民生保障工作的指导意见》(2020)、《社会救助兜底脱贫行动方案》(2020)、《关于进一步做好困难群众基本生活保障工作的通知》(2020)、《教育部办公厅关于切实做好2020年秋季学期高校家庭经济困难学生资助工作的通知》(2020)、《关于改革完善社会救助制度的意见》

（2020）、《关于做好因突发事件影响造成监护缺失未成年人救助保护工作的意见》（2021）等政策文件，不断扩大了享受社会救济的人员范围和保障水平，健全分层分类、城乡统筹的中国特色社会救助体系，将因经济社会发展过程中产生的新贫困群体纳入社会救助体系之中。

在城乡统筹医疗救助政策方面，我国政府颁布了《关于建立疾病应急救助制度的指导意见》（2013）、《关于进一步加强医疗救助与城乡居民大病保险有效衔接的通知》（2017）、《关于进一步加强医疗救助与城乡居民大病保险有效衔接的通知》（2017）、《关于进一步加强农村贫困人口大病专项救治工作的通知》（2018）、《关于印发解决贫困人口基本医疗有保障突出问题工作方案的通知》（2019）、《关于进一步扩大农村贫困人口大病专项救治病种范围的通知》（2020）、《关于进一步推进疾病应急救助工作的通知》（2021）等政策文件，主要加强医疗救助与大病保险的衔接，提高医疗保障制度整体的可及性、精准性和高效性，缓解贫困群体的经济负担。

在城乡统筹反贫困金融支持政策方面，我国政府颁布了《推进普惠金融发展规划（2016—2020）》（2016）、《关于进一步支持和促进重点群体创业就业有关税收政策的通知》（2019）、《关于进一步完善扶贫小额信贷有关政策的通知》（2020）、《关于进一步用好公益性岗位发挥就业保障作用的通知》（2020）等政策文件，这些政策制定的目的是要消除资金短缺，这个制约反贫困行动能否取得成效的重要因素。在成本可控的前提下，通过开展普惠金融，起到鼓励贫困人口依靠自身能力创业脱贫的积极性。

在城乡统筹反贫困基本公共服务政策方面，我国政府颁布了《关于进一步推动进城农村贫困人口优先享有基本公共服务并有序实现市民化的实施意见》（2019）、《关于加快促进有能力在城镇稳定就业生活的农村贫困人口落户城镇的意见》（2019）、《关于进一步加强贫困家庭高校毕业生就业帮扶工作的通知》（2020）等政策文件，其目的是为了适应我国城市化过程中，城乡人口自由流动时实现城乡居民可以享受到同等基本公共服务，彻底消除对农村居民的社会排斥，促进全体人民公平地共享改革发展成果。

2. 在农村反贫困专项政策方面

在我国政府颁布《中国农村扶贫开发纲要（2011—2020 年）》提出，到 2020 年确定的扶贫目标是"不愁吃、不愁穿，保障其义务教育、基本医疗和住房"（即"两不愁、三保障"）。2013—2015 年，又提出"精准扶贫"的方略，实现扶贫对象、项目安排、资金使用、措施到户、因村派人、脱贫成效"六个精准"。在这样的背景下，我国的反贫困政策也开始呈现出精准扶贫与多维反贫困相结合的特点。

在农村反贫困政策总体设计方面，我国政府颁布了《关于创新机制扎实推进农村扶贫开发工作的意见》（2014）、《建立精准扶贫工作机制实施方案》（2014）、《"十三五"脱贫攻坚规划》（2016）、《关于建立贫困退出机制的意见》（2016）、《关于进一步加强东西部扶贫协作工作的指导意见》（2016）、《关于加大脱贫攻坚力度支持革命老区开发建设的指导意见》（2016）、《脱贫攻坚责任制实施办法》（2016）、《关于支持深度贫困地区脱贫攻坚的实施意见》（2017）、《关于打赢脱贫攻坚战三年行动的指导意见》（2018）、《关于实践乡村振兴战略的意见》（2018）等政策文件，明确了 2020 年前我国农村反贫困的总体和具体目标，要在反贫困的过程中要不断改善农村基础设施、人居环境，进一步提高城乡基本公共服务均等化水平。

在动员多元社会主体参与农村减贫工作方面，我国政府颁布了《关于进一步动员社会各方面力量参与扶贫开发的意见》（2014）、《关于切实做好就业扶贫工作的指导意见》（2016）、《关于支持社会工作专业力量参与脱贫攻坚的指导意见》（2017）、《关于加强贫困村驻村工作队选派管理工作的指导意见》（2017）、《关于建立贫困户产业发展指导员制度的通知》（2018）等政策文件，通过加强组织动员，落实对社会组织参与反贫困工作的税收优惠政策和补偿机制，动员有资质、有能力的不同社会主体都参与到反贫困行动中来。

在农村教育扶贫方面，我国政府颁布了《国家贫困地区儿童发展规划（2014—2020）》（2014 年）、《关于进一步加强全面改善 贫困地区义务教育薄弱学校基本办学条件中期有关工作的通知》（2017）、《关于开展深度贫困地区技能扶贫行动的通知》（2018）、《关于印发《＜深度贫困地区教育脱贫攻坚实施方案（2018—2020 年）＞的通知》（2018）、《关于做好 2020 年边远贫困地区、边疆民族地区和革命老区人才支持计划教师专项计划有关实施工作的通知》（2020）等政策文件，通过加强对贫困地区基本教育服务机构的投入，保障师资力量在数量、能力上的全面提升，保障保障贫困子女能够平等地享有接受义务教育、职业教育、高等教育的权利。同时，通过对贫困人口的教育补贴，满足其通过教育或职业培训掌握脱贫能力的需求。

综上所述，在新中国成立以后，我国政府通过有针对性的反贫困政策设计，对不同时期我国城乡贫困问题加以应对。特别是在进入 21 世纪以后，随着我国经济社会的高速发展，我国在反贫困领域投入了大量的资源，从应对多维贫困的角度出发，实现了城乡统筹的社会保险、医疗保险、社会救济等反贫困政策设计，实现了对现有标准下极度贫困人口的消灭，创造了举世瞩目的奇迹。

三、反贫困政策的未来发展趋势

2021 年 3 月 13 日，十三届全国人大四次会议通过《民营经济和社会发展第十四个五年规划和 2035 年远景目标纲要》，其中对我国反贫困行动指出了新的方向。在决议中提出“实现巩固拓展脱贫攻坚成果同乡村振兴有效衔接。建立农村低收入人口和欠发达地区帮扶机制，保持财政投入力度总体稳定，接续推进脱贫地区发展。”“健全防止返贫动态监测和精准帮扶机制，对易返贫致贫人口实施常态化监测，建立健全快速发现和响应机制，分层分类及时纳入帮扶政策范围。完善农村社会保障和救助制度，健全农村低收入人口常态化帮扶机制。”等一系列后续要求，更是在此基础上提出“全体人民共同富裕取得更为明显的实质性进展”和“扎实推动共同富裕”等提法，说明我国未来的反贫困政策将消除极度贫困，向应对相对贫困乃至促进共同富裕的方向转变。

从这些新要求上看，我国在对现行标准下农村贫困人口实现脱贫等阶段性反贫困目标实现以后，并不意味着贫困问题的彻底消失。一方面，因为未来的反贫困工作更多是面对分散的个体贫困，在贫困标准的制定、致贫原因的认定、减贫政策工具和方法的使用等方面看，未来我国减贫的难度将更大。另一方面是，未来的反贫困再也不是城乡二元的反贫困，再也不是单纯的经济减贫的问题了，反贫困的政策和行动本身越来越强调城乡融合、反多维贫困和隐性贫困。由此可见，我国的城乡反贫困工作必将进入一个崭新的阶段，对我国未来的反贫困政策体系的完善提出更多的要求和挑战。

第一,在反贫困政策设计理念层面上,要正确认识城乡贫困问题,已经由极度贫困向相对贫困转变的现实,坚决树立贫困问题是一个未来将长期存在的问题,不可能一朝一夕予以解决。不能因为我国在反贫困领域取得的成果而沾沾自喜、故步自封,我们要认清我国极度贫困标准认定还不高,反贫困的成果还不巩固的现实。随着未来贫困认定标准逐步与国际接轨,以及可能的极度贫困反弹,我国的反贫困任务还会很重。因此,树立反贫困工作的长期性、紧迫性是我们能够制定和完善反贫困政策,并使之能够得到顺利执行的前提。

第二,制定城乡统筹的综合性的反贫困政策体系。可以说,贫困群体是极具脆弱性的群体,其面临的诸多社会风险都是其难以应对的,而临时性措施是不足以保障其长期稳定生活的,因此特别需要有一整套稳定而权威的反贫困政策来为之保驾护航。从各国反贫困实践上看,现代国家的反贫困行动越来越是一个法制化和规范化的过程,其之所以运行顺畅就是在于反贫困政策的健全。从我国的反贫困实践中来看,我国的反贫困政策也经历了一个从无到有、从不系统到系统化的过程。尤其是20世纪的头20年,我国反贫困政策体系更是得到了极大的丰富和完善,已经涵盖了社会保险、社会救济和社会服务等多个社会政策领域,因应了在反贫困行动中贫困人口对生存、教育、医疗、就业等多方面的需求。但从我国反贫困政策的实践中看,我国的反贫困政策保障水平还不高,对贫困人口个性化和发展性需求的满足还不够充分,需要加以完善。

第三,我国的反贫困政策的重点还需要从消除极度贫困、经济贫困,向缓解相对贫困、多维贫困转变。长期以来,甚至于我国经济发展的实际水平和庞大的贫困人口数量,我国的反贫困政策重点一直是极度贫困群体的生存需求的满足上,对极度贫困群体的消除也是以“两不愁、三保障”为标准实现的。但是从未来实现全体人民的共同富裕的角度上看,着标准显然是低了一些。因此,在未来的我国反贫困政策的完善过程中,针对缓解相对贫困、多维贫困,就需要我们的政策更多地从推动贫困人口的自身能力提高、实现个人发展的角度,对非物质性的教育、培训、就业等方面加大资源的投入,努力通过必要的政策设计构建对贫困人口更具包容性的社会环境。

综上所述,通过未来反贫困事业的不断推进,能够更好地体现我国社会主义优越性,不断促进社会公平正义的实现,最终能够为实现中华民族伟大复兴创造良好社会环境。

第九章　社会优抚政策专题

世界各国都从各自的兵役立法和国家稳定的需要出发，对现役军人的优待、抚恤和退役后的生活待遇等都做出了具体规定。在我国，社会优抚是整个社会保障制度的重要组成部分，是我国在长期的革命和建设实践中逐步形成的，针对为国家和社会安全做出特殊贡献的群体提供的优待和生活保障的政策体系。

第一节　我国社会优抚概述

一、社会优抚政策的含义和主要内容

（一）社会优抚政策的含义

社会优抚政策是国家为了激励军人保卫祖国、建设祖国的献身精神，加强国防和军队建设，根据相关法律法规的规定，使用财政资金对现役军人、服现役或者退出现役的残疾军人，以及复员军人、退伍军人、烈士遗属、因公牺牲军人遗属、病故军人遗属、现役军人家属等，提供的各种优待、抚恤、养老、就业安置等待遇和服务的社会政策。

（二）社会优抚对象

我国的《军人抚恤优待条例》第二条明确规定了社会优抚的对象，包括："中国人民解放军现役军人（以下简称现役军人）、服现役或者退出现役的残疾军人以及复员军人、退伍军人、烈士遗属、因公牺牲军人遗属、病故军人遗属、现役军人家属，是本条例规定的抚恤优待对象，依照本条例的规定享受抚恤优待"。

（三）社会优抚政策的主要内容

1. 社会优待政策

社会优待政策是国家法律法规的规定，使用财政资金对现役军人、服现役或者退出现役的残疾军人以及复员军人、退伍军人、烈士遗属、因公牺牲军人遗属、病故军人遗属、现役军人家属提供资金和服务优待的社会政策。其政策内容主要包括以下五个部分：

一是军人服现役期间，其家庭由当地人民政府发给优待金或者给予其他优待，优待标准不低于当地平均生活水平。

二是残疾军人、复员军人、带病回乡退伍军人以及因公牺牲军人遗属、病故军人遗属享受医疗优惠待遇，享受同等的生活福利待遇。

三是现役军人、残疾军人优先购票乘坐境内运行的各类交通工具；参观游览公园、博物馆、名胜古迹享受优待；残疾军人享受减免票价的优待。

四是退役士兵报考国家公务员、高等学校和中等职业学校，与其他考生在同等条件下优先录取。各类军人子女入学、入托，在同等条件下优先接收或录取。随军家属、随军烈属、因公牺牲军人遗属和病故军人遗属在安置地落户、就业地方政府应当妥善安置。

五是复员军人生活困难的，由当地在政府民政部门给予定期定量补助；国家兴办的各类社会福利机构应当优先接收抚恤优待对象。

2. 伤残军人抚恤政策

伤残军人抚恤政策是国家对按规定取得革命伤残人员身份的人员，根据其伤残性质和丧失劳动能力及影响生活能力的程度，以现金津贴形式给予的抚慰保障的社会政策。伤残军人抚恤也是社会优抚政策的重要内容之一。其政策内容主要包括以下几个部分：

一是伤残军人等级评定、健全证件和档案管理制度，伤残抚恤关系转移的日常管理，不断扩大伤残军人认定的范围，提高伤残军人管理的科学化与法制化。

二是建立《伤残人员（残疾军人、伤残人民警察、伤残国家机关工作人员、伤残民兵民工）残疾抚恤金标准》，抚恤金标准应当参照全国职工平均工资水平确定。同时，建立伤残人员残疾抚恤金的定期上调制度，从经济上保障伤残军人的基本生活。

三是建立对一级至四级残疾军人的终身供养制度，对分散安置的终身供养残疾军人发给护理费；为伤残军人提供康复服务，并配制假肢、代步三轮车等辅助器械，不断提高伤残军人医疗保障水平。

3. 烈士褒扬政策

烈士褒扬政策就是国家为了弘扬烈士精神、抚恤优待烈士遗属，按照法律法规的规定使用财政资源，宣传烈士事迹、优待帮扶烈士遗属，保障烈士遗属的生活不低于当地居民的平均生活水平的社会政策。其内容主要包括以下五个部分：

一是建立烈士褒扬金、一次性抚恤金、一次性工亡补助金以及烈士遗属特别补助金等抚恤优待金制度。发给烈士的父母或者抚养人、配偶、子女；没有父母或者抚养人、配偶、子女的，发给烈士未满 18 周岁的兄弟姐妹和已满 18 周岁但无生活来源且由烈士生前供养的兄弟姐妹。

二是建立定期抚恤金制度。对无劳动能力、无生活来源，或者收入水平低于当地居民的平均生活水平的烈士父母或者抚养人、配偶、子女、由烈士生前供养的兄弟姐妹，提供定期抚恤金。

三是建立烈士子女入学、就业、参军等方面的优待制度。在同等条件下优先录取，减免学杂费，在同等条件下优先承租廉租住房、购买经济适用住房，在创业就业方面优先办理证照和各项优惠政策。

四是建立烈士纪念设施和英烈事迹名录的建设、编纂、开放、宣传和定期祭扫制度，并依法保护英烈名誉和纪念设施安全。

五是依法评定烈士资格。

4. 就业安置政策

就业安置是国家和社会依法向转业或离退休的军官、复员士官和退伍义务兵提供资金和服务保障，使其重返并适应社会的一项社会政策。其内容主要包括以下三个部分：

一是就业服务。就业服务是为需要就业的退役军人在培养职业能力和改变生活方式方面给予必要的资金和服务方面的支持,资金保障包括退役安置费、各种临时性生活津贴和生产性贷款。服务保障包括就业安置、就学安置、落户安置、职业培训、技术培训等项目。这在实际上就是一个退役军人再社会化的过程。

二是符合离退休条件军人安置服务。符合离退休条件军人安置服务针对离退休军人、国家供养终身的伤残军人等群体,在医疗、养老、住房、疗养等方面的需求,完善离退休军人集中安置和分散安置制度,提供多元化优惠养老服务和医疗服务,协调地方共享老干部活动场所,建立离退休军人荣誉疗养制度等。

三是军队转业干部和退役士兵的安置服务。军队转业干部的安置服务中,国家对军队转业干部实行计划分配和自主择业相结合的方式安置。计划分配的军队转业干部由党委、政府负责安排工作和职务;自主择业的军队转业干部由安置地政府提供就业培训、向用人单位推荐、纳入人才市场等措施协助就业,自主创业的给予减免税费的优惠,并逐月发退役金。退役士兵的安置服务方面,国家建立健全以扶持就业为主,自主就业、安排工作、退休、供养,以及继续完成学业等多种方式相结合的士兵退出现役安置制度。

二、社会优抚政策的特征

(一)社会优抚政策是对社会上做出特殊贡献的群体的回报

从社会优抚对象的职责性质来看,军人在履行保卫国家安全职责的时候,面临着多重压力和风险,甚至直接付出健康和生命的代价。比如军人在执行军事任务的时候,要承受较大的安全风险和心理压力;远离家乡和亲人,容易因为无法有效承担对家庭责任,而产生心理压力;军人在退役后还存在一个重新适应和回归社会的风险等等。军人家属也往往因两地分居等情况,承担了较为繁重的家庭责任和家庭风险。因此,国家和社会必须要对军人和军属,为保障国家安全而做出的特殊贡献,给予必要的物质性或精神性的回报,才能更好地体现军人群体对整个社会的价值,才可能激励更多的优秀人才投身军旅保卫祖国。

(二)社会优抚政策的制定和执行主体是国家

从公共产品理论出发,军人提供的"国防安全"是典型的纯公共品,其成本和价值的衡量难以按照市场的方式来进行,因此对军人劳动的价值也就难以通过市场的方式回报。所以,国家就需要承担责任。同时,社会优抚政策是国家对于军人能够正常履行其自身职责的一种制度性保障,正是因为政策实践的领域、政策对象、政策资源筹措和政策执行工具选择等方面的特殊性,使得只有国家才能成为社会优抚政策制定和执行的主体。

(三)社会优抚政策是具有优惠性和综合性社会政策

一方面,社会优抚政策对象为保障国家安全所要承担的风险,相比其他社会政策的对象而言,要远远高出很多。所以从回报的角度说,社会优抚政策给予政策对象的物质性和精神性的回报也要高出很多。因此,优抚待遇高于一般的社会保障标准,优抚对象能够优先优惠地享受国家和社会提供的各种优待、抚恤、服务和政策扶持。另一方面,社会优抚政策对象面临的风险一旦发生,就可能对其个人和家庭产生巨大的,甚至是毁灭性的破坏,因此,社会优抚政策必须针对这些风险进行全面的安排,政策内容包括各类社会保险、烈士和伤残军人抚恤、军烈属优待、离退休军人养老、退役军人就业安置等多方面的内容,是一种涉及多部门多领域的综合性社会政策体系。

(四)社会优抚政策是带有极强荣誉性的社会政策

社会优抚政策除了具有和其他领域中的社会政策一样的,应对个人和社会风险的功能以外,还包含了一种积极地社会评价和社会倡导的功能。国家通过给予军人及其家属高度的社会评价,通过对优秀军人和革命英烈事迹的广泛宣传,通过对军人及其家属权益的保障,可以在全社会形成一个“肯定军人、尊重军人、热爱军人”的社会氛围。一方面可以提高军人群体的荣誉感和自豪感,使之可以更好地履行本职工作;另一方面,通过良好社会范围的形成,可以起到动员青年人投身国防事业的作用。

三、社会优抚政策的基本原则与形式

(一)社会优抚政策的基本原则

1. 社会优抚政策制定和执行方面的政府主导与社会参与相统一的原则

就社会优抚政策的制定而言,只有政府能够全面地了解军人和军人家属的福利需求的种类和总量,实施社会优抚的资源也主要来自公共财政支出,政策对象的界定等都需要由政府来主导进行。当然,随着全社会公民参与意识的加强,在一定程度上推动多元化社会组织参与到政策的制定中,可以让全社会认识到军人群体的特殊贡献和特殊需求,能够更加好地理解制定社会优抚政策的必然性,增加全社会对社会优抚政策的认同。

就社会优抚政策的执行而言,具体社会优抚政策执行的机构和人员的组织,政策资源调遣使用,政策执行效果的评价等也是主要依靠政府的力量。当然,具体的政策执行过程中,需要的社会服务,尤其是具有个性化和专业化的社会服务(如伤残军人的康复服务、军人军属的医疗服务、退役转业军人的职业培训服务等),就需要以政府购买社会服务的方式来进行,这就为多元化的社会服务组织参与其中提供了机会和途径。

2. 社会优抚政策物质保障标准与国民经济发展相适应的原则

社会优抚政策同其他各类社会政策是一样的,其保障的标准是不断根据经济社会发展的实际情况和政策对象的需求而调整的,尤其是经济发展水平的变化对政策保障标准起到决定性的影响。社会优抚政策为服务对象提供的保障水平,往往高于(至少是不低于)社会上其他社会政策对类似社会福利需求的保障水平,从而体现出全社会对军人群体的优待。因此,社会优抚政策的保障标准必须要精确跟踪经济发展水平的变化,不断根据变化以后经济发展水平不断地调整,从而保证社会优抚政策能够真正体现对军人群体的激励作用。

3. 社会优抚政策要坚持持续的创新原则

我国社会优抚政策的对象界定比较复杂,长期以来我国面对的国内外军事威胁来源广泛,军事斗争环境错综复杂,使得我国在国内外的军事领域中参与的活动较多,从传统安全领域到非传统安全领域的参与非常全面。因此,就要求我国的社会优抚政策既要针对老的社会优抚问题,如军人军属的社会优待、烈士烈属的褒扬补助、伤残军人的保障等;又要针对新的军事变革过程中产生的一系列社会优抚的新问题,如在退役转业军人安置中的自主择业问题、文职干部或无军籍人员的管理问题、英雄烈士保护问题等。所以,我们必须要在社会优抚工作的过程中,不论是新问题还是老问题,都应该不断地结合实际情况去推动在具体政策的执行中推动创新。

4. 社会优抚政策中要兼顾不同优抚对象利益保障的平衡原则

受到历史和现实诸多因素的限制，我国社会优抚政策对象的界定比较复杂，不同政策对象的保障水平也有明显的差异。当然这种差异有些是根据政策对象的贡献不同而形成，但是有些差异存在的合理性可能就值得讨论了。在对于死亡抚恤和伤残抚恤的差异就应该根据具体情况来确定，比如重度伤残的军人的抚恤都不应该和死亡抚恤有较大的差异，甚至可能还要根据实际的需求较高一些。因此，如何平衡这些差异就显得非常重要了。

（二）社会优抚政策的形式

社会优抚政策虽然在保障对象和内容上具有特殊性，但这并不意味着社会优抚政策与其他社会政策截然分开的，而是与其他社会政策相互配合、相互渗透的。结合我国社会优抚政策的实际情况来看，我国社会优抚政策的形式有以下四类：

1. 社会保险式的社会优抚政策

社会保险式的社会优抚政策是我国近些年社会优抚政策改革的一个重要趋势，其目的是要将社会优抚以保险的形式与现有社会保险结合在一起。一方面，在军人养老、医疗和就业等方面的保障，与一般性的社会保险相结合，统一对军人和其他社会成员的基本生活保障标准。另一方面，采取社会保险的形式，也方便了未来在军人退役转业以后社会保险的转移和累计计算，减少地方在接收军人社会保险的制度性和非制度性障碍因素。我国在2012 年颁布《中华人民共和国军人保险法》，规定了军人伤亡保险、退役养老保险、退役医疗保险、随军未就业的军人配偶保险、军人保险基金等，实现了社会优抚政策与社会保险政策的衔接。

2. 社会救济式的社会优抚政策

社会救济式的社会优抚政策是政府针对退役军人、军烈属的社会救济需求，而提供的社会救济、补助等服务。在我国，对生活困难的退伍军人、军烈属，由地方政府的民政部门实行社会救助，如《军人抚恤优待条例》就规定了定期抚恤金、丧葬补助费、残疾抚恤金、定期定量补助、临时性补助等。

3. 社会福利性的社会优抚政策

社会福利性的社会优抚政策是我国优抚活动的主要形式，其中包括资金保障和服务保障。资金保障是由政府对死亡军人家属或伤残军人提供抚恤金，对退役军人发放复员费或安家费。另外，政府对优抚对象减免税收、减免交通费、实行免费医疗等，也构成资金保障的内容。服务保障是指对优抚对象优先安排就业和就学，优先安排就业前的职业培训，如我国培养军地两用人才的工作。对伤残军人则实行福利性收养，如荣复军人光荣院、疗养院等。

4. 社会褒扬性的社会优抚政策

由于社会优抚的特殊性，决定了社会优抚过程中包括了很多褒扬性的内容。社会优抚政策通过对现役或退役军人及其家属带有褒扬性的物质或精神奖励，可以提高军人的荣誉感和社会地位；通过对英雄烈士的物质或精神奖励，可以使得全社会形成“肯定军人、尊重军人、热爱军人”的社会氛围。通过这种褒扬性的政策，可以有效地保证整个社会形成对军人群体的正面认识,有利于军人群体社会地位的提高。

总之,在任何一个国家里,以上几种形式的社会优抚政策并不是截然分开的,政府通常综合使用多种社会优抚形式来实现对军人群体的保障。

第二节　我国社会优抚政策的历史沿革和发展趋势

一、我国社会优抚政策的历史沿革

(一)革命战争时期的社会优抚政策

我国的优抚制度起源于中国共产党领导的革命根据地。在中央苏区相继颁布了《中国工农红军优待条例》(1931)、《优待红军家属条例》(1931)等我国最早的优抚工作法规。

在抗日战争期间,中国共产党领导下的抗日根据地根据各自的实际需求,分别制定了本地区的优抚政策。在军人抚恤方面,《陕甘宁边区抗日军人优待条例》(1937)、《晋察冀边区荣誉军人抚恤办法》(1942)、《陕甘宁边区抗日军人退伍及安置暂行办法》(1942)、《苏中区优待在乡荣誉军人暂行办法》(1944)、《苏中区抗战军政人员抚恤暂行条例》(1944)等。在军属优待方面,相继制定了《陕甘宁边区义务耕田队条例》(1939)、《晋察冀边区优待抗日军人家属暂行办法》(1939)、《晋察冀边区行政委员会关于优待抗属的指示》(1939)、《鄂豫边区优待抗日军人家属条例》(1940)、《淮北苏皖边区优待抗属暂行条例》(1941)、《冀鲁豫区优待抗日军人家属条例》(1941)、《陕甘宁边区优待抗属代耕工作细则》(1941)、《修正陕甘宁边区抗日军人家属条例》(1942)、《鄂豫边区优待抗日军人家属条例》(1942)、《陕甘宁边区抗属离婚处理办法》(1943)、《淮北苏皖边区保障抗日军人婚姻暂行条例》(1943)、《苏中区优待抗日军人家属条例》(1944)、《淮海区优待抗日烈士遗族暂行条例》(1944)等。

解放战争期间,我党依然非常重视优抚安置工作。在军人优抚方面,各个根据地分别颁布了《东北解放区关于优恤工作的联合指示》(1946)、《苏皖边区优待荣誉军人条例》(1946)、《东北解放区荣誉军人暂行抚恤条例》(1947)、《东北解放区关于处理荣誉军人的决定》(1947)、《统一和加强华东荣军工作的决定》(1947)、《东北解放区荣誉军人复员军人条例》(1948)、《华北区荣誉军人优待抚恤条例》(1948)等。在军烈属优待方面,颁布了《晋绥边区抚恤抗战死难烈士遗族暂行条例》(1946)、《苏皖边区政府关于优待军烈属及荣誉军人工作的训令》(1946)、《东北解放区爱国自卫战争阵亡烈士抚恤暂行条例》(1947)、《阵亡抚恤条例》(1948)、《东北解放区革命军人家属条例》(1948)、《东北解放区优待革命军人家属条例》(1948)、《东北解放区荣誉军人复员条例》(1948)、《华北区革命军人家属优待条例》(1949)、《关于战勤民工抚恤暂行办法》(1949)、《东北解放区荣病军人退伍与烈属抚恤暂行办法》(1949)、《华北区革命军人牺牲褒恤条例》(1949)等一系列文件。

以上这些条例、办法,都是我党领导的各级政府从各根据地的实际情况出发,对军人及家属的婚姻家庭、农业生产、基本生活等方面加以制度化的保障;同时,对牺牲的革命烈士的褒扬,对伤残军人的医疗照料也是重点领域。尽管在民主革命时期,各个根据地实际处于分割的状态,导致这一时期的社会优抚处于各自为政的局面,保障的水平和内容各有差异,但还是初步建立对军人及其家属的社会优抚体系。

(二)1949—1978 年的社会优抚政策

新中国成立以后,我国开始建立起全国统一的社会优抚政策体系。新中国成立之初,由于解放战争还在继续,我国政府根据战争和恢复建设时期的实际,相继颁布了一系列对军人及其家属加以优抚优待的政策法规。在 1950 年我国政府颁布了《革命军人牺牲病故褒恤暂行条例》《革命烈士家属、革命军人家属优待暂行条例》《革命工作人员伤亡褒恤暂行条例》《民兵兵工伤亡褒恤暂行条例》《革命残废军人优待抚恤暂行条例》等 5 个规定。在祖国大陆统一完成以后,伴随着我军正规化建设的过程,我国政府 1954 年颁布的《宪法》和 1955 年颁布的《兵役法》中,都明确做出了保障伤残军人的生活、优抚革命烈士家属、优待革命军人家属。对现役军人的优待的规定。在复员退伍军人安置方面, 1950 年、1954 年、1955 年人民革命军事委员会、政务院、国务院先后发布了《关于人民解放军 1950 年的复员工作的决定》《复员退役军人安置暂行办法》和《关于安置复员建设军人工作的决议》,对复员退伍军人的安置做出了详细的规定,使新中国的社会优抚工作从一开始就基本上做到了有法可依。

(三)1978 年至今的社会优抚政策

经历了 20 世纪 60 年代中后期的停滞,从 20 世纪 70 年代末随着我国经济和社会的转型,我国社会优抚政策开始进入系统化时期。在我国社会优抚方面做出的顶层设计,我国《宪法》第四十五条规定:“国家和社会保障残废军人的生活,抚恤烈士家属,优待军人家属。”为我国军人及其家属优待抚恤奠定了宪法基础。2020 年颁布的《中华人民共和国国防法》第八条规定:“国家和社会尊重、优待军人,保障军人的地位和合法权益,开展各种形式的拥军优属活动,让军人成为全社会尊崇的职业”。第六十二条至第六十六条具体规定了“军人功勋荣誉表彰制度、军人的婚姻实行特别保护、军人待遇保障制度、退役军人保障制度、抚恤优待残疾军人、对残疾军人的生活和医疗依法给予特别保障、优待军人家属、抚恤优待烈属和因公牺牲、病故军人的家属”等制度安排。从近几年的社会优抚的实际看,我国社会优抚的对象从 2010 年 625 万人,增加到 2017 年的 857.7 万人;每年社会优抚工作中投入的资金也从 2010 年的 362.7 亿元,增加到 2017 年的 827.3 亿元,保持了持续的大比例增长,如图 9 - 1 所示。[①]

① 根据历年的民政事业发展统计公报数据整理而成。

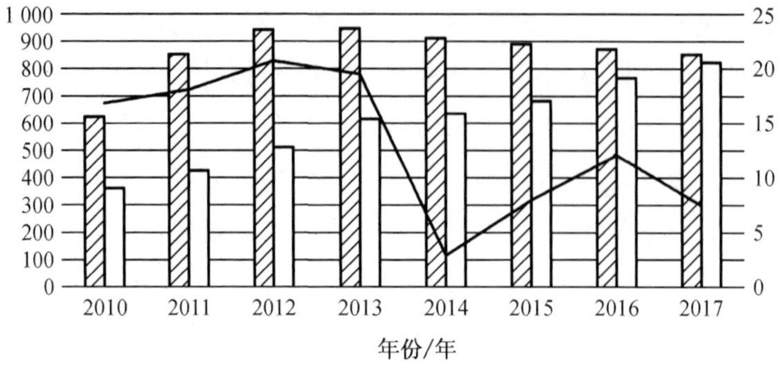

国家抚恤、补助优抚对象/万人	625	852.5	944.4	950.5	917.3	897.3	874.8	857.7
抚恤事业费/亿元	362.7	428.3	517	618.4	636.6	686.8	769.8	827.3
—— 抚恤事业费年增长率/%	16.9	18.1	20.7	19.6	2.9	7.9	12.1	7.5

图 9－1　我国社会优抚状况

1. 在军人及随军未就业配偶保险方面，我国政府相继颁布《军人保险制度实施方案》(1998)、《军人伤亡保险暂行规定》(1998)、《军人退役医疗保险暂行办法》(2000)、《军人配偶随军未就业期间社会保险暂行办法》(2004)、《关于军队文职人员社会保险有关问题的通知》(2006)，这几部关于军人社会保险的政策，以单行条例的方式初步建立了军人及随军未就业配偶的社会保险制度。此后，以《军人保险法》(2012)的建立为标志，我国又连续制定了《军人伤亡附加保险规定》(2012)、《关于军人退役养老保险关系转移接续有关问题的通知》(2012)、《关于在远离军队医疗机构的部队推广商业医疗保险的通知》(2013)、《关于退役军人失业保险有关问题的通知》(2013)、《国务院办公厅关于印发机关事业单位职业年金办法的通知》(2014)、《关于军人职业年金转移接续有关问题的通知》(2015)、《关于调整完善军队投保交通意外保险有关问题的通知》(2016)①等政策法规。经过多年不懈努力形成了以 12 个保险项目为主干，以社会保险为基础、以商业保险为补充的军人保险体系，并已经成为我国社会优抚政策的核心内容。

2. 军人优待抚恤方面，我国政府相继颁布《现役士兵服役条例》(1988)、《军人抚恤优待条例》(2004)、《优抚对象及其子女教育优待暂行办法》(2004)、《一至六级残疾军人医疗保障办法》(2006)、《优抚对象医疗保障办法》(2007)、《关于带病回乡退伍军人认定及待遇问题的通知》(2009)、《伤残抚恤人员档案管理办法》(2010)、《人民警察抚恤优待办法》(2014)、《优抚对象住房优待办法》(2014)、《执行多样化军事任务民兵预备役人员抚恤优待办法》(2014)、《为烈属、军属和退役军人等家庭悬挂光荣牌工作实施办法》(2018)、《勋章、奖章、纪念章管理办法(试行)》(2019)、《伤残抚恤管理办法》(2020)等，这些规定对扩展了全社会对社会优抚对象范围的认识，也提高了我国传统社会优抚的种类和保障的水平。

① 从 2013 年 1 月 1 日起，军队统一为现役军人购买交通意外保险。

3. 在对军烈属的社会救助方面，我国政府相继颁布《军人抚恤优待条例》[1]（2004）、《关于给部分农村籍退役士兵发放老年生活补助的通知》（2011）、《关于给部分烈士子女发放定期生活补助的通知》（2012）、《关于军人死亡一次性抚恤金发放有关问题的通知》（2012）、《关于残疾军人享受社会残疾人待遇有关问题的通知》（2013）等，规定了我国政府对处于收入水平低于当地居民平均生活水平的伤残军人、烈士遗属、因公牺牲军人遗属、病故军人遗属等群体，实施社会救助的法定职责和保障水平。

4. 在烈士褒扬方面，我国政府相继颁布《革命烈士纪念建筑物管理保护办法》（1995）、《关于加强零散烈士纪念设施建设管理保护工作的通知》（2011）、《烈士褒扬条例》（2011）、《关于进一步加强烈士纪念工作的意见》（2013）、《烈士安葬办法》（2013）、《烈士纪念设施保护管理办法》（2013）、《烈士公祭办法》（2014）、《英雄烈士保护法》（2018）、《境外烈士纪念设施保护管理办法》（2020）等，系统地规定了我国政府对革命英烈褒扬、纪念、宣传、教育的职责，规定了政府维护英雄烈士尊严和合法权益的职责，并在系统地规范了全社会对各种纪念设施的保护、维护和使用的权限与责任。图 9－2 做了详细地介绍。

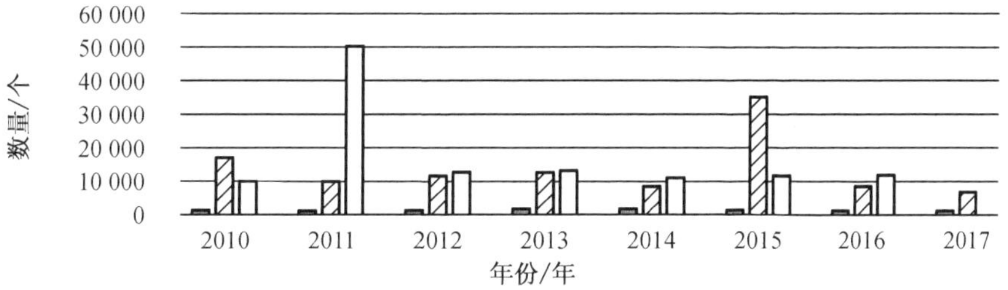

	2010	2011	2012	2013	2014	2015	2016	2017
■ 烈士纪念设施	1 195	1 227	1 306	1 463	1 516	1 464	1 109	957
▨ 机构内烈士纪念设施	17 096	9 900	12 584	13 602	9 289	35 000	9 000	8 000
□ 零散烈士纪念设施	9 729	50 699	13 151	13 601	11 365	12 000	12 000	

■ 烈士纪念设施　▨ 机构内烈士纪念设施　□ 零散烈士纪念设施

图 9－2　我国烈士纪念设施数量

5. 在离退休、转业和退役军人就业安置方面，我国政府相继颁布《关于做好部队退伍义务兵伤病残战士安置工作的通知》（1979）、《关于军队干部退休的暂行规定》（1981）和《关于军队干部离职休养的暂行规定》（1982）、《志愿兵退出现役安置暂行办法》（1983）、《退伍义务兵安置条例》（1987）、《军队离休退休干部休养所暂行规定》（1990）、《关于军队离休退休干部安置工作的请求》（1991）、《关于进一步做好伤病残义务兵退伍和安置工作意见的通知》（1992）、《关于退伍义务兵安置工作随用工单位改革实行劳动合同制的意见》（1993）、《士官退出现役安置暂行办法》（1999）、《军队转业干部安置暂行办法》（2001）、《关于进一步做好军队转业干部安置工作的意见》（2007）、《关于 2006 年度及以后计划分配军队转业

① 《伤残人员（残疾军人、伤残人民警察、伤残国家机关工作人员、伤残民兵民工）残疾抚恤金标准》《“三属”（烈士遗属、因公牺牲军人遗属、病故军人遗属）定期抚恤金标准》《“三红”（在乡退伍红军老战士、在乡西路军红军老战士、红军失散人员）生活补助标准》《在乡老复员军人生活补助标准》《烈士老年子女生活补助标准》五类标准。

干部工资待遇确定办法的通知》(2008)等法规,这些规定适应了我国由计划经济向市场经济转型的背景下,我国军事体制改革中由于缩小军队规模产生的退役军人的安置问题。

在2011年10月新修订的《兵役法》颁布以后,我国政府又制定了《退役士兵安置条例》(2011)、《关于进一步规范带病回乡退伍军人认定有关问题的通知》(2012)、《关于应征入伍服义务兵役高校在校生优待问题的通知》(2012)、《关于完善军队无军籍退休退职职工易地安置政策有关问题的通知》(2014)、《关于做好深化国防和军队改革期间军队转业干部安置工作的通知》(2016)、《关于加强自主择业军队转业干部管理服务工作的通知》(2016)、《关于探索开展军队转业干部进高等学校专项培训的指导意见》(2017)、《关于改革期间现役干部转改文职人员的实施意见》(2017)、《关于改革期间现役干部转改文职人员工作有关问题的通知》(2017)、《关于进一步加强由政府安排工作退役士兵就业安置工作的意见》(2018)、《关于进一步规范退役士兵移交安置工作有关具体问题的通知》(2019)、《退役军人保障法》(2020)等,这些规定进一步适应了我国退役军人就业安置中的多样化选择,在传统的计划分配渠道以外,还开辟了自主择业、创业等新道路,而且还制定了一系列与多样化就业安置相适应的经济补偿机制。

综上所述,我国的社会优抚政策体系经过了新中国成立以来七十余年的不断完善,在军人及其家属的社会保险、社会优待抚恤、社会救济、烈士褒扬、就业安置等问题都做了较为完善的规定,建立健全了社会优抚安置的法规体系,形成了有中国特色的社会优抚制度。

二、我国社会优抚政策的发展趋势

在21世纪第三个十年即将开始之际,中国共产党召开十九届五中全会,为十四五规划蓝图。在《中共中央关于制定国民经济和社会发展第十四个五年规划和二〇三五年远景目标的建议》中,党中央对社会优抚问题也进行了论述,指出要"依法治军""健全退役军人工作体系和保障制度",对我国未来的社会优抚工作起到提纲挈领的作用。在七十余年的社会优抚工作中,我国的社会优抚取得了很大的发展,一直都是社会政策体系中最为完善的政策领域之一,对于保障我国国防事业的发展发挥了重大作用。但是与我国社会优抚工作的需求相比,还是存在一些需要改进的内容。

第一,我国社会优抚的法制化的程度还需要提高。我国现有的社会优抚政策从形式上看,多数是以部门规章或者通知指示的形式存在的,较少使用法律法规的形式,因此需要去规范政策的形式,以提高政策的权威性和稳定性。从政策制定的部门来看,我国的社会优抚政策的指定主体相对比较多,如中央军委及下属部门、民政部财政部等政府部门,另外还包括全国残联等社会组织都会参与其中,这一方面是优抚政策本身的综合性所决定的,另一方面也说明我国的社会优抚政策在制定的过程中缺乏统合全局的部门,尽管在2018年退役军人事务部的建立使得我国政府部门中,形成了一个全面管理退役军人事务的部门,但是长期以来形成的碎片化的政策完成整合还需要较长的时间。

第二,物质保障与精神保障相结合。在我国经济发展水平有限的情况下,我国的社会优抚政策长期侧重于在物质上满足政策对象的基本生活需要,对政策对象的精神需求重视不够。因此,需要将针对政策对象的精神慰藉活动制度化、常规化。一方面,要求民政部门和基层政府将军地联谊活动、重要节日慰问活动等制度化,帮助全社会形成关爱军人军属的社会氛围。另一方面,加强政府职能部门对英烈事迹的宣传、拥军活动的宣传等方面的工作,在全社会树立对英雄人物的崇敬和热爱。通过这些活动,可以使军人军属的职业自豪感得以满足,个人的自我价值得以实现。

第三,开拓司法救济的新途径。社会优抚工作中长期存在一个待遇落实难的问题,尤其是退役军人就业安置中表现最为明显。我国社会优抚政策对退役军人权益的规定多是原则性的,具体标准和实施形式的掌握还有赖于地方政府的职能部门,这就使得因为地方政府能力和态度的问题,导致一些政策落实中的问题,特别是在市场经济的大环境下,政府传统的计划分配式的就业安置难度越来越大。因此,一方面需要在政策法规层面上,完善政策的实施细则的制定,使得地方政府的职能部门能够在优抚实践中做到有法可依。另一方面,要建立退役军人权益保障的司法救济渠道,使得退役军人可以使用司法手段去监督执行社会优抚政策的政府部门和具体安置单位,从而保障政策的落实。

第四,政策的执行中更多地推动多元化的社会主体参与。长期以来我国社会优抚政策往往是由政府部门来执行的,但是由于我国社会优抚政策对军人军属提供的保障范围越来越广,保障的具体服务日益多样化,使得政府部门难以全面满足这些工作对人力资源的需要。特别是具有个性化和专业化的医疗康复、就业培训等,特别需要掌握专业能力的人才,这些人才资源恰恰是各种社会组织的强项。因此,在我国的社会优抚政策实践中可以使用政府购买社会服务的方式,调动多元化的社会组织参与到社会优抚工作之中。

总之,我国社会优抚政策从内容上看是比较完善的,通过优抚活动增强其获得感、幸福感、荣誉感,体现了国家对优抚对象的人文关怀。尽管我国社会优抚政策还存在需要继续完善的部分,但只要本着从满足优抚对象的实际需求出发,去完善政策设计、引入多元化执行主体、创新执行手段等,必然可以更好地维护优抚对象的合法权益。

第十章　人口社会政策专题

自改革开放以来，连续40年经济的高速增长，其中重要的原因之一就是我国拥有极其丰富的人口资源。借助庞大的人口红利，我国在国际分工和竞争中处于优势地位，但是随着我国人口老龄化程度加深、总和生育率下降，我国的人口红利逐渐消失。人口红利的逐渐消失意味着我国将会陷入劳动力资源的短缺、人力资源结构的失衡，进而影响经济的长远发展。因此，为了缓解和解决我国面临的、严峻的人口问题，就需要我们在人口社会政策的顶层设计、生育政策、促进生育的家庭支持政策、直接影响人口生育的流动人口政策、间接影响人口生育的性别平等政策等方面进行完善和创新。

第一节　人口问题概述

在现代社会的人口问题主要是指影响人口生存和发展的各种问题，其本质是人口再生产的过程，与经济社会发展需求相互适应的问题，主要包括人口发展问题、人口与社会适应问题、人口与经济适应问题、人口与自然适应问题。在本章节中主要研究是以人口再生产为核心的人口发展问题，其他的人口问题在前面的老龄化政策、反贫困政策等章节中已经有所涉及，本章节不再赘述。要正确认识我国的人口问题，就需要首先从认识全球人口问题的现状开始，这有助于我们能够更好地吸收世界各国在人口问题应对过程中的经验教训；也能够更好地看到在全球化的背景下，我国人口社会政策转型中要面临的国内外不同挑战，能够在全球化的视野中来思考中国的人口问题。

一、全球人口问题概述

（一）全球人口发展现状

人口问题始终是人类社会共同面对的基础性、全局性和战略性问题。联合国人口基金会发布的《世界人口展望2019》对世界人口发展趋势的预测，认为全球人口发展呈现出以下几个基本趋势。

一是全球人口总量增速放缓。2019年全球人口77亿，预计2030年85.48亿，2050年97.35亿。全球人口数量增速将下降到2015—2020年的1.1%，到2095—2100年可能要下降到零增长（图10－1）；人口的净增长数量也在1985—1990年以后逐步下降，预期到2095—2100年可能要下降到0.235 34亿（图10－2）。同样，全球人口倍增速度的变化也从1950—1955年的39年，增加到2015—2020年的64年，预期到2095—2100年可能要增加到132年（图10－3）。

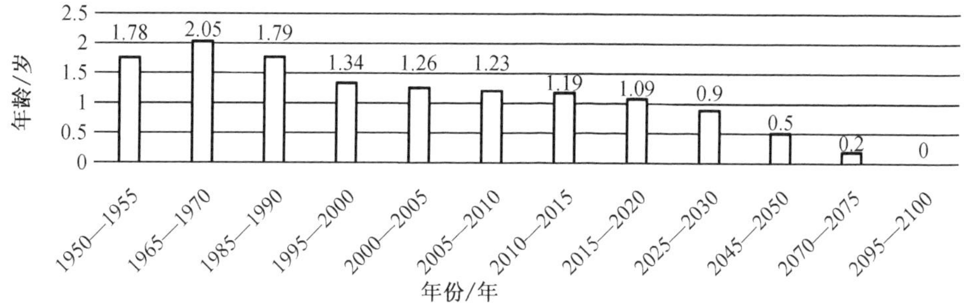

图 10－1　全球人口自然增长率变化趋势

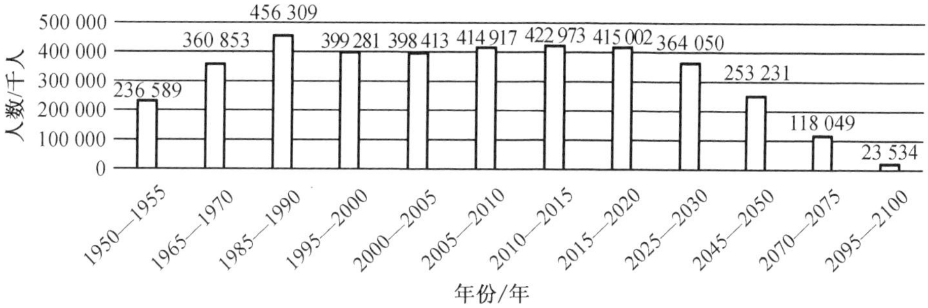

图 10－2　全球净增长人口数量变化趋势

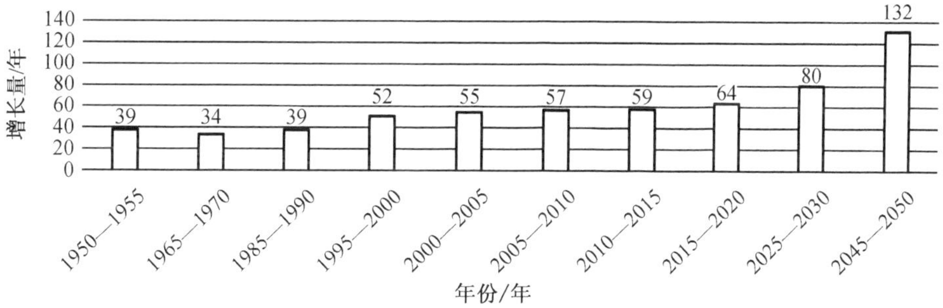

图 10－3　全球人口倍增速率变化趋势

二是全球人均预期寿命不断延长。随着生活水平的提高和全球医学技术的进步，更加强大的公共卫生体系、更好的营养和卫生状况，全球人均预期寿命的增长很快，从 1950-1955 年的 47 岁提高到 2019 年的 72.6 岁，预期到 2095—2100 年将进一步提高到 81.7 岁（图 10－4）。人口预期寿命的延长决定了在相当长的时间内，人口老龄化的压力将不断加大，必将对全球的经济社会发展产生极大的影响。

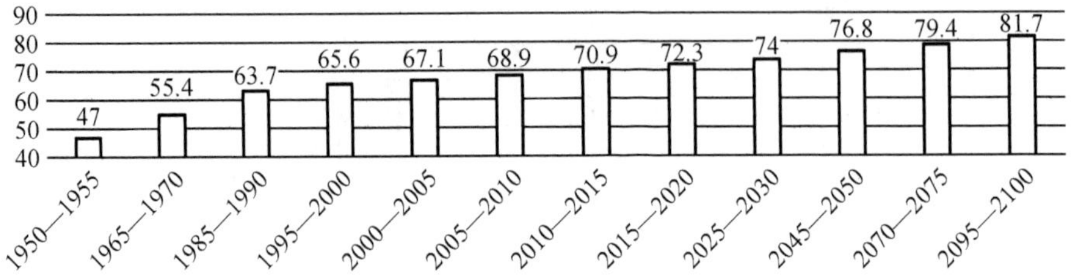

图 10－4　全球人口预期寿命变化趋势

三是全球总和生育率下降。伴随在经济发展和社会保障的健全，传统的“养儿防老”思想逐渐被破除，加之人口繁育和抚养成本不断提高，全球总和生育率呈现出下降的趋势。世界总和生育率由 1950—1955 年的 4.97，下降到 2015—2020 年的 2.47（图 10－5），在总体上能够保持在 2.1 的人口更替水平之上。但是从长期来看，预期到 2095—2100 年可能要下降到1.94，少子化与老龄化的叠加不断加深。

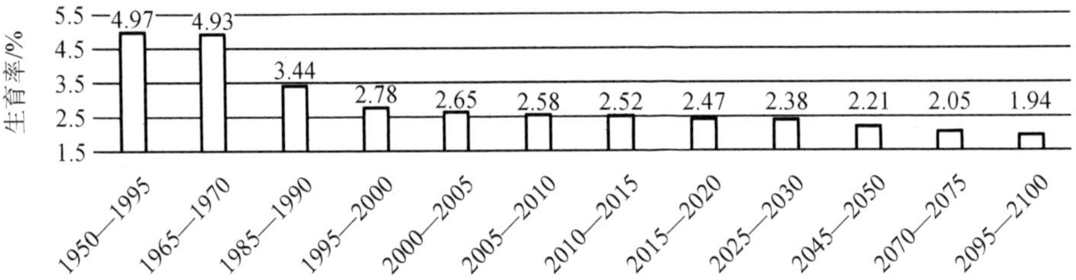

图 10－5　全球总和生育率变化趋势

在全球总和生育率总体下降的同时，不同区域之间的总和生育率变化并不均衡。其中非洲的总和生育率是最高的，依然维持在 4 以上，具备人口长期稳定增长的潜力；欧洲、北美和东亚地区的总和生育率则在 2 以下，尤其是东亚地区的中日韩三国，从中长期看存在人口持续负增长的可能，见表 10－1 所示。

表 10－1　全球分区总和生育率变化趋势

	非洲	亚洲	欧洲	拉美和加勒比海	北美	大洋洲
1950—1955 年	6.57	5.83	2.66	5.83	3.34	3.89
1965—1970 年	6.7	5.75	2.37	5.46	2.55	3.59
1985—1990 年	6.19	3.5	1.81	3.45	1.88	2.53
1995—2000 年	5.35	2.61	1.43	2.77	1.95	2.48
2000—2005 年	5.08	2.45	1.43	2.49	1.99	2.46
2005—2010 年	4.9	2.33	1.56	2.26	2.01	2.44
2010—2015 年	4.73	2.21	1.6	2.14	1.85	2.36
2015—2020 年	4.44	2.15	1.61	2.04	1.75	2.24

四是全球人口老龄化在加速进行。全球65岁以上人口的比例从1950年的5.1%将上升到2020年的11.7%，按现有人口老龄化的情况估算预计到2050年和2100年将会进一步上升到15.9%和22.6%，见表10－2所示。同时，全球人口年龄中位数也在不断上升，从1950年的23.6岁将上升到2020年的30.9岁，预计到2050年和2100年将会进一步上升到36.2岁和41.9岁，如图10－6所示。

表10－2　全球不同年龄段人口比例变化趋势/%

	15岁以下	15～24岁	25～64岁	65岁以上
1950年	34.3	18.2	42.4	5.1
1970年	37.5	18.1	39.1	5.3
1990年	32.8	18.9	42.1	6.2
2000年	30.1	17.7	45.3	6.9
2005年	28.1	18.1	46.5	7.3
2010年	27	17.5	48	7.6
2015年	26.2	16.3	49.4	8.2
2020年	25.5	15.5	49.7	9.3
2030年	23.6	15.1	49.6	11.7
2050年	21.1	13.8	49.2	15.9
2075年	19	12.8	48.6	19.5
2100年	17.5	12	48	22.6

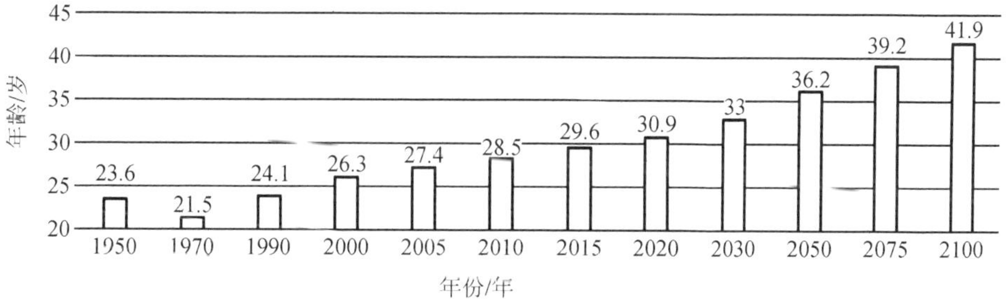

图10－6　全球人口年龄中位数变化趋势

（二）全球人口发展面临的挑战

一是消除极度贫困是全球人口发展过程中所要面临的最主要挑战。《2030年可持续发展议程》中将“在全球消除一切形式的贫穷”设为首要目标。从现有的全球人口增长数据来看，非洲国家的总和生育率在2005年以后一直维持在4以上，并将在相当长的一个时期里继续领先于其他地区，而非洲（尤其是撒哈拉以南）的国家又是世界上极度贫困率最高的地区，这样的人口增长实际上在很大程度上延缓全球消除极度贫困问题的进程。

二是全球人口发展过程中人口增长对经济社会发展和资源环境的压力仍是可持续发

展的主要挑战。根据《世界人口展望2019》的数据分析,尽管进入21世纪以后,全球人口增长的速度在逐渐放慢,但是因为全球人口的绝对数还是在继续增加,预计到全球人口在2030年将突破85亿,21世纪下半叶将持续维持在100亿以上。由于人类活动的干预,全球变暖、生物多样性、环境污染等全球性环境问题日益加剧,人口的持续性增长必将给本来就很脆弱的地球生态带来更多的问题。但因为人类社会的发展不可能开倒车,人类对自然界的索取是不可能停止的,人类采取加强环保、提高资源使用效率、减少资源浪费、开发可再生资源等方式,也不可能从根本上去消除这些问题。因此,全球必须要在摒弃种族、民族、宗教、意识形态和政治偏见的基础上,在全人类需求与全人类能力之间构建一种合理的平衡机制,以实现人口、资源与环境的可持续发展。这种全球性共识的重要成果之一就是"人类命运共同体"理念,但这种理念能否得到全球的接受也是一个难题。

三是全球人口的持续增长和人口流动,给发展中国家经济社会发展转型带来巨大压力。一些发展中国家因贫困人口多、人口受教育水平低,经济起飞困难,国家长期落入"贫困陷阱",人口发展状况与发达国家差距拉大。如部分拉美国家由于人口基数庞大、人口整体素质提升难、贫富差距大等原因,仍然长期挣扎在人均国内生产总值4 000至12 000美元的中等发展阶段难以突破。

四是全球人口结构老龄化还会进一步恶化宏观经济总体形势。尤其是对于总和生育率较低的欧美和亚洲地区国家而言,一方面是因为作为经济较为发达的地区,人口老龄化既会导致劳动力数量减少和价格的上升,提高了经济运行的成本,进而会抑制社会总消费的增加。另一方面又会因为老年人口的消费结构和消费能力的变化,对消费市场产生较大的影响,如医疗、养老和丧葬消费会增加,但是传统的住房、耐用消费品和时尚消费品等消费会减少。这些必然会导致社会总消费的下降,必然会对这些地区经济的可持续发展带来负面影响。

五是不合理的人为干预加剧了人口发展的结构性矛盾。由于担心人口问题会对经济发展产生不利影响,在20世纪六七十年代以后很多国家到开始有计划地对人口增长加以干预。因为各国所处的发展阶段、自然环境和历史传统不同,或从自身的自然条件出发,或从阶段性经济发展需要出发,其干预的方式往往存在两个方向,包括鼓励生育和限制生育两个方面。如北欧、亚洲和非洲的部分国家,认为人口越多劳动力就越多,再通过广泛的人力资本投资和劳动机会的提供,其结果就是促进经济增长和繁荣。因此,为了实现"人口红利",往往使用诸如现金支持、实物激励、住房和贷款优惠等措施鼓励生育。而另外一些国家(尤其是发展中国家)从降低短期人口压力的角度出发,采取的则是有步骤地限制个人生育的政策,甚至采取强制性措施限制个体权利和选择,来保障这些政策的实现。如在我国长期实施的"一孩半计划生育"就是典型代表。这些政策都是在特定阶段对人口发展加以干预的措施,但是这种人为干预如果没有及时根据人口发展趋势加以调整,就可能对中长期的经济社会发展产生负面影响。

六是儿童、妇女和老人等弱势群体在人口发展中需要越来越多的关注。诸如性别暴力、童婚、生育压力和男孩偏好等,对于儿童、妇女和老人等弱势群体的歧视和侵害广泛存在,且在很多国家被不合理的社会制度、法律制度和经济制度给予强化,尤其在广大战乱和欠发达地区这种问题就更加严重了。因此,这些处于弱势地位群体的基本需求,急需从全球社会治理的角度加以关注。

综上所述，从全球人口发展的角度来看，通过各种社会政策的制定，如何实现人口发展于经济社会发展相协调，尊重和加强包括生殖权利在内的各项权利，通过加强个人权利和增加人们实现其家庭规模目标的措施，来实现其降低或提高生育率的目标，消除一切阻碍人们实现其生育愿望尚存的种种制度性或非制度性障碍。

二、我国人口问题概述

（一）我国人口现状

根据联合国人口基金会发布的《世界人口展望2019》和我国国家统计局颁布的《中国统计年鉴2020》的数据对比分析（图10－5），认为我国人口发展呈现出以下几个基本趋势。

一是我国人口总量逐渐转为负增长。根据《世界人口展望2019》的数据，2019年我国人口已经超过了14亿，预计到2030年左右到达峰值14.643 4亿，逐步转入人口总量的负增长（图10－7）。同时，我国人口增长数量也将从1965—1970年的1.035 42亿人，下降到2095—2100年的－0.255 71亿人（图10－8）；人口增速将由顶峰时的2.67%，下降到2015—2020年的0.5%，2095—2100年可能要下降到－0.5%（图10－9）。根据《国家人口发展规划（2016—2030年）》我国人口预测拐点将于2030年前后出现，峰值约为14.5亿人；但根据我国国家统计局的统计数据分析，我国的人口出现负增长可能提前到2027年出现。

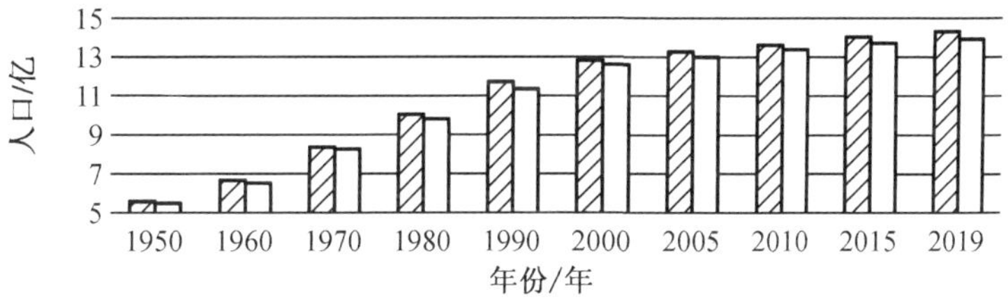

	1950	1960	1970	1980	1990	2000	2005	2010	2015	2019
《世界人口展望2019》	5.54	6.6	8.28	10	11.77	12.91	13.31	13.69	14.07	14.34
《中国统计年鉴2020》	5.5	6.62	8.3	9.87	11.43	12.67	13.08	13.41	13.74	14

图10－7　我国人口总数变化

图10－8　世界人口展望2019：我国人口净增长数量变化趋势

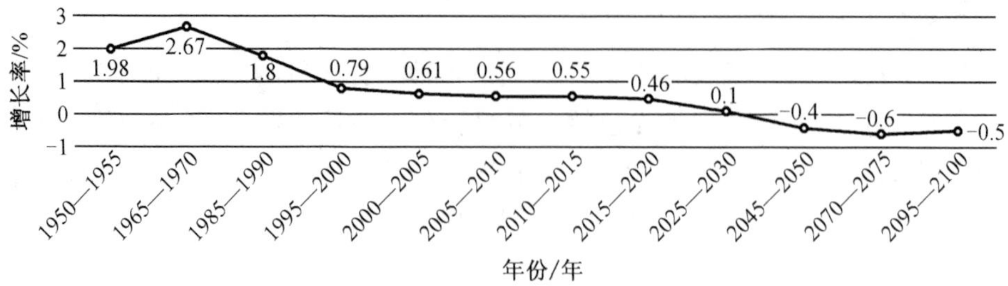

图 10 -9 世界人口展望 2019:我国人口自然增长率变化趋势

二是我国人均预期寿命不断延长。随着生活水平的提高和全球医学技术的进步,根据《世界人口展望2019》的数据,我国人口预期寿命从1950—1955年的43.8岁提高到2019年的76.6岁,预期2095—2100年将进一步提高到87.6岁;根据我国国家统计局的数据,我国人口预期寿命也在2015年超过了76.34岁(图10-10)。人口预期寿命的延长决定了在相当长的时间内,人口老龄化的压力将不断加大,必将对我国的经济社会发展产生极大的影响。

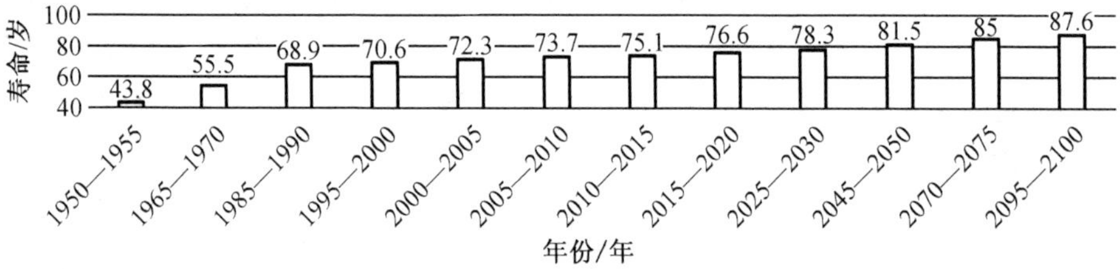

图 10 -10 世界人口展望 2019:我国人口预期寿命变化趋势

三是我国总和生育率下降。伴随在经济发展和社会保障的健全,传统的"养儿防老"思想逐渐被破除,加之人口繁育和抚养成本不断提高,我国总和生育率呈现出下降的趋势。我国总和生育率由1965—1970年的6.3%,下降到2010—2015年的1.64%,经过"全面二孩政策"助推以后在2015—2020年略有回升,升到了1.69%。但是从长期来看,在总体上我国总和生育率难以保持在2.1%的人口更替水平之上,少子化程度不断加深。同时,我国平均生育年龄也在逐渐上升,从最低时的26岁提升到2015—2020年的28.3岁,说明晚育在我国已经形成的了明显的趋势,如图10-11、图10-12所示。

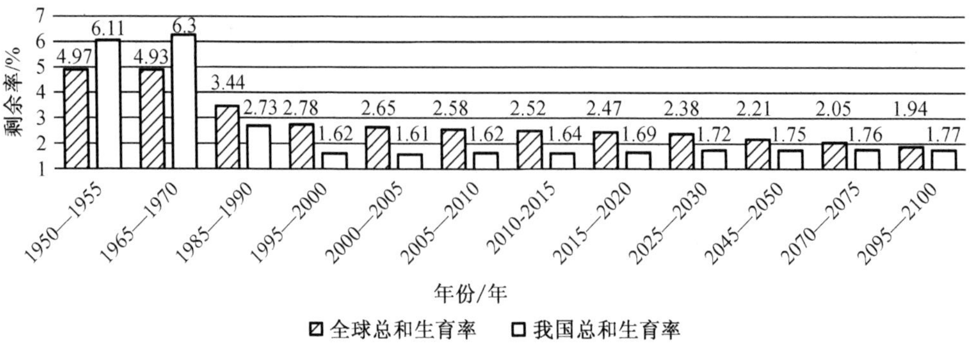

图 10 -11 世界人口展望 2019:全球与我国总和生育率变化趋势

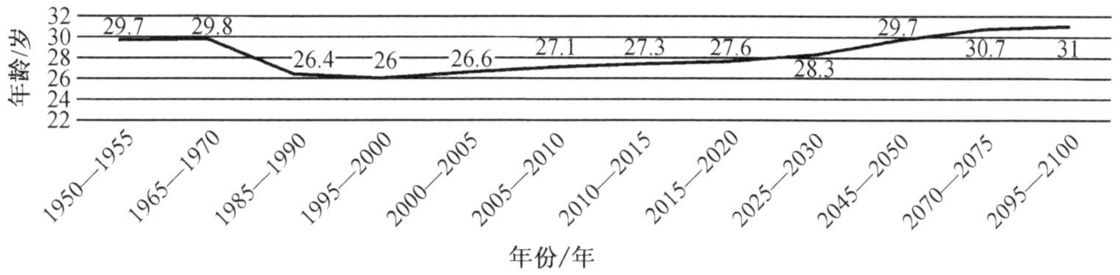

图 10－12 世界人口展望 2019：我国平均生育年龄变化趋势

四是我国人口老龄化在加速进行。我国 65 岁以上人口的比例从 1950 年的 4.4% 将上升到 2019 年的 11.5%，按现有人口老龄化的情况估算预计到 2050 年和 2100 年将会进一步上升到 26.1% 和 31.9%，见表 10－3 所示。同时，我国人口平均年龄也在不断上升，从 1950 年的 23.9 岁将上升到 2020 年的 36.7 岁，预计到 2050 年和 2100 年将会进一步上升到 47.6 岁和 49.7 岁，如图 10－13 所示。可以说，我国人口老龄化的速度远远超出了全球的平均速度，在全球都是罕见的。

表 10－3 世界人口展望 2019：中国不同年龄段人口比例变化趋势/%

	15 岁以下	19～24 岁	25～64 岁	65 岁以上
1950 年	34	17.8	43.8	4.4
1970 年	40.4	19.3	36.6	3.8
1990 年	28.6	21.7	44.1	5.6
2000 年	24.8	15.7	52.8	6.8
2005 年	20.4	17.5	54.7	7.5
2010 年	18.7	16.8	56.5	8.1
2015 年	18.1	13.2	59.4	9.3
2020 年	17.7	11.8	58.5	12
2030 年	15.8	11.6	55.8	16.9
2050 年	14.2	9.9	49.9	26.1
2075 年	13.9	9.9	46.1	30.1
2100 年	13.8	9.9	44.5	31.9

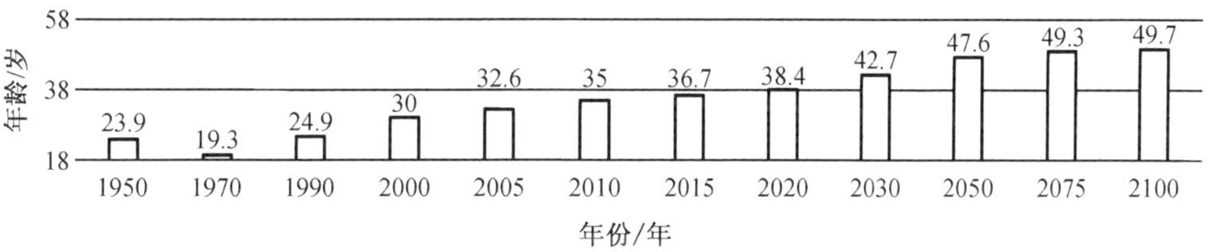

图 10－13 世界人口展望 2019：我国人口平均年龄变化趋势

(二)我国人口发展面临的挑战

我国人口发展面临的挑战,除了具有全球人口发展面临的共同挑战以外,还存在一系列由于中国特殊国情和发展阶段造成的特有问题或特征。

一是"快速老龄化"对我国人口发展造成的挑战。尽管我国的人口老龄化在趋势上和全球的大趋势一致,但是我国的人口老龄化与西方发达国家的人口老龄化的过程是不一样的,我国人口老龄化的速度和深度是前所未见的。从我国经济发展的角度看,我国的人口老龄化速度快于我国经济发展的速度,加之我国客观存在的城乡二元制,使得我国的人口老龄化在应对的过程中存在"未富先老"的情况,这对于我国存于相对弱势地位的老年人口的生存发展境遇的改善提出了更多的挑战。

二是计划生育政策惯性对我国人口发展造成的挑战。我国人口发展面临的危机在很大程度上,是源于20世纪70年代末开始的严格的计划生育政策的执行。一方面,计划生育政策产生有其客观的历史背景,不能简单予以否定。但是我们也要看到任何一个政策都需要根据经济社会发展的需要加以调整,而2014年、2016年开始的"单独二孩"和"全面二孩"政策改革,又明显落后于经济社会发展的实际需要,使得现有的计划生育政策进一步调整。另一方面,对于我国而言"一胎化"计划生育政策的长期实施,使得"一对夫妻一个孩""晚婚晚育"等理念深入人心,加之经济社会发展导致的家庭结构的改变、宗族观念的淡薄,导致全社会在生育方面产生了"晚、稀、少"的惯性,这一惯性一旦形成就难以改变。

三是"扭转少子化"与"适应少子化"的路线争论,对我国人口发展造成的挑战。从全球应对"少子化"问题的经验来看,尽管发达地区为了提高生育率制定了大量的社会政策来鼓励生育,但是大量政策资源的投入并没有起到根本性的转折作用,发达地区的总和生育率还是长期保持在2.1的更替水平之下。尤其在少子化的重灾区——东北亚地区,俄、日、韩等国在进入21世纪以后,一直受困于"少子化"的困境之中,一面是大量政策资源的投入,另一面是总和生育率的持续低迷,如图10-14所示。

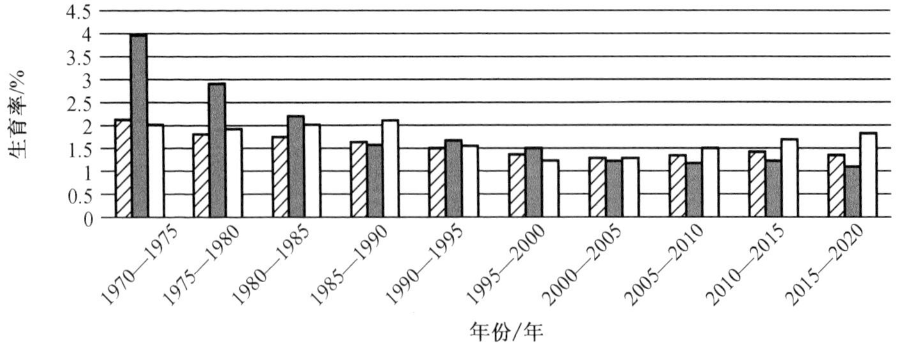

	1970—1975	1975—1980	1980—1985	1985—1990	1990—1995	1995—2000	2000—2005	2005—2010	2010—2015	2015—2020
日本	2.13	1.83	1.76	1.65	1.48	1.37	1.3	1.34	1.41	1.37
韩国	4	2.92	2.23	1.57	1.68	1.5	1.21	1.17	1.23	1.11
俄罗斯	2.03	1.94	2.04	2.12	1.55	1.25	1.3	1.48	1.7	1.82

图10-14　日本、韩国和俄罗斯三国总和生育率变化

四是我国人口的大范围流动对我国人口发展造成的挑战。改革开放以后,我国的人口流动逐渐加快,全国性的人口流动是市场经济发展的必然,但在人口流动的过程中就必然会因为经济学上所说的“虹吸效应”一样,人口必然会从欠发达地区向地区转移,这就在客观上会加深部分欠发达地区在“少子化”和“老龄化”方面的压力,我国东北地区在近些年出现的人口发展困境原因之一就是大量青壮年人口的外流。因此,如何实现区域性的协调发展,针对区域性的需求去有针对性地制定人口社会政策,对因人口流动产生的问题就十分考验领导人的智慧。

当然,“快速老龄化”等一系列问题意味着我国人口问题的严重程度,能够让我国政府站在更加客观的立场上充分认识现有人口社会政策在应对人口老龄化、区域性人口发展不均衡、生育支持政策不健全等问题方面的不足,也可以为我国人口社会政策的创新与完善带来更大的改革动力。如通过推动养老服务、医养等产业的发展,并辅以养老保险、医疗保险、长期护理保险等社会政策的完善,实现经济政策与人口社会政策的有效融合发展;通过推动0～3岁儿童日间照料服务、孕期医疗保健服务、女职工特殊劳动保护等生育支持政策,从而实现不同部门、不同种类社会政策的协调发展。

通过对于我国人口变动趋势的认识,可见因为种种原因的综合性影响,我国的人口发展面临十分严峻的挑战,如何促进人口长期均衡发展并将对我国未来的经济社会发展带来前所未有的考验,已经步入发达国家行列但又深陷“少子化”和“老龄化”泥潭的日韩两国就是我们的前车之鉴。不久前通过的“十四五”规划中,首次提出“增强生育政策包容性”,提出“实施积极应对人口老龄化国家战略。制定人口长期发展战略,优化生育政策,增强生育政策包容性,提高优生优育服务水平,发展普惠托育服务体系,降低生育、养育、教育成本,促进人口长期均衡发展”[①]。因此,为了应对我国面临的严峻的人口问题,就需要我们对现有的人口社会政策加以必要认识和梳理,并结合我国经济社会发展的需求,加以必要的政策创新,切实保障我国的人口安全。

第二节　我国人口社会政策概述

从理论价值来看,我国政府和学界研究依然多是关注增加人口出生的生育政策的研究,而缺乏对人口社会政策的整体设计,使得我国的人口社会政策仅仅被归纳为增加人口,而不是合理规划人口流动、主动调整人口布局,完善与人口相关的生育、福利、流动和保障等政策的综合设计,这也使得我国人口社会政策调整错失时机。从实际应用价值来看,在我国人口老龄化和人口出生率不断恶化的背景下,保障适龄家庭在生活、教育、医疗、社会保障等方面获得必要的社会福利支持,不论是从增加人力资源贮备的长期战略出发,还是从维护社会稳定出发,都是十分必要的。因此,我们不断深化对人口社会政策的理解,而且要在充分认识制约我国人口社会政策水平提高的制度性和非制度性因素的基础上,探索出符合我国的实际、提高人口社会政策水平的对策建议是很有实践指导作用的。

---

① 人民网网:《中华人民共和国国民经济和社会发展第十四个五年规划和2035年远景目标纲要》,http://politics.people.com.cn/n1/2021/0313/c1001－32050444－8.html,访问日期:2021年3月15日。

一、人口社会政策的含义和主要内容

(一)人口社会政策的含义

长期以来,国内的研究主要从“人口生育行为”或者“人口流动”的层面来定义人口社会政策,将其局限为“生育政策”或“流动人口政策”,政策设计难以兼顾到人口发展的各个阶段和各个方面。因此,这也就使得我国在传统的人口社会政策制定过程中,缺乏社会政策体系思维,对人口社会政策中理应包括的生育休假政策、工作福利中的育儿假政策和生育收入补偿政策、儿童早期教育和养护政策、与婚姻家庭相关的政策、儿童补贴政策等均缺乏整体规划。同时,对于人口流动、人口布局调整等问题也缺乏长期和全局的考量。因此,所谓人口社会政策是指政府或其他社会公共权威组织在一定价值观的指导下,遵循法定的程序,动员、使用、分配与再分配各种社会资源,为了达到政府的人口发展目标、解决人口问题、实现人口良性发展而采取的各种社会性行动,也是规则体系和行动体系的总和。

(二)人口社会政策的主要内容

就现阶段的实际来看,我国的人口社会政策包含有非常丰富的内容,主要包括居于核心地位的生育政策,促进生育的家庭支持政策,直接影响人口生育的流动人口政策,间接影响人口生育的性别平等政策及其他与生育相关的政策。

1. 作为人口社会政策核心的生育政策

生育政策在我国长期以来又被归结为计划生育政策,即由国家制定或在国家指导下制定的规范育龄夫妇生育行为的政策体系,其内容包括规范生育数量和规范生育质量两个方面。我国现行生育政策已经从20世纪80年代开始的较为严格的“一孩半”计划生育政策,逐步向2016年以后具有加大弹性的“二孩化”计划生育政策转变,最终将向更加宽松乃至全面放开生育的计划生育政策方向转变,计划生育政策将发生根本性的变革。同时,我国计划生育政策的决策权也越来越强调地方政府在生育政策领域的自主决策权,2015年我国《人口与计划生育法》的修订,就充分体现出了这些变化。

2. 促进人口生育的家庭支持政策

自20世纪70年代我国全面实行计划生育政策以后,家庭的角色和功能发生了显著的变化。首先,家庭结构由传统的大家族逐渐转变为核心家庭,核心家庭简单的家庭结构和人员构成使得育龄人口的生育压力减小,生活环境中也缺乏在生育方面比较的需要,使得低生育成为习惯。其次,现代社会丁克家庭、单亲家庭、试婚家庭等如雨后春笋般出现,这些改变使得家庭稳定性在下降,使得育龄人口的生育意愿在减弱。最后,随着儿童数量的减少和地位的提高,从而儿童养育的时间成本和物质资本不断上升,使得育龄人口越来越难以单纯依靠自身能力实现儿童的养育,这也决定了家庭支持在儿童养育中的作用也在不断提升。综上所述,正是因为家庭在育龄人口生育中作用的上升,鼓励育龄人口生育就需要从维护育龄人口家庭的稳定性、结构的完整性等方面入手来进行,也就是要求在婚姻政策、儿童津贴、育儿补贴等政策领域加大资源投入,进而实现对育龄人口家庭的有效保障。

3. 直接影响人口生育的流动人口政策

我国的人口流动问题是伴随着我国市场经济体制改革而逐步形成的,早在计划经济时期我国的人口流动是不自由的,但是市场经济的发展就必然会推动人口的大范围流动。在很长的一个时期里,我国的流动人口生育保障主要还是依托原有的城乡户籍制度来进行的,对流动人口的生育管理往往是限制性的。在生育领域,流动人口长期无法获得平等的生育服务,加之流动人口在城市中往往从事收入较低的职业,也缺乏足够的养育成本和生活环境,使得我国流动人口的生育长期偏低。在进入21世纪以后,由于我国流动人口数量大大增加,同时城市管理的包容性也不断提高,所以在社会保险、基本医疗卫生服务、城市廉租房等领域的服务大大丰富,为流动人口的生育创造了较好的物质保障和基本医疗卫生服务保障。尤其是2009年《流动人口计划生育工作条例》颁布以后,流动人口的准生证、生育服务逐渐被纳入了居住地城市基本公共服务体系之中;育龄流动人口在生产经营和社会救济等方面也获得支持、优惠和优先照顾。流动人口生育保障政策在提高流动人口计划生育工作的协调性和有效性、强化计划生育信息沟通、保障流动人口在现居住地的生育权益等方面发挥积极作用。在近些年计划生育政策逐渐放松以后,流动人口的生育率有所上升,但依然受困于养育成本的限制。

4. 间接影响人口生育的性别平等政策

对育龄女性而言,受到就业性别歧视、生育导致的生理变化、婴幼儿家庭抚育和传统家庭分工等因素的影响,生育肯定会对育龄女性的职业发展带来不利影响,这些影响反过来又会制约育龄女性的生育意愿。因此,我国政府很早就从性别平等的角度来制定相关社会政策。在企业就业领域,推进育龄女性在就业中平等地位和同工同酬的实现,反对对育龄女性的就业歧视;在整个职业生涯中,赋予育龄女性以必要的生育保险、育儿补贴等保障,以实现对于育龄女性生育期间的物质保障;对于哺乳期和育儿期的女性给予必要的哺乳假与育儿假待遇,实现女性在育儿与工作中的平衡,并鼓励企业提供弹性工作安排等。在社会层面,我国大力推动婴幼儿日间照料机构的建设和服务水平的提高,这在一定程度上缓解了女性的双重社会角色冲突。同时,我国政府和理论界也认识到,我国生育领域的性别平等长期以来主要关注于女性,对于男性则缺少关注,这恰恰是传统家庭分工的表现。实际上,在儿童养育方面男性的责任和权利往往受到忽视,如男性哺乳假、育儿假往往较短,更多是具有象征性;生育保险往往也忽视男性的权益。

5. 其他与人口生育相关的政策

正是因为人口生育问题的复杂性,不论是节制生育,还是鼓励生育,都是要采取综合性的政策手段来干预人口问题。所以除了上面四各方面的政策以外,与生育相关的政策还涉及经济政策、教育政策、财政税收政策、文化政策等诸多政策领域,只有在全社会确立鼓励人口生育的经济、社会和文化氛围才能够在根本上提高育龄人口的生育愿望,进而实现对我国人口问题的化解。

综上所述,我国现有的人口社会政策在应对我国人口问题中发挥了一定作用,但是还有很大的改进余地。就我们人口问题的严重程度来看,一是现有政策在覆盖面和力度上还存在不足,需要加以完善。二是从限制人口增长计划生育向更加宽松的计划生育政策转变的难度还很大,政府和民众长期的政策惯性还难以从思想和实践中被轻易破除,政策转向面临的阻力较大。三是在我国低生育率惯性已经形成的情况下,单纯依靠人口社会政策的完善能否扭转在文化、心理和习惯方面对低生育率的“社会适应”还未可知。

二、我国人口社会政策的历史沿革

(一)新中国成立初期,从“鼓励生育”到“节制生育”的人口社会政策转变时期

由于忙于恢复国民经济和巩固新生的人民政权,因此我国政府在建国之初缺乏明确的人口社会政策。由于土地改革对农民生活的改善,加之传统的“多生多福”观念根深蒂固,在这一时期,我国的人口社会政策多为较为简单的单行规定,且多数政策是反对节育的。1950 年卫生部发布了《机关部队妇女干部打胎限制的办法》,规定除规定的六种情况以外,任何情况的打胎一律属于违法行为。1952 年颁布的《限制节育及人工流产暂行办法》,明令禁止非法打胎,并对妇女打胎、节育及人工流产做出了非常详细的限制性规定①;并对避孕药具的出售实行严格批准审核制。所以在人口死亡率得到明显控制的情况下,我国人口数量的迅速增长,每年新增人口数量都超过了 1 000 万,其中 1965 年自然增长率甚至高达 28.5‰,新增人口超过了 2 000 多万,这一现实也引发了对我国政府对人口问题的忧虑和对人口社会政策的调整。

在对人口社会政策的总体规划上,1953 年全国第一次人口普查结束以后,节制生育的理念也开始在我国政府中形成。1955 年 3 月中央在卫生部党组关于节制生育问题报告上指示:“节制生育是关系广大人民生活的一项重大政策性的问题。”1956 年 9 月,周恩来在《关于发展国民经济的第二个五年计划的建议的报告》中,重申了“提倡节制生育”的方针。同年颁布的《1956 年到 1967 年全国农业发展纲要》中,进一步对计划生育政策向广大农村地区扩展做出了规划,明确提出在除少数民族地区之外的所有高密度人口地区,提倡和推行有计划地生育子女。1957 年在党的八届三中全会上,提出对计划生育先试点、后推广,逐步实现普遍计划生育的规定。

在具体的人口社会政策方面,1953 年 8 月和 1954 年 11 月卫生部相继下发《避孕及人工流产办法》《关于改进避孕及人工流产问题的通报》,规定“避孕节育一律不加限制”“一切避孕用具和药品均可以在市场销售,不加限制。”②1957 年 5 月,中华全国总工会在给国务院《关于职工施行人工流产或结扎输卵管、输精管须要休息期间的工资和所需的手术医药费是否从劳动保险金给予照顾的请示》中,提议因节育施行人工流产或绝育手术的职工按劳保条例给予经济照顾③;同年 10 月 12 日发出的《关于职工绝育、因病施行人工流产的医药费和休息期间工资待遇问题的通知》,对这一经济照顾规定予以了确认。

但受到“大跃进”“反右”运动等事件的冲击,节制生育的人口社会政策实施进入了停滞期。这一时期在生育问题上进行意识形态争论,在客观上放任了 1949—1962 年(除了 1959—1961 年以外)我国人口的快速增长,在同期人口死亡率由 20‰下降到 10.08‰的同时(图 10-15),人口出生率长期保持在 30‰左右,其中 1954 年甚至高达到了 37.97‰(图 10-16),是正常情况下(排除 1962 年、1963 年)新中国人口出生率的最高峰,十几年间净增人口 1.5 亿。

---

① 补充了可以实施绝育手术的条件——已婚妇女年龄超过 35 岁,有 6 个以上且其中至少有 1 个年龄超过 10 岁的亲生子女。

② 彭佩云主编《中国计划生育全书》,中国人口出版社,1997,第 889 页。

③ 同上书,第 60 页

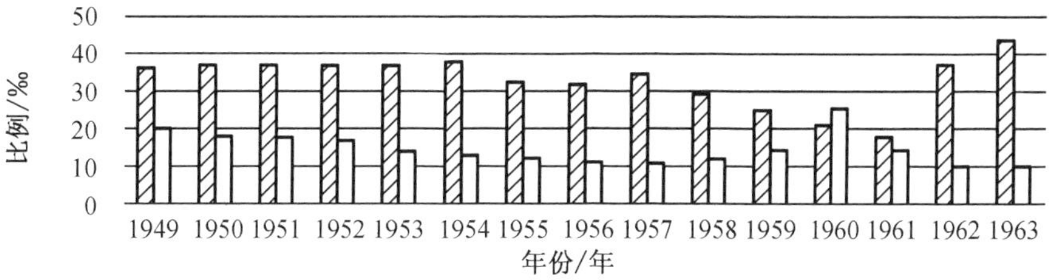

	1949	1950	1951	1952	1953	1954	1955	1956	1957	1958	1959	1960	1961	1962	1963
▨人口出生率	36	37	37	37	37	37.97	32.6	31.9	34.3	29.22	24.78	20.86	18.13	37.22	43.6
□人口死亡率	20	18	17.8	17	14	13.18	12.28	11.4	10.8	11.98	14.59	25.43	14.33	10.08	10.1

图 10－15　1949—1963 年我国人口出生率与死亡率对比

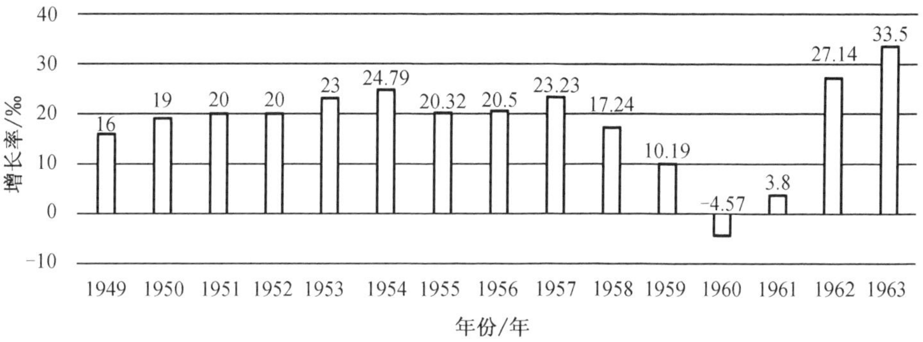

图 10－16　1949—1963 年我国人口自然增长率

(二)20 世纪 60 年代，我国“节制生育”的人口社会政策探索与停滞时期

在人口补偿性生育的推动下，1963 年人口出生率达到了新中国历史上的最高峰——43.37‰，出生人口 2 959 万。1964 年第二次人口普查结果显示，全国人口总数达 7.23 亿；总和生育率从 1953 年的 6‰左右，上升到 1964 年的 7.5‰，人口迅速增长给社会经济带来的严重后果逐步显现，1962 年以后以节制生育为目标的计划生育开始试行。1962 年 10 月 6 日，中共中央、国务院在《关于当前城市工作者若干问题的指示》中指出：“今后一个长时期内，对于城市，特别是大城市人口的增长，应当严格加以控制。”12 月《关于认真提倡计划生育的指示》颁布，指出“在城市和人口稠密的农村提倡节制生育，适当控制人口自然增长率，使生育问题由毫无计划的状态逐渐走向有计划的状态，这是我国社会主义建设中既定的政策。”①1965 年 2 月，国家计生委在山东省文登县召开的现场会中，进一步提出了“一个不少，两个正好，三个多了”的宣传口号，开始从单纯提出“自愿节育”向“有计划的生育”逐步过渡阶段。

在这样的背景下，1963 年 10 月卫生部对不利于节制生育的职工生活福利、劳动保险、公费医疗等规定进行了修改：职工做节育和结扎手术，一律免费，并且给以短期休养时间，工资照发；居民做节育和结扎手术的费用，可以酌情减免；要大力提倡晚婚，并做出限制早

① 彭佩云主编《中国计划生育全书》，中国人口出版社，1997，第 1－3 页。

婚的全国性统一规定。[1] 在避孕器具和药品供应上,1965 年我国政府减低避孕套 2/3 价格,1970 年《关于避孕药实行免费供应的通知》决定在全国实行口服避孕药免费供应制度。在计划生育政策具体执行方面,1964 年国务院正式成立"计划生育委员会",以城市为重点的计划生育工作逐步开展起来,人口生育率初步出现了下降的趋势。但 1966 年随着政治风暴席卷全国,1968 年 11 月国务院计划生育委员会被取消,计生工作无法顺利开展,我国生育率出现了反弹的状况。1966—1970 年,我国人口出生率分别为 35.21‰、34.12‰、35.75‰、34.25‰和 22.59‰,自然增长率在 26.34‰、25.65‰、27.5‰、26.19 和 25.96‰,1970 年末全国总人口接近 8.3 亿,生育政策的重构和严格执行显得尤为迫切。

(三)20 世纪 70 年代至 20 世纪 80 年代中期,聚焦于节制生育的"一孩化"人口社会政策时期

20 世纪 70 年代前后,我国城乡居民的生活水平长期停滞,数以亿计的人口生活在绝对贫困线之下。因此,面对人口的迅速增加,计划生育政策是在人口问题压力之下所做出的艰难选择,1971 年国家计委开始把人口自然增长率规定为人口控制的目标。最开始的计划生育是以自愿的方式来进行的,1971 年 7 月国务院转发的《关于做好计划生育工作的报告》中明确提出,除了人口稀少的少数民族等地区以外,都要对计划生育工作加强组织领导,使城乡群众自觉实行晚婚和计划生育行为。为此,国务院第一次明确地提出了计划生育工作的具体指标,"在第四个五年计划期内,使人口自然增长率逐年降低,力争到 1975 年,一般城市降到 10‰左右,农村降到 15‰以下"[2]。1973 年的第一次全国计划生育工作汇报会确定了"晚、稀、少"[3]和"提倡一对夫妇生育子女数量最好一个,最多两个"的生育政策,同时还规定了对于实施节育手术的职工和农民给予一定福利补助,在关于城市住房、农村口粮、自留地分配及其他领域中的优待条款。至此,我国基本形成了以"晚、稀、少"为主要内容的、节制人口增长的生育政策。但由于自愿节制生育的政策见效慢,从 1980 年开始我国计划生育由自愿向强制的转变。1980 年 9 月五届人大三次会议指出,必须在今后二三十年内采取坚决措施以解决人口问题,除了在人口稀少的少数民族地区以外,在全国范围内普遍提倡一对夫妇只生育一个孩子,以便尽快控制人口增长率。紧接着中共中央发布了《关于控制我国人口增长问题致全体共产党员、共青团员的公开信》,号召党员和团员模范遵守并带头执行"一对夫妇只生育一个孩子"的计划生育政策。

在计划生育机构的重建方面,1973 年 7 月国务院成立计划生育领导小组,下设办公室(设在卫生部),主要任务是协调对全国计划生育的宣传指导,加强避孕科研、节育技术指导和做好避孕药具的供应工作;地方各省市也相继建立计划生育委员会或领导小组,初步完成了计划生育管理组织的重建。1981 年 3 月,我国政府设立国家计划生育委员会和各级地方计划生育委员会,我国计划生育政策的执行机关正式确立。

---

① 中共中央文献研究室编《 建国以来重要文献选编 第 17 册》,中国文献出版社,2011,第 237 页。

② 彭佩云主编《中国计划生育全书》,中国人口出版社,1997,第 64 - 65 页。

③ 1978 年国务院计划生育领导小组会议进一步明确了"晚、稀、少"方针的内涵:晚婚年龄,农村提倡女 23 周岁,男 25 周岁结婚,城市略高于农村,提倡一对夫妇生育子女数最好一个最多两个,生育间隔三年以上。《中国计划生育年鉴》编辑委员会编《中国计划生育年鉴 1986》,人民卫生出版社, 1987,第 5 页。

在计划生育领域的法律和规范性文件的制定方面，我国的《宪法》(1978/1982)、《婚姻法》(1980)、《计划生育技术人员技术考核标准》(1983)、《女性节育手术并发症诊断标准(试行)》(1983)先后发布，都提出提倡和实行计划生育。特别是1982年党的第十二届全国代表大会报告中，提出"实行计划生育，是我国的一项基本国策"，并通过法定程序将其写入宪法。这些一系列的政策和措施，标志着我国独生子女人口政策和计划生育政策全面实施。

(四)20世纪80年代中期至20世纪末，"一孩半"计划生育的人口社会政策稳定与成熟时期

在我国人口社会政策的顶层设计上看，党的十三届五中全会和七中全会，通过的《关于进一步治理整顿和深化改革的决定》(1989)和《中共中央关于制定国民经济和社会发展十年规划和"八五"计划的建议》(1990)中，对指出人口问题是关系全局的重大问题，计划生育是主要内容。在此基础上，1991年我国政府颁布《关于加强计划生育工作严格控制人口增长的决定》，将1991—2000年人口计划控制目标定在年均自然增长率为12.5‰以内，总人口2000年末控制在13亿以内。这一纲领性文件体现出了，我国人口社会政策还是要以控制人口增长为目的，带有明显的政策延续性的一面。

在具体计划生育政策方面，由于1980年提出的"一孩化"计划生育政策远远脱离中国的实际，仅推行了很短的时间(1980—1983年)。1982年2月的《关于进一步做好计划生育工作的指示》中明确提出："农村普遍提倡一对夫妇只生育一个孩子，某些群众确有实际困难要求生二胎的，经过审批可以有计划地安排。不论哪一种情况都不能生三胎"[①]。1984年4月中共中央批转《关于计划生育工作情况的汇报》，提出了对于计划生育应严格控制、因地制宜；1986年12月再次明确"要求生育第二胎的独女户，间隔若干年后可允许生二胎"。这标志着我国"一孩半"[②]计划生育政策思路和框架已经基本形成，计划生育政策逐步向"晚婚晚育，少生优生"[③]，并进入了政策稳定运行的时期。

在计划生育政策的执行机构建设方面，1993年和1998年分别颁布《关于印发国家计划生育委员会职能配置、内设机构和人员编制方案的通知》，以规范性文件的形式，规定国家计生委设立了7个职能厅司，其中政策法规司、计划财务司、宣传教育司、科学技术司、国际合作司等机构，分别对计划生育政策的制定和调整、计划生育资源的筹措和使用、计划生育政策的宣传、计划生育技术和药具的研发、计划生育国际合作和交流等工作。1980年以后，地方各级政府也相继建立地方的计划生育委员会负责地方计划生育事务，并根据各地的实际制定了计划生育条例，这也是我国计划生育法制化和规范化的开始。

---

① 彭佩云主编《中国计划生育全书》，中国人口出版社，1997，第18-20页。

② 一孩半政策，指的是从1984年起采取的在大多数农村第一孩为男孩的不得再生，而第一孩为女孩的农户在间隔4到5年后允许生育第二孩的弹性计划生育政策。这是仅针对部分农村地区的政策，不是全国统一的。

③ 1988年3月国家计生委根据实际情况，提出提倡晚婚晚育、少生优生，提倡一对夫妇只生育一个孩子；国家干部和职工、城镇居民除特殊情况经过批准外，一对夫妇只生育一个孩子；农村某些群众确有实际困难，包括独女户，要求生二胎的，经过批准可以间隔几年以后生第二胎；不论哪种情况都不能生三胎；少数民族地区也要提倡计划生育，具体要求和做法可由有关省、自治区根据当地实际情况制定。

在促进计划生育的家庭支持性政策方面，《关于扶贫工作与计划生育工作相结合报告的通知》(1989)、《关于"九五"期间进一步做好扶贫开发与计划生育工作相结合工作的意见》(1997)，指出"使贫困地区实行计划生育的农户尤其是独生子女户、双女户优先得到扶持，率先摆脱贫困，真正起到少生、优生、快富的示范和榜样作用"，这一时期与扶贫开发相结合的生育政策虽然不是单纯从补偿的角度帮扶计划生育贫困家庭发展，但还是在一定程度上起到还是引导群众少生的作用。

(五)21世纪以后，我国人口社会政策扩展与调整的新时期

1. 进入21世纪以后我国人口政策的扩展

进入21世纪以后，我国人口社会政策的重点不再是单纯地人口数量控制的问题了，开始逐渐向其他与人口发展相关联的社会领域扩展。众所周知，20世纪70年代以后较为严格的计划生育政策的长期执行，已经从根本上改变了全社会的生育观念，节制生育已经为了全社会的共识。在这样的背景下，我国人口社会政策除了继续稳定低生育水平，计划生育政策还将提高人口素质、治理出生人口性别比失衡、消除性别不平等、对计划生育困难家庭帮扶等作为新的政策目标，我国进入了人口社会政策的扩展时期。

一是从人口社会政策的顶层设计上看，扩展人口社会政策的内涵和外延。在进入新世纪以后，我国政府先后制定或修订了《关于加强人口与计划生育工作稳定低生育水平的决定》(2000)、《中国妇女发展纲要(2001—2010年)》(2001)、《中国儿童发展纲要(2001—2010年)》(2001)、《妇女权益保障法》(2005修订)、《关于全面加强人口和计划生育工作统筹解决人口问题的决定》(2006)、《人口发展"十一五"和2020年规划》(2006)、《关于创新流动人口服务管理体制推进流动人口计划生育基本公共服务均等化的指导意见》(2010)等一系列规范性文件，这些规范性文件从顶层设计的角度，对进入新世纪以后的我国人口发展所面临的问题进行了梳理，从单纯地控制人口数量、提高人口质量，向综合平衡"实现适度生育水平""减少老龄化不利影响""维持人口与资源环境承载能力平衡"等问题转变，提出统筹解决人口发展问题，最终实现可持续发展的政策目标。这些纲领性文件将我国2001—2010年人口计划控制目标定在年均自然增长率15‰以内，总人口2010年末控制在14亿以内。尽管2001—2010年的人口计划控制目标上调了人口自然增长率，但显然对我国可能出现"少子化"问题认识存在明显不足，错过了一次进行人口发展目标转型的机会。由此可见，我国人口社会政策顶层设计还是要以控制人口增长为目的，带有明显的政策延续性的一面。

在计划生育服务政策方面，明确了要保障育龄妇女(尤其要求维护流动人口)享有生育和避孕节育措施的选择权，依法免费获得避孕药具，保障育龄妇女免费享受国家规定的计划生育技术服务，免费参加有关人口与计划生育法律知识和生殖健康知识普及活动；建立和完善政府为主、社会补充的婚前保健、孕产期保健制度；晚婚晚育或者在现居住地施行计划生育手术的，享受法定休假等。

在社会保险政策方面，明确了国家在建立健全基本养老保险、基本医疗保险等社会保障制度，为独生子女家庭、失独家庭提供必要保障；同时根据我国人口问题的转变，在社会保险政策中增加对生育过程的保障。要求完善城镇职工生育保险制度，为育龄妇女生育的

医疗费用、计划生育的医疗费用;女职工生育享受产假和计划生育手术休假,可以按照国家规定享受生育津贴,从而为育龄妇女生育提供"福利保障"。

在家庭支持政策方面,对生育子女的夫妻给予生育假、哺乳假,实行节育手术的享受休假;独生子女家庭按有关规定享受独生子女父母奖励;各级政府对农村实行计划生育的家庭和贫困家庭给予优先照顾;加强对0~3岁儿童科学育儿指导和3~6岁儿童学前教育。

在促进性别平等方面,因为"一孩半"的计划生育政策在某种程度上,变相鼓励了"重男轻女",并在客观上加重了我国新生人口性别比的恶化。因此,我国政府在就业中要求禁止对育龄妇女就业、职业发展上性别歧视;在孕期检查中禁止非医学需要的胎儿性别鉴定。

二是完善了人口社会政策的体系,进一步推动人口社会政策法制化的进程。进入新世纪以后我国政府相继颁布或修订了《人口与计划生育法》(2001)、《婚姻法》(2001修订)、《妇女权益保障法》(2005修订)、《母婴保健法》(2009修订)、《社会保险法》(2010)等,这些法律的出台使得我国的计划生育更加有法可依,也标志着我国计划生育政策基本稳定和成熟。它明确了国家在建立健全基本养老保险、基本医疗保险等社会保障制度以促进计划生育工作方面的责任和义务。同时,我国政府还颁布了《人类辅助生殖技术管理办法》(2001)、《人类精子库管理办法》(2001)、《母婴保健法实施办法》(2001)、《计划生育技术服务管理条例》(2001)、《社会抚养费征收管理办法》(2002)、《婚前保健工作规范》(2002修订)、《禁止非医学需要的胎儿性别鉴定和选择性别人工终止妊娠的规定》(2002)、《婚姻登记条例》(2003)、《关于开展对农村部分计划生育家庭实行奖励扶助制度试点工作意见的通知》(2004)[①]、《流动人口计划生育工作条例》(2009)、《全国人口普查条例》(2010)等规范性文件,对与各项计划生育服务和管理工作如何开展,给予了较为详细的规定。

三是根据我国人口发展的实际,完善人口社会政策的执行机构和执行策略建设。2003年,国家计划生育委员会更名为国家人口和计划生育委员会,设21个厅司级机构。其中规划与信息司、政策法规司、妇幼健康服务司、综合监督局、发展规划与信息司、流动人口服务管理司等机构都包含有与人口生育相关的管理职责,这在机构职能上大大丰富了我国政府对人口社会政策内涵和外延的认识,丰富了我国人口行政的内容。

综上所述,原国家人口计生委的统计资料表明,因为计划生育政策的实施,2011年之前我国"独生子女"政策覆盖率大概占到全国内地总人口的35.4%;"一孩半"政策覆盖53.6%的人口;"二孩政策"覆盖9.7%的人口(部分少数民族夫妇;夫妻双方均为独生子女的,也可生育两个孩子);三孩及以上的政策覆盖了1.3%的人口(主要是西藏、新疆少数民族游牧民)。

2."二孩"政策——我国人口社会政策的调整

进入21世纪,我国过低生育水平长期持续而引发的负面问题,越来越得到全社会的关注,少子化和人口老龄化速度加快、劳动年龄人口减少、出生人口性别比长期偏高等人口结构性问题也日益突出。如果维持原有的计划生育政策不变,总和生育率将继续下降,总人口在达到峰值后将快速减少,必将影响未来人口发展和经济社会发展的长期稳定与可持

① 包括2004年试点、2006年全面组织实施的农村计划生育家庭奖励扶助制度;西部地区"少生快富"工程;2007年试点,2008年全面实施的计划生育家庭特别扶助制度。

续。在此背景下，我国政府启动生育政策调整步伐，逐步实施“二孩”生育政策。

一是从人口社会政策的顶层设计上看，《中国妇女发展纲要(2011—2020年)》(2011)、《中国儿童发展纲要(2011—2020年)》(2011)、《关于印发国家人口发展“十二五”规划的通知》(2011)、《坚定不移沿着中国特色社会主义道路前进为全面建成小康社会而奋斗》(2012)、《中共中央关于全面深化改革若干重大问题的决定》(2013)、《全国人大常委会关于调整完善生育政策的决议》(2013)、《国家人口发展规划(2016—2030年)》(2016)、《十三五”全国流动人口卫生计生服务管理规划》(2017)等一系列规范性文件，这些规范性文件从顶层设计的角度，对进入21世纪以后的我国人口发展所面临的问题从单纯地控制人口数量、提高人口质量，向应对“实现适度生育水平”“减少老龄化不利影响”“推动人口合理有序流动”“维持人口与资源环境承载能力平衡、巩固家庭发展和社会稳定”等问题加以分析，提出统筹解决人口发展问题的理念，最终实现可持续发展。正如党的十八大报告中指出的那样，“坚持计划生育的基本国策，提高出生人口素质，逐步完善政策，促进人口长期均衡发展。”这表明，中央决策层在对计划生育政策进行必要的调整这个问题上取得了共识。

其实早在20世纪80年代，我国确定计划生育政策的时候，就授权各省级地方政府制定本辖区内实行的计划生育条例，为“二孩”的出生留下了“口子”。进入21世纪以后，针对人口良性发展所要面临的问题，各省级地方的人口社会政策开始由防止“人口爆炸”向遏止“人口负增长”转变，各省的计划生育条例都开始把双独家庭作为可以申请二胎的条件之一，到2011年我国各省级政府都制定了“双独二孩”得地方政策，从而实现了我国计划生育历史上的少有的一次“地方包围中央”式的政策变革。

2013年11月《中共中央关于全面深化改革若干重大问题的决定》公布，其中提出“启动实施一方是独生子女的夫妇可生二胎”的政策(简称“单独二孩”政策)。同年12月《全国人大常委会关于调整完善生育政策的决议》通过，其中第二条明确规定“根据我国经济社会的发展和人口形势的变化，逐步调整完善生育政策是必要的。同意启动实施一方是独生子女的夫妇可生育两个孩子的政策”，这标志着我国生育政策发生重大的方向性的调整。至2014年11月6日，随着西藏自治区公布新修改的计划生育条例，全国“单独二孩”政策调整全部完成，但在实际的政策运行过程中“单独二孩”生育申请远低于预期。面对“单独二孩”政策遇冷的局面，2015年12月《人口与计划生育法》修订，“全面两孩”政策正式实行。这一政策实施赋予公民更大的自主生育决策权，有助于减缓老龄化速度，促进人口与经济社会长期可持续发展，并在实践中产生了较为积极的短期效果。

二是从具体的生育服务政策上看，我国政府相继颁布《孕产期保健工作管理办法》(2011)、《孕产期保健工作规范》(2011)、《关于实施全面两孩政策改革完善计划生育服务管理的决定》(2015)、《关于加强生育全程基本医疗保健服务的若干意见》(2016)、《流动人口基本公共卫生计生服务均等化工作评估方案》(2017)、《关于印发医疗卫生领域中央与地方财政事权和支出责任划分改革方案的通知》(2018)、《健康中国行动(2019—2030年)》(2019)、《基本医疗卫生与健康促进法》(2019)、《新划入基本公共卫生服务相关工作规范(2019年版)》(2019)、《关于加强辅助生殖技术服务机构和人员管理的若干规定》(2019)、《关于发布强制性卫生行业标准《妇女保健基本数据集 第8部分：孕前优生健康检查》的通告》(2020)、《关于加强婚前保健工作的通知》(2020)、《关于统筹推进婚前孕前保健工作的通知》(2020)、《人类辅助生殖技术应用规划指导原则(2021 版)》(2021)等一系列法律政策,明确将婚前孕前保健、孕前优生健康检查、增补叶酸预防神经管缺陷项目等纳入基本医疗卫生服务,由中央财政和地方财政共同承担支出责任;将健康教育、婚前医学检查、孕前优生健康检查、增补叶酸作为重点任务,列入妇幼健康促进及健康知识普及专项行动。这些政策大大加强了对于育龄妇女在婚前和孕期的医疗服务内容和服务水平,使得我国育龄妇女获得了完善的生育服务,并且有效平衡了流动人口和本地户籍人口在享受相关服务时差异,促进了社会公平正义。

三是在促进生育的家庭支持政策方面,《女职工劳动保护特别规定》(2012)、《关于进一步做好人口计生与扶贫开发相结合工作若干意见的通知》(2012)、《反家暴法》(2015)、《社会保险法》(2018 年修订)、《关于全面推进生育保险和职工基本医疗保险合并实施的意见》(2019)等法律和规范性文件相继发布,通过对扶贫开发、单位家庭保护、生育保险支持等政策的完善,为我国人口生育提供更好的基础性的物质和精神支持条件。

四是进一步推动我国人口发展管理机构建设和职能的转变。2013 年国家人口和计划生育委员会合并入国家卫生和计划生育委员会,内设计划生育基层指导司、计划生育家庭发展司、流动人口计划生育服务管理司等机构。2018 年 9 月的国务院机构改革中,国家卫生和计划生育委员会撤销,设立新组建国家卫生健康委员会,内设人口监测与家庭发展司,承担人口监测预警工作并提出人口与家庭发展相关政策建议,完善生育政策并组织实施,建立和完善计划生育特殊家庭扶助制度等工作。这一时期我国人口发展管理机构名称和内设机构的变化,说明这一时期我国人口社会政策的关注重点正在发生巨大的变化,以节制生育为目标的计划生育政策将要逐步从我国淡出。如何和规划未来的人口发展和巩固婚姻家庭稳定性,并使得我国人口发展与经济社会发展相适应,逐步改善我国面临的严峻的“少子化”和“老龄化”,将成为我国人口社会政策新的主要目标。

综上所述,近十几年来我国的生育政策经历“双独二孩—单独二孩—全面二孩”的转变,是对全体独生子女父母的生育补偿。同时,还蕴含着通过对生育政策、促进生育的家庭支持政策、直接影响人口生育的流动人口生育保障政策、间接影响人口生育的性别平等政策的完善,还承担着开始调整我国人口的生育率、生育水平、人口的年龄和性别结构等一系列紧迫问题的重任,未来任重道远。

三、我国人口社会政策的发展趋势

长期的、严格的、以节制生育为核心的人口社会政策的实施,已经出现了巨大的政策“惯性”,节制生育已经成为了普遍地社会共识,人们的生育习惯也已经发生了变化。从 2011 年“双独二孩”和 2013 年的“单独二孩”政策全面实施以来,二孩申请数量有限,我国年度出生人口总体变化不大。这也就促成了 2016 年“全面二孩”政策的推出,并发挥了相当大的效用,2016 年、2017 年的新生人口分别达到了 1 846 万和 1 758 万,开创了进入 21 世纪以后的一个人口生育小高峰。但是随着二孩生育高潮的结束以后,我国新生人口的数量转入下行,2018、2019 两年的新生人口数量下降到 1 523 万、1 465 万,新出生人口的数量再创新低,如图 10 – 17 所示。

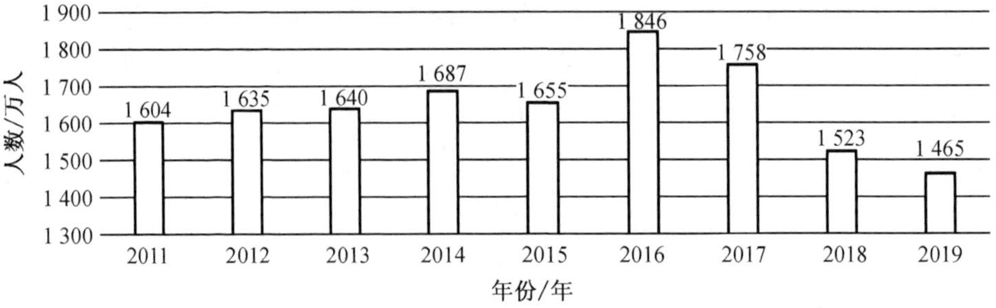

图 10－17　2011—2019 年我国新出生人口数量

(一)我国未来人口社会政策完善与创新中面临的挑战

这就产生了一个问题:为什么在生育限制逐渐放开以后,我国的生育率还长期在较低的水平上徘徊,其原因是多方面的。

第一,儿童养育成本的快速上升,是最为重要的原因。从家庭住房成本上看,根据国家统计局数据显示,2000 年到 2019 年全国商品房均价整体呈现上涨趋势,20 年间全国平均房价上涨约 4.4 倍。根据中国指数研究院的研究,一二线城市的房价上涨幅度则更高,2010—2020 年 8 月,深圳、厦门、东莞三市的房价涨幅达到了 334.6%、295.2%、200.9%,涨幅位居全国前三。从儿童教育成本上看,儿童从学前教育直到高中的教育成本增长较快。在学前教育方面,截至 2019 年我国公立幼儿园仅占幼儿园总数的 38.3%,公立幼儿园在读人数比例从 1997 年的 95%降至 2019 年的 44%。另据中国教育在线调查显示,我国家庭对子女从小学到高中的教育培训费用人均花费达到 5 121 元/年;40%的小学到高中家长每年的小孩课外学习花费在 5 000 元以上,其中 15%的家长更是投入上万元。从医疗保健成本来看,家庭医疗费用持续上升,2000—2019 年个人现金卫生总支出增长 6.19 倍,人均卫生费上涨 11.94 倍,截至 2019 年医疗保健支出占全国居民人均可支配收入的比重 6.18%,占全国居民人均消费支出的 8.82%。此外,家庭的养老负担、家庭婚姻成本等也抑制了育龄人口生育意愿和生育行为。

第二,我国社会经济发展和社会保障制度在日益健全的情况下,“养儿防老”等传统观念,逐渐被追求“个人自我价值”的理念所取代。正是因为生育子女急迫性的下降,这在客观上也就减低了育龄人口生育的意愿;而追求个人在职业和社会中的成就感,也要付出较大的时间成本,也就延迟了育龄人口的生育时间,这已经是全社会范围内的普遍现象了。

第三,长期计划生育政策的实施,也使得节制生育的理念在社会上深入人心,晚婚晚育、单身、丁克等现象改变了传统的生育习惯,尤其是在计划生育政策执行较为彻底的东北等地区表现得较为明显(图 10－18、10－19)。根据国家统计局的抽样调查数据,2018 年和 2019 年我国的总和生育率分别为 1.495 和 1.469,远低于 2.1 的更替水平。因此,想要一步到位把生育率提升到更替水平,并不现实。在历年的统计数据之中,我国东北地区辽、吉、黑三省的出生率和人口的自然增长率下降得都很快,远远超过了全国的平均水平。从全球的经验出发,新的低生育习惯一旦形成就难以在短期内改变。同时,长期的计划生育政策的实施,使得在现阶段我国育龄女性的数量持续下降,估计在“十四五”期间,我国的育龄妇女数量还会继续减少，如果不能实现适度生育水平，那么“十四五”期间我国的出生人口大概率会逐年下降。

第四，我国市场经济发展过程中，我国就业市场存在较为激烈的竞争，人才更新频繁，加之在就业市场的规制并不规范，使得在就业市场中客观存在的性别歧视。在这样的大背景下，我国育龄妇女因为生育和养育子女造成的职业空窗期，必然会加深其在就业市场中的不利处境，因此为了避免这种不利处境，育龄女性的婚姻和生育欲望也就受到了抑制，也就形成了对全社会产生不利影响的“大龄剩男、剩女”现象。

第五，婚姻家庭的稳定性降低、市场经济条件下消费主义盛行，也使得育龄人口的生育意愿在下降。根据我国国家统计局的统计数据，我国结婚登记的数量从 2010 年的 1 241 万对（图 10－20），下降到 2019 年的 927 万对；离婚登记的数量从 2010 年的 267.8 万对，增加到 2019 年的 470.06 万对；离婚率也从 2010 年 2‰上升到 2019 年的 3.36‰[①]，如图 10－21 所示。婚姻家庭的稳定是促进人口生育和养育的重要条件，只有婚姻家庭的稳定才可能为儿童的养育创造良好的生存和发展条件，提供可靠的、儿童养育的人力条件。同时，我国在市场经济发展的过程中，消费主义思想也传入我国，追求物质生活上的享受在青年群体中有相当的市场，而生育必然会对育龄人口的物质生活产生影响，对于物质生活的追求必然也会影响育龄人口的生育愿望。

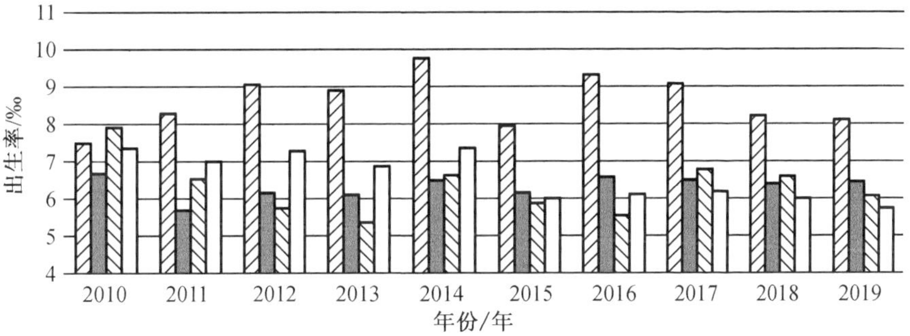

	2010	2011	2012	2013	2014	2015	2016	2017	2018	2019
全国	7.48	8.29	9.05	8.93	9.75	7.96	9.32	9.06	8.24	8.12
辽宁	6.68	5.71	6.15	6.09	6.49	6.17	6.6	6.49	6.39	6.45
吉林	7.91	6.53	5.73	5.36	6.62	5.87	5.55	6.76	6.62	6.05
黑龙江	7.35	6.99	7.3	6.86	7.37	6	6.12	6.22	5.98	5.73

图 10－18　2010—2019 年全国和东北三省人口出生率数据

① 国家统计局：《中国统计年鉴 2020》，中国统计出版社，2020，第 722 页。

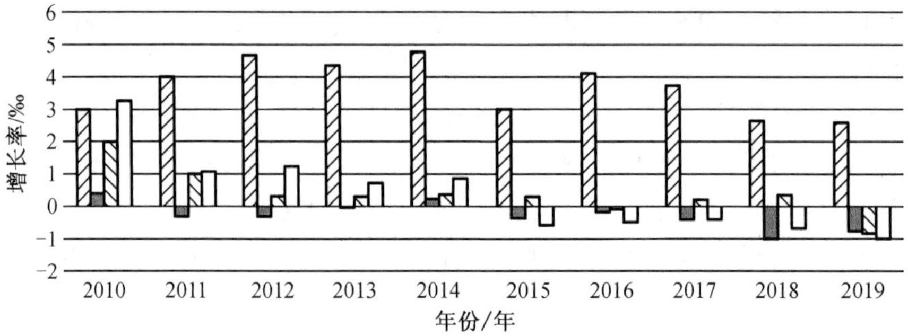

	2010	2011	2012	2013	2014	2015	2016	2017	2018	2019
全国	3.07	4.02	4.74	4.41	4.83	3.01	4.12	3.76	2.66	2.63
辽宁	0.42	−0.34	−0.39	−0.03	−026	−0.42	−0.18	−0.44	−1	−0.8
吉林	2.03	1.02	0.36	0.32	0.4	0.34	−0.05	0.26	0.36	−0.85
黑龙江	3.32	1.07	1.27	0.78	0.91	−0.6	−0.49	−0.41	−0.69	−1.01

图 10－19　2010—2019 年全国和东北三省人口自然增长率数据

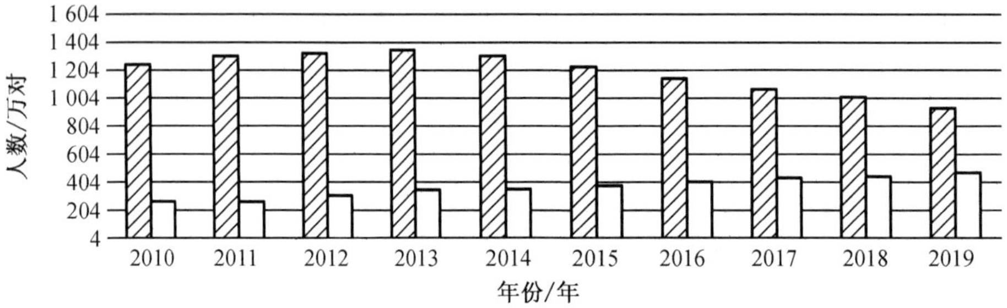

	2010	2011	2012	2013	2014	2015	2016	2017	2018	2019
结婚	1 241	1 302	1 323.59	1 346.93	1 306.74	1 224.71	1 142.82	1 063.1	1 013.94	927.33
离婚	267.8	267.8	310.38	350.01	363.68	384.14	415.82	437.4	446.08	470.06

图 10－20　2010—2019 年全国婚姻登记数据

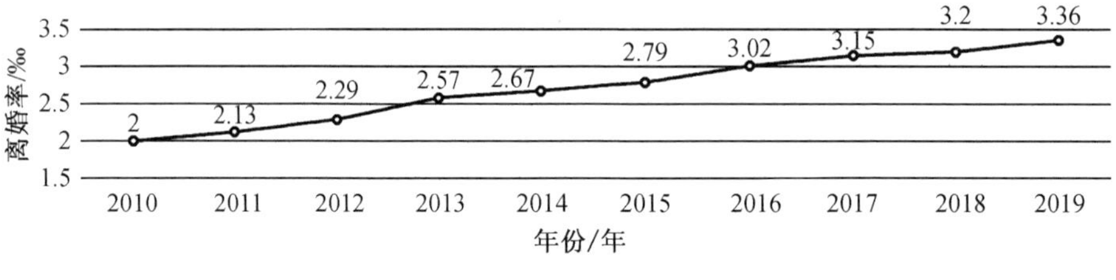

图 10－21　2010—2019 年全国离婚率数据

第六,我国的人口流动在客观上加大了人口流出地区的人口危机。我国的人口流动是伴随着经济发展而出现的,2010 年以后我国流动人口的数量长期保持在 2.2 亿人以上,至今我国的流动人口还保持在 2.36 亿,如图 10－22 所示。从区域间的人口流动来看,因为各个地区经济发展不平衡的客观现实,引发了人口的从欠发达的中西部地区流向发达东南部地区;从区域内的人口流动来看,同一区域内的人口也往往也是从农村流向城市,从中小城市流向区域性中心城市。这一人口流动的趋势,必然会造成我国欠发达地区人口的减少,导致本区域总消费的下降,进而进一步抑制了本地区的经济发展,导致人口的进一步流出,从而产生了恶性循环，这就会从经济上不利于这些地区人口生育水平的提高。同时，流出的人口往往是具备一定知识和能力的青年人口，也是可能生育的主力。这些人口的迁出必然会导致人口流出地区的生育率下降，对这些地区的“少子化”和“老龄化”无疑是雪上加霜，这在近几年东北地区的人口危机中有充分的体现。

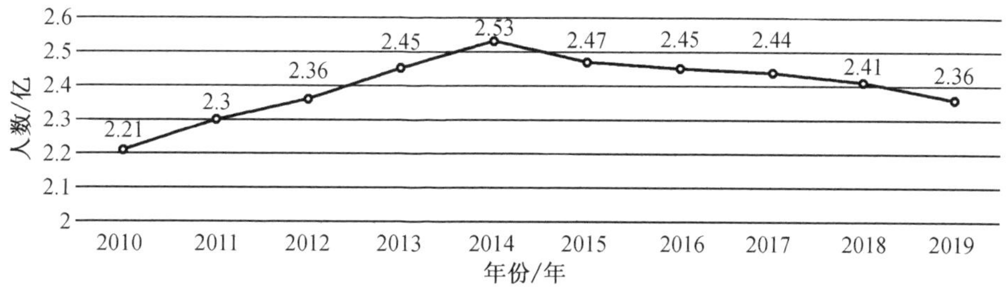

图 10－22　2010—2019 年我国流动人口数据

综上所述，在进入 21 世纪以后，我国的人口问题已经转向了综合应对“少子化”“老龄化”和“人口不合理流动”等新问题。2019 年出版的《中国人口与劳动问题报告 No. 19》指出，如果中国总和生育率（育龄期每个妇女平均的生育子女数）一直保持在 1. 6 的水平，人口负增长将提前到 2027 年出现。由以上的数据可以看到，我国的人口发展所有面临的问题已经发生了方向性的变化，人口社会政策的重点向扭转“少子化”和“老龄化”的加速趋势。

（二）我国人口社会政策未来完善与创新的思路

2021 年 3 月公布“十四五”规划中，主张“实施积极应对人口老龄化国家战略。制定人口长期发展战略，优化生育政策，增强生育政策包容性，提高优生优育服务水平，发展普惠托育服务体系，降低生育、养育、教育成本，促进人口长期均衡发展，提高人口素质”等一系列完善人口社会政策要求，这里面不仅没了“计划生育”这四个字，而且首提“增强生育政策包容性”。众所周知，在当今社会人口增长已经不再是负担，而越来越成为经济发展的动力。随着科学技术的进步，使得我们可以在最大限度上摆脱从传统资源对经济社会发展的限制；经济全球化的发展，又使我们可以调动全球的资源来满足我国人们的需求，从而实现人口发展与资源环境之间的协调发展。因此，促进人口的的生育就需要从以下几个方面着手去完善我国的人口社会政策。

第一，从人口社会政策的顶层设计理念上，破除节制生育的计划生育政策的历史惯性，转变人口社会政策的基本政策理念，进一步扩展人口社会政策的内涵和外延，合理确定短期和中长期人口社会政策的目标，以达到构建具有综合性的人口社会政策体系。在人口社会政策目标的确定来看，我国人口社会政策应该是针对与“少子化”“老龄化”相关联的广泛的社会经济问题所采取的综合性政策措施，大体上说包括短期和长期两个方面的目标。短期目标应该是适应“少子化”政策，即针对少子化造成的影响采取的应对措施，旨在基于少子化的现实发展经济，保持社会各种制度的平稳运行。中长期目标应该是纠正“少子化”政策，即针对少子化的成因采取的政策措施，旨在消解造成少子化的体制机制弊端，改善人口的结构性问题。总之，我国的人口社会政策要在深刻认识我国人口数量问题、人口结构问题、人口生育问题、人口质量问题和人口流动及分布问题等情况的基础上，充分统筹考虑改善和扭转人口自然增长率过低、改变生育习惯等不是一蹴而就的问题。这就需要以稳定生育率等方法，从先适应“少子化”开始，保持人口总数量和流动人口数量在一定规模上，防止总人口规模的大幅度下降。然后再实现人口总量稳定的基础上，进一步围绕鼓励人口生育、提高人口质量，改善人口养育、生存、学习和就业条件等方面制定相应的政策措施，最终达到纠正“少子化”的目的。

第二，在生育政策方面要探索进一步放开生育限制的可行性，在国家层面上进一步放开生育。我国的全面二孩政策自2016年实施以来，其政策效果在逐渐减弱，进一步放开生育限制以实现进一步挖掘育龄人口三次及以上生育的潜力是很有必要的。当然我们也要看到，继续开放生育的效果必然将会是有限的。同时，采取必要的政策设计来促进初次生育时间的提前和初次生育率的提高，才是解决生育问题的必由之路。因此，需要我国政府正视我国因为不同地区经济发展、历史传统和自然条件等因素的差异，而导致的不同地区所面临的生育问题，在其产生原因和表现形式上存在很大的不同，就需要制定有针对性的生育政策，这就需要在生育领域更加多地向地方放权，使得地方政府可以根据本地区的实际情况，来制定“区域性”的人口社会政策，可以更好地体现我国人口社会政策的灵活性和针对性。

第三，在促进生育的支持政策上要加大政策力度。主要围绕着婚姻家庭稳定性、育龄人口生育意愿提高、家庭养育成本补偿、儿童养育基本公共服务提供等具体政策领域内展开完善与创新。一是制定为育龄人口的生育提供经济刺激政策，提高居民收入提高个人收入对于生育行为的改变、个人生育观念的转变有较大影响。如建立和完善一次性生育补助（按照子女生育得次数给予生育补贴、分娩补贴）、提高生育保险对育龄人口生育的经济保障水平等；建立和完善在未成年子女成长的不同阶段，为其提供公共教育、基本医疗服务、公共交通、贫困家庭的住房补贴或住房福利等；建立专项生育补偿基金，发放未成年子女的儿童补贴、未成年子女学业津贴、按子女数量减免个人所得税等措施，加大对意愿生育家庭的补偿，间接降低居民生育成本，从而激励居民理性生育。面对抚养孩子的经济压力，通过经济刺激生育政策，可以间接提高居民收入以降低他们生育孩子的成本，减轻他们抚养孩子的经济压力，实现“想生”到“敢生”的跨越。二是强化平衡工作和家庭的政策设计。在现有生育假期政策安排的基础上，进一步延长生育家庭的孕产假和陪产假，增加高龄产妇假、夫妻双方的育儿假等政策安排；对于处于哺乳期的女性给予弹性工作安排，或是安排居家办公。从基本公共服务的角度，为所有产妇和儿童提供具备基本的营养补足服务和食品援助等服务；加强对儿童日间照料服务标准和内容的规划，完善对托幼机构的创立、人才的培养等方面的规制，尤其要加强对于双职工家庭影响最大的0～2岁婴幼儿的日间照料服务[①]。三是建立以家庭为基础的生育支持政策。从政府层面，健全婚姻介绍机构，提高婚姻

① 国务院于2019年发布了《国务院办公厅关于促进3岁以下婴幼儿照护服务发展的指导意见》，要求到2025年，婴幼儿照护服务的政策法规体系和标准规范体系基本健全，多元化、多样化、覆盖城乡的婴幼儿照护服务体系基本形成，婴幼儿照护服务水平明显提升，人民群众的婴幼儿照护服务需求得到进一步满足。

介绍服务水平，鼓励育龄人口组建家庭并承担婚姻家庭责任；在制度层面简化结婚和生育登记手续，并对离婚加以必要的冷静期等措施；加强在婚姻家庭领域的社会立法，并依据法律法规消除家庭暴力等破坏家庭稳定性的行为。在企业单位层面，鼓励并为在职员工履行育儿的家庭责任创造条件；鼓励祖父母和父亲在力所能及的情况下更多地承担育儿责任，防止出现“丧偶式育儿”等不良的育儿情况。

第四，在直接影响人口生育的流动人口政策上，我们需要在现有流动人口的基本生育服务服务的基础上，加大政策资源的投入，进一步扩大相关服务的内容，提高相关服务的水平；在推动人口合理流动方面，破除户籍和基本公共服务不均等等客观存在的制度性和非制度性障碍因素。同时，适时修改《国籍法》和《外国人在中国永久居留审批管理办法》，适当扩大国际人口流动，引入对我国需要的高素质人才，起到对冲劳动力减少的问题，并缓解人口性别结构失衡的问题。

第五，在间接影响人口生育的性别平等政策上，主要围绕着育龄妇女在就业中的歧视、非法的胎儿性别鉴定导致的新生儿性别比偏高、父母育儿角色失衡等问题展开。在具体政策方面，通过反歧视立法保障就业性别平等，要着力提高育龄女性的就业机会，从保护育龄女性职业发展的角度提升全民的生育意愿；还要在性别平等政策上重视男性的生育方面的基本权利，如增加男性在生育保险上的缴纳率，增加男性陪产假、弹性育儿假等。

第六，完善对既有计划生育行为的补偿机制。人口社会政策的修正不能不关注受到既有人口社会政策影响的群体（如独生子女群体、失独群体等），不能让“老实人”吃亏。因此，在鼓励提高生育的同时，也要在妥善解决这些群体的基本需求方面进行投入，保障这些为我国解决社会发展做出“牺牲”的全体的利益，这既是一个政府行政责任问题，也是一个道德伦理责任问题。在这一方面，可以用收取社会抚养费，乃至政府的财政资金建立起补偿基金，来帮助维持或提高受到既有人口社会政策影响的群体的物质生活。

第七，推动生育提高的其他政策完善与创新。在医疗方面，推进生殖医学技术的应用，健全和完善辅助生殖技术的发展和应用，推广人工授精和体外受精——胚胎移植及其衍生技术，以及药物治疗、试管婴儿、人工授精等，通过医疗保险和补贴的形式向需要借助辅助生殖技术生育的家庭提供帮助，以达到提高人口生育率的目的。同时，适当缩短对促进生育的产品和药具的审批、推广，同时适当延长对避孕技术和产品的审批。在生育文化和生育传统恢复方面的政策设计，在影视文学作品、传统节日习俗的传播中，突出鼓励生育的文案、图片和影像照料的表现，在整个社会上创造鼓励生育的社会氛围，达到扭转现有社会节制生育为主的生育文化。同时，要加强不同社会政策之间的相互协调，尤其是应对老龄化的政策与应对少子化的社会政策之间的协调，防止不同社会政策产生矛盾冲突影响了总体的政策效果。

综上所述，我国的人口问题是人口社会政策长期实践积累的问题。就全球人口社会政策的实践来看，中长期的人口发展问题绝对不是能用短期政策调整来改变的。结合我国人口自身发展的特点和未来政策可能的调整看，我国人口社会政策的完善与创新一定要结合本地的实际来进行，这绝不是单纯放开生育限制这么简单，而且还要在基本生育服务、儿童养育、婚姻家庭、性别平等、人口流动等诸多领域加以必要的政策设计。

参考文献

[1] 关信平,中国社会工作教育协会组.社会政策概论[M].3版.北京:高等教育出版社,2014.

[2] 布莱克莫尔,沃里克.社会政策导论[M].4版.岳经纶等,译.上海:格致出版社,2019.

[3] 杨伟民.社会政策导论[M].3版.北京:中国人民大学出版社,2019.

[4] 哈尔,梅志里.发展型社会政策[M].罗敏,译.北京:社会科学文献出版社,2006.

[5] 刘玉安.告别福利国家:九十年代以来西欧社会民主党社会政策改革研究[M].济南:山东人民出版社,2015.

[6] 游清富.社会政策导论[M].武汉:武汉大学出版社,2018.

[7] 张金马.公共政策分析:概念、过程、方法[M].北京:人民出版社,2004.

[8] 杨团.当代社会政策研究[M].天津:天津人民出版社,2006.

[9] 岳宗福.近代中国社会保障立法研究:1912—1949[M].济南:齐鲁书社,2006.

[10] 国家统计局.中国统计年鉴2020[M].北京:中国统计出版社,2020.

[11] 世界银行.贫困与共享繁荣2020[EB/OL].(2021-2-14)[2021-3-15].https://www.worldbank.org/en/publication/poverty-and-shared-prosperity.

[12] 联合国.变革我们的世界:2030年可持续发展议程[EB/OL].(2021-12-12)[2021-4-3].https://www.un.org/zh/documents/treaty/files/A-RES-70-1.shtml.

[13] 世界银行东亚和太平洋经济(2019年10月版)[EB/OL].(2021-1-15)[2021-1-15].https://openknowledge.worldbank.org/bitstream/handle/10986/32482/9781464815089.pdf.

[14] 世界银行.数据:中国[EB/OL].(2021-1-15)[2021-1-15].https://data.worldbank.org.cn/country/china? view=chart.

[15] 世界卫生组织.2020年世界卫生统计:针对可持续发展目标监测卫生状况[EB/OL].(2021-2-1)[2021-4.18].https://apps.who.int/iris/handle/10665/332070?search-result=true&query=world+health+statistics+2020&scope=&rpp=10&sort_by=score&order=desc,2021.

[16] 联合国.世界人口展望2019[EB/OL].(2021-2-21)[2021-4.18].https://population.un.org/wpp/,2021-2-21.

[17] 邬志辉,秦玉友.中国农村教育发展报告2019[M].北京:北京师范大学出版社,2020.

[18] 鄢洪涛.发展型社会政策视域下的中国医疗卫生事业管理创新研究[M].湘潭:湘潭大学出版社,2014.

[19] 柏雪.卫生正义的思考:推进我国全民基本医疗保险制度改革研究[M].苏州:苏州大学出版社,2018.

[20] 蔡鸿源.民国法规集成[M].合肥:黄山书社,1999.

[21] 最新民政优抚政策法律汇编:注解本[M].北京:中国法制出版社, 2015.

[22] 张全红,周强.中国农村多维贫困的测度与反贫困政策研究[M].武汉:华中科技大学出版社,2018.

[23] 林海波.老龄化社会可持续发展研究[M].北京:经济管理出版社,2020.

[24] 联合国人口基金.2019 世界人口状况[EB/OL].(2020 - 12 - 12)[2021 - 3.15].https://china.unfpa.org/zh - Hans/publications/190410.

[25] 联合国人口基金.老年公平在中国[EB/OL].(2021 - 2 - 1)[2021 - 4.18].https://china.unfpa.org/zh - Hans/publications/老年公平在中国.

[26] 中华人民共和国教育部.中国教育统计年鉴 2018[M].北京:中国统计出版社,2019.

[27] 中华人民共和国卫生部.中国新型农村合作医疗试点工作进展状况[J].国际医药卫生导报.2004(23):5 - 7.

[28] 彭佩云.中国计划生育全书[M].北京:中国人口出版社,1997.

[29] 国家卫生和计划生育委员会.中国卫生和计划生育年鉴 2017[M].北京:中国卫生和计划生育年鉴社,2017.

[30] 兰迎春,王敏,王德国.基本卫生服务均等化的伦理思考[J].中国医学伦理学,2017(1):138 - 141.

[31] 国家统计局.2003—2016 年全国居民人均可支配收入基尼系数[EB/OL].(2017 - 12 - 10)[2020 - 08 - 10].http://www.stats.gov.cn/ztjc/zdtjgz/yblh/zysj/201710/t20171010_1540710.html.

[32] 联合国.变革我们的世界:2030 年可持续发展议程[EB/OL].(2021 - 1 - 1)[2021 - 4 - 18].https://www.un.org/zh/documents/treaty/files/A - RES - 70 - 1.